Pronúncia do Inglês
PARA FALANTES DO PORTUGUÊS BRASILEIRO

Conselho Acadêmico
Ataliba Teixeira de Castilho
Carlos Eduardo Lins da Silva
Carlos Fico
Jaime Cordeiro
José Luiz Fiorin
Tania Regina de Luca

Proibida a reprodução total ou parcial em qualquer mídia
sem a autorização escrita da editora.
Os infratores estão sujeitos às penas da lei.

A Editora não é responsável pelo conteúdo deste livro.
A Autora conhece os fatos narrados, pelos quais é responsável,
assim como se responsabiliza pelos juízos emitidos.

Consulte nosso catálogo completo e últimos lançamentos em **www.editoracontexto.com.br**.

Thaïs Cristófaro Silva

Pronúncia do Inglês
PARA FALANTES DO PORTUGUÊS BRASILEIRO

Colaboradores
Bruno Horta Liza (edição de áudio)
Gustavo Augusto de Mendonça (ilustrações)

Copyright © 2012 da Autora

Todos os direitos desta edição reservados à
Editora Contexto (Editora Pinsky Ltda.)

Montagem de capa e diagramação
Gustavo S. Vilas Boas

Preparação de textos
Lilian Aquino

Revisão
Daniela Marini Iwamoto

Dados Internacionais de Catalogação na Publicação (CIP)
(Câmara Brasileira do Livro, SP, Brasil)

Silva, Thaïs Cristófaro
Pronúncia do inglês : para falantes do português brasileiro /
Thaïs Cristófaro Silva. – 2. ed., 5ª reimpressão. – São Paulo :
Contexto, 2025.

Bibliografia.
ISBN 978-85-7244-737-9

1. Inglês – Estudo e ensino – Brasileiros
2. Inglês – Pronúncia por estrangeiros 3. Inglês – Uso
I. Silva, Thaïs Cristófaro. II. Título.

12-10519	CDD-428

Índice para catálogo sistemático:
1. Inglês para brasileiros : Linguística aplicada : Pronúncia   428
2. Pronúncia : Inglês para brasileiros : Linguística aplicada   428

2025

EDITORA CONTEXTO
Diretor editorial: *Jaime Pinsky*

Rua Dr. José Elias, 520 – Alto da Lapa
05083-030 – São Paulo – SP
PABX: (11) 3832 5838
contato@editoracontexto.com.br
www.editoracontexto.com.br

*Para
Lysle*

O conteúdo de áudio que acompanha este livro está disponível no link "Material complementar" na página eletrônica da Editora Contexto (https://www.editoracontexto.com.br/produto/pronuncia-do-ingles-para-falantes-do-portugues-brasileiro/1493504)

Sumário

Curiosidades e agradecimentos	**9**
Introdução	**15**
Noções gerais sobre a estrutura sonora	**21**
Tabela fonética destacável	**35**

UNIDADES

Unidade 1	iː	*leeks*							**37**
Unidade 2	ɪ	*licks*							**41**
Unidade 3	j	*yoga*							**51**
Unidade 4	f	*leaf*	v	*give*	s	*hiss*	z	*his*	**56**
Unidade 5	aː	*Mars*	æ	*mass*					**67**
Unidade 6	r	*rat*							**74**
Unidade 7	h	*hat*							**83**
Unidade 8	ɛ	*"x"*							**86**
Unidade 9	p	*pie*	b	*bye*	k	*card*	g	*guard*	**91**
Unidade 10	t	*toe*	d	*dough*					**99**
Unidade 11	ɔː	*forks*	ɔ	*fox*					**111**
Unidade 12	uː	*boot*	ʊ	*book*					**118**
Unidade 13	θ	*ether*	ð	*either*					**124**
Unidade 14	ʃ	*push*	ʒ	*rouge*					**131**
Unidade 15	tʃ	*"h"*	dʒ	*age*					**136**
Unidade 16	aɪ	*eye*	eɪ	*tray*	ɔɪ	*boy*			**146**
Unidade 17	aʊ	*house*	oʊ	*coat*					**149**
Unidade 18	l	*goal*							**154**
Unidade 19	w	*whale*							**164**
Unidade 20	ʌ	*love*							**169**
Unidade 21	ɜː	*nurse*							**172**
Unidade 22	m	*mummy*	n	*money*					**177**
Unidade 23	ŋ	*king*							**190**
Unidade 24	ə	*pizza*							**197**
Unidade 25	ɪə	*beer*	ɛə	*bear*	ʊə	*tourist*			**205**

Respostas	**209**
Bibliografia	**229**
Bibliografia eletrônica	**235**
A autora	**237**

Curiosidades
e agradecimentos

Aprende-se a falar uma língua falando esta língua!

Acredito que a aprendizagem de uma língua estrangeira por adultos está sujeita a, pelo menos, dois fatores: a organização do conhecimento sobre a língua a ser aprendida e a aplicação de tal conhecimento em situações concretas de uso. Este livro traz uma contribuição ao primeiro desses fatores, sobretudo em relação à organização do sistema sonoro do inglês.

Ao chegar a Londres, em setembro de 1986, para dar início ao meu doutoramento, percebi que, por mais que eu tivesse me empenhado em estudar inglês, a minha expressão oral impunha enormes restrições às situações de comunicação com as quais eu me deparava. Pensei, então, que, se melhorasse a minha pronúncia em inglês, poderia me comunicar de maneira mais eficaz.

Como não acreditava que, um dia, uma fada faria com que eu tivesse um inglês fluente e de nível excelente, decidi estudar. Numa fria tarde ensolarada de setembro, três dias após aterrissar em Londres, eu fui visitar as livrarias de Charing Cross Road com o intuito de encontrar livros que me ajudassem a melhorar a minha pronúncia em inglês. Por acaso do destino e por sorte minha, eu encontrei o livro de J. D. O'Connor – *Better English Pronunciation* –, que me deu o impulso inicial para conhecer o sistema sonoro do inglês. Muitos livros se seguiram e foram fundamentais para que eu pudesse concatenar informações e ter a concepção atual da fonologia do inglês que tenho. De grande importância foram, também, os cursos que fiz na Universidade de Londres. Um curso de Fonética do Inglês que fiz com John Wells me ofereceu a oportunidade de conhecer mais sobre as variedades dialetais do inglês. Em 1992, conclui o meu doutorado e enveredei por caminhos que me desviaram dos estudos da fonética e fonologia do inglês.

Em 1994, ingressei no Departamento de Linguística da FALE-UFMG como docente e ministrava cursos de Linguística Geral e de Fonética-Fonologia. Em 1999, um grupo de alunos me pediu que oferecesse uma disciplina de pronúncia de inglês. O presente livro começou a ser formulado naquela ocasião, e agradeço muito àqueles alunos que me levaram a ministrar tal disciplina. Em especial, agradeço a Ana Maria, Cristiane, Humberto, Lídia e Rodrigo. Luci Kikuchi, mestranda na época, participou de tal curso e teve contribuição importante ao partilhar a sua experiência no ensino de fonologia do inglês. O curso foi bem-sucedido e ofereci essa disciplina outras vezes. Em 2001, ofereci um minicurso de pronúncia do inglês no Congresso da ALAB em Belo Horizonte, e o grande interesse dos alunos me deu indícios da relevância metodológica da minha proposta de ensino de pronúncia. Ministrei, também, vários cursos de pronúncia do português para estrangeiros no CENEX-UFMG, e aprendi muito com os alunos estrangeiros, sobretudo em relação às questões teóricas e metodológicas que eu formulava. Em 2003, ofereci um curso de pronúncia do inglês aos alunos do curso de especialização de inglês da FALE-UFMG, que incorporava várias ideias decorrentes de minhas pesquisas. Agradeço a todos os alunos desse curso, que, por já serem professores de inglês, fizeram observações muito relevantes ao conteúdo a ser apresentado neste livro. A ele/as, o meu MUITO obrigada!

Ao longo desses cursos, consegui avaliar que o ensino de pronúncia do inglês era muito eficaz se conjugado com o conhecimento que os falantes têm da sua própria língua. Isto quer dizer que o ensino de uma língua estrangeira não pode ser generalizado, mas deve ser específico para uma língua em particular. Sendo assim, os materiais didáticos classicamente utilizados não se adequavam aos objetivos que eu havia estabelecido para os meus cursos. Isso porque os livros que tratam da pronúncia do inglês são concebidos para falantes de toda e qualquer outra língua, enquanto eu tinha como hipótese que o sucesso de aprendizagem era estritamente relacionado com a conjugação entre o conhecimento da língua materna e o conhecimento da língua estrangeira. O presente livro foi escrito para suprir essa lacuna na literatura.

Argumento que a construção do sistema sonoro de língua estrangeira é baseada, primordialmente, no sistema sonoro da língua materna e tem interferência direta deste. No caso do(a) falante brasileiro que aprende inglês como língua estrangeira, ele(a) deve ter um referencial sólido do sistema sonoro do português. O aprendizado de língua estrangeira deveria, essencialmente, priorizar o ensino de pronúncia da língua que está sendo aprendida. Argumento, ainda, que a familiaridade com os padrões sonoros da língua estrangeira oferecerá ao aprendiz a oportunidade de ter um desempenho significativamente mais acurado na língua que está sendo aprendida.

O leitor observará que a apresentação do conteúdo de pronúncia apresentado neste livro é bastante diferente da apresentação tradicional. Os sons foram agrupados em categorias sonoras relevantes ao aprendizado de inglês por falantes do português brasileiro. Ou seja, a organização tradicional que agrupa categorias relevantes para o linguista não foi seguida. A minha experiência docente de utilização deste material é de bastante sucesso, e o aprendiz desenvolve uma grande capacidade de compreensão do inglês seguida de uma produção oral bastante próxima da língua-alvo.

Muitos livros de pronúncia são escritos na língua a ser ensinada. Assim, geralmente, livros de pronúncia do inglês são escritos em língua inglesa. Entretanto, optei em escrever este livro em português. Tal opção permite que aprendizes em qualquer nível de ensino se familiarizem com a fonologia da língua inglesa, mesmo

Curiosidades e agradecimentos

sendo alunos em estágio inicial de aprendizagem. Livros de pronúncia que são escritos em língua inglesa são acessíveis somente a alunos que estejam em estágios mais avançados de aprendizado da língua.

A versão pré-final deste livro foi concluída quando estive em Programa de Pós-Doutoramento na Universidade de Newcastle, em 2002. Contudo, o projeto somente foi retomado e concluído em 2005. A oportunidade de oferecer a disciplina de pronúncia de inglês no curso de especialização da FALE-UFMG, em julho de 2003, conjugada com as orientações de mestrado de Flávia Azeredo e Bruno Horta, deram-me o incentivo para que eu concluísse e divulgasse este trabalho. Em 2011, decidi revisar o volume para lançar nova edição que se apresenta nesta obra. Agradeço à Editora Contexto por publicá-la.

Agradeço à Universidade Federal de Minas Gerais a oportunidade de ser docente nessa instituição e o apoio institucional aos meus projetos de pesquisa. Agradeço, também, ao CNPq, à Capes e à Fapemig pela concessão de várias bolsas de estudos a mim e aos meus orientandos. Agradeço, especialmente, ao CNPq pela concessão de bolsas de Produtividade em Pesquisa e de Pós-Doutorado e à Fapemig pela concessão de apoio através do Programa Pesquisador Mineiro.

Agradeço aos colegas da UFMG, pois muitos deles colaboram direta ou indiretamente com o desenvolvimento de meu trabalho. Em especial, agradeço ao Carlos Gohn, que sempre me incentivou a escrever este livro. Agradeço-o ainda por me entregar – 12 anos depois!!! – uma fita cassete que contém a minha produção oral de inglês em 1984, quando estive com ele e Nice em Los Angeles. Ao avaliar aquela produção oral do inglês em contraste com a minha produção oral atual do inglês, posso assegurar, a qualquer um, que a organização do conhecimento em língua estrangeira é crucial para uma comunicação eficaz nesta. Agradeço também a Heliana Mello, a quem respeito muito academicamente e cujo trabalho admiro. Agradeço ainda às professoras Deise Prina Dutra, Laura Miccoli, Maralice Neves, Adriana Tenuta, Ricardo de Souza e Vera Menezes pelas dicas – mesmo que no corredor! – sobre o ensino e aprendizagem de língua. Aos colegas – professores, secretários e alunos – do CEI: Curso de Especialização em Ensino de Inglês (http://www.letras.ufmg.br/poslatosensu) da Faculdade de Letras da UFMG, o meu "MUITO obrigada!", pela parceria tão agradável! Agradeço à coordenação do CEI pela acolhida e por me permitirem ministrar os cursos de Fonologia do Inglês por vários semestres. Agradeço, em especial, a todos os alunos do CEI, que paciente e atentamente frequentaram os meus cursos de Fonologia do Inglês oferecendo contribuições e intervenções que me levaram a aprimorar muitas das ideias apresentadas neste livro. Agradeço também à equipe de apoio do CEI e, em especial, Tânia Aparecida Mateus Rosa, Hernane Batista Queiroz e Gilmar dos Santos Rocha.

Agradeço aos meus estudantes de mestrado e doutorado pela compreensão e colaboração com meus projetos de pesquisa. Adriana Marusso é uma grande companheira nas ponderações sobre o ensino e, aprendizagem de pronúncia em geral. As alunas Daniela Oliveira e Maria Luisa Almada contribuíram com a digitação das transcrições fonéticas que aparecem no livro. Flávia Azeredo colaborou na organização do material a ser gravado. Raquel Fontes-Martins e Ana Paula Huback foram leitoras exemplares da versão pré-final deste livro. A elas, o meu MUITO obrigada pela correção do português e por suas sugestões inteligentes. Michel Hernane Pires contribuiu com uma revisão acurada das transcrições em inglês deste volume e com a leitura cuidadosa da obra em geral. Leonardo Almeida colaborou com o apoio de formatação na etapa final. Victor Medina contribuiu com a revisão de partes do manuscrito e com a edição da bibliografia impressa e eletrônica apresentada no final deste volume. Gustavo Mendonça fez as ilustrações e a edição gráfica das figuras. As funcionárias da Biblioteca da Faculdade de Letras, em especial Rosângela, Nina, Júnia, Sotéria e Ana Cristina, colaboraram de maneira eficiente com os aspectos formais da publicação desta obra na primeira edição. Muito obrigada a todas pela gentileza sempre constante.

Não tenho palavras para agradecer a Bruno Horta pelo cuidado em editar as gravações em áudio e por me apresentar ponderações importantes relacionadas ao ensino e aprendizagem de pronúncia do inglês. Bruno Horta e Camila Tavares participaram das gravações que identificam o material em áudio em relação ao texto. John Warrener, Sharon Joy Seekings, Heather Blakemore e Steve Byrd, gentil e pacientemente, gravaram o material em áudio que acompanha a versão impressa do livro. A eles, o meu agradecimento especial por tal participação neste projeto.

Os resultados de pesquisa de Andréia Rauber, Barbara Baptista, Marcia Zimmer, Rosane Silveira e Ubiratã Alves têm sido importantes para o meu trabalho com a língua inglesa. Nos últimos anos, Clerton Barboza se consolidou como excelente parceiro de reflexão sobre a fonologia do inglês e também me levou a ampliar horizontes teóricos. Os membros do e-labore (Laboratório Eletrônico de Oralidade e Escrita) são grandes parceiros de conquistas e desafios teóricos e metodológicos. Agradeço a todos por estarem sempre presentes: Amana Greco, Daniela Guimarães, Erika Parlato, Gustavo Mendonça, Ingrid Faria, Izabel Miranda, Jamila Rodrigues, Janaína Rabelo, Leonardo Almeida, Liliane Barbosa, Marco Fonseca, Marco Camargos, Maria Cantoni, Mariana Moreira, Raquel Fontes Martins, Ricardo Napoleão Souza, Rosana Passos, Sandro Campos, Victor Medina e Wilson Carvalho. A todos vocês, o meu SUPER muito obrigada!

Christina Abreu Gomes, Eleonora Albano, Erika Parlato, Hani Camille Yehia, Rafael Laboissière, Wilson Carvalho são aqueles a quem agradeço pela parceria acadêmica. Enfim, agradeço a todos que, de alguma maneira, colaboraram na produção deste livro. As falhas existentes são de minha responsabilidade.

Obviamente, a conclusão de um trabalho deste porte impõe inúmeras restrições à vida pessoal de um autor. Aos meus amigos e amigas, o meu muito obrigado pelo carinho em perceber a minha ausência presente. Este trabalho não teria sido concluído sem o apoio incondicional de John, tanto emocional quanto logístico, ao colaborar com a organização das atividades diárias dos nossos filhos e da nossa casa. Thomas e Francis são excelentes companheiros de jornada e me ensinam

Curiosidades e agradecimentos

inúmeras coisas sobre o sistema sonoro do inglês por serem falantes bilíngues de português-inglês. As alegrias compartilhadas com Thomas e Francis em busca de conquistas para suas existências me dão incentivo para trabalhar com afinco e concluir projetos desafiadores. Reitero aqui o meu amor incomensurável por meus rapazes: John, Thomas e Francis.

A Lysle, minha mãe, por ter uma contribuição enorme na conclusão deste trabalho. Em primeiro lugar, ela contribuiu muitíssimo para que eu seja a pessoa que sou (inclusive, por sempre me lembrar que eu sou muito lenta!). Em segundo lugar, porque aprendi – e ainda aprendo muito – com o processo de aprendizagem dela do inglês como segunda língua. Ela passou a ser falante regular de inglês ao se mudar para a Inglaterra aos 60 anos. Diante dos desafios a ela impostos em relação ao aprendizado de uma língua estrangeira, ela conseguiu desenvolver um nível excelente de inglês. Este livro é dedicado a ela.

Belo Horizonte, abril 2012.

Introdução

Este livro tem por objetivo central apresentar os sons do inglês aos falantes do português brasileiro. Pretende-se, ainda, indicar algumas diferenças de pronúncia entre variedades do inglês falado em diferentes partes do mundo. Como se trata de um livro diretamente voltado para os falantes do português brasileiro, serão enfatizados aspectos da pronúncia do inglês relevantes para os brasileiros que aprendem inglês como língua estrangeira. Sendo um volume escrito em língua portuguesa, este é acessível a aprendizes de qualquer nível de ensino: do básico ao avançado! Este livro é uma contribuição para que o falante brasileiro de inglês possa compreender melhor os diferentes sotaques do inglês e possa, também, avaliar a sua pronúncia de inglês em particular.

O primeiro esclarecimento ao leitor deve ser quanto às variedades do inglês que serão apresentadas neste livro. Uma vez que o inglês falado nos Estados Unidos, no Canadá, na África do Sul, na Austrália, na Índia, na Irlanda, na Escócia etc. é, de alguma maneira, derivado do inglês britânico, este livro apresenta esta variedade de pronúncia, sendo que referência adicional será sempre feita à variedade do inglês americano. O leitor será, portanto, familiarizado, tanto com a variedade do inglês britânico quanto com a variedade do inglês americano. Outras variedades – como o inglês canadense, australiano ou escocês – serão consideradas ao se discutirem aspectos específicos.

Devemos, então, definir qual a variedade de inglês britânico e de inglês americano que será adotada neste livro. É comum encontrar, nos livros didáticos de inglês, referência à variedade britânica do RP (*Received Pronunciation*). O RP pretende refletir um tipo de pronúncia padrão, falada no sudeste da Inglaterra, mas há sérios questionamentos sobre este rótulo (Cf. Jones, 1917; Wells, 1982, 1997). Na verdade, a pronúncia denominada RP pode ser compreendida como um "rótulo" definido para propósitos didáticos. De maneira análoga, encontramos na literatura referência a variedades, como o GA (*General American*) ou o BA (*Broad Australian*). Contudo, pode ser observado, nos últimos anos, que vários recursos didáticos do inglês como língua estrangeira focalizam diferentes variedades regionais, como, por exemplo, a do norte da Inglaterra (UK), a da costa leste (EUA) etc. Podemos generalizar dizendo que, embora os falantes apresentados nos recursos didáticos sejam de diferentes regiões geográficas, eles podem ser classificados como "*educated speakers*", ou seja, falantes com grau de instrução universitário. A escolha dos falantes gravados no material em áudio disponibilizado para este livro seguiu este critério. Os falantes são agrupados como: sudeste da Inglaterra (feminino); norte da Inglaterra (masculino); Novo México (masculino) e Los Angeles (feminino). As gravações de áudio do português e da pronúncia marcada do falante brasileiro de inglês são da autora deste livro. Ao longo da obra será apresentado o símbolo de um *headphone* na margem da página para indicar que deve ser feita a consulta ao material em áudio, que pode ser acessado gratuitamente através do link "Material complementar" no site da Editora Contexto (https://www.editoracontexto.com.br/produto/pronuncia-do-ingles-para-falantes-do-portugues-brasileiro/1493504).

Vale ressaltar que, como toda e qualquer língua, o inglês apresenta **variação**. Essa variação pode ser de **pronúncia**, mas também pode ser **lexical** ou **sintática**. Pensemos, em primeiro lugar, no português, para depois refletirmos sobre o inglês. Consulte o material de áudio e escute as seguintes pronúncias da palavra "remarcar" (os símbolos entre colchetes serão discutidos posteriormente):

(1) a. remarcar [hemah'kah]
    b. remarcar [hemaɹ'kaɹ]
    c. remarcar [řemaɾ'kaɾ]

Falantes do português brasileiro são capazes de identificar que as três pronúncias em (1) são diferentes e que todas representam exemplos de pronúncia da palavra "remarcar" no português brasileiro. A diferença de pronúncia é um fato em qualquer língua. Algumas vezes, a variação de pronúncia pode refletir dados pessoais do falante, como procedência geográfica, grau de instrução, faixa etária, sexo etc. Na verdade, podemos dizer que cada falante constrói o seu próprio sotaque ao longo de sua vida. Podemos dizer também que, em condições específicas, um falante pode alterar o seu sotaque original.

Em (1) foram apresentadas três pronúncias possíveis para a palavra "remarcar" no português brasileiro. Essas pronúncias foram identificadas como (a, b, c). Cada uma delas é seguida de um conjunto de símbolos fonéticos que se encontram entre colchetes. Esses são símbolos adotados pelo Alfabeto Internacional de Fonética (IPA – International Phonetic Association Alphabet: http://www.arts.gla.ac.uk/IPA/ipa.html), que serão utilizados neste livro. Cada símbolo fonético adotado para o inglês será apresentado individualmente, ao longo do livro. Para uma descrição do sistema sonoro do português brasileiro, veja Cristófaro-Silva (2001).

O leitor atento deve observar que alguns dicionários apresentam os símbolos fonéticos entre colchetes – como em [pa] – e que outros dicionários apresentam os símbolos fonéticos entre barras transversais – como em /pa/. Exemplos entre colchetes – [pa] – caracterizam uma representação ou **transcrição fonética**, e exemplos entre barras transversais – /pa/ – caracterizam uma representação ou **transcrição fonológica**. No exemplo de [pa] e /pa/, as representações fonética e fonológica são idênticas. Contudo, geralmente há diferenças significativas entre as representações fonéticas e fonológicas em uma língua. Buscando uma explicação extremamente simplista para caracterizar essa diferença de representação ou transcrição, podemos dizer que a transcrição entre colchetes, [pa], indica a

Introdução

17

pronúncia – **representação fonética** – e a transcrição entre barras transversais, /pa/, indica a análise abstrata da organização sonora – **representação fonológica**. Um exemplo que caracteriza a diferença entre estes níveis de representação, em português, pode ser observado nas respectivas transcrições fonética e fonológica da palavra "santas" (utilizei para a representação fonética a minha pronúncia): [sãtas] e /saNtaS/. Explicar em detalhes essas diferenças nos levaria muito além dos propósitos deste livro. Os exemplos apresentados ao longo desta obra representam transcrições fonéticas. Sendo que toda e qualquer transcrição apresentada neste livro é uma transcrição fonética, os colchetes serão omitidos para evitar a redundância. A opção por apresentar transcrições fonéticas decorre do fato de que estas oferecem informações explícitas sobre a pronúncia. Ao fazer uso de dicionários, os leitores devem observar se as transcrições estão entre **colchetes** (fonética) ou entre **barras transversais** (fonológica).

Retomemos a discussão de aspectos de variação nas línguas. Os exemplos em (1) refletem variação de pronúncia. Foi dito anteriormente que a variação pode ser, também, lexical ou sintática. Em (2), temos um grupo de três palavras que são relacionadas a um mesmo tubérculo no português brasileiro:

(2) a. mandioca
    b. aipim
    c. macaxeira

Segundo o *Novo Aurélio: dicionário da língua portuguesa*, o tubérculo em questão pode apresentar, ainda, outros nomes, como, por exemplo: "aipi, castelinha, uaipi, mandioca-doce, mandioca-mansa, maniva, maniveira, pão de pobre". A variação ilustrada em (2) é um caso de variação lexical no português brasileiro. Consideremos, agora, os exemplos em (3), que refletem um caso de variação morfossintática, mais especificamente de variação da flexão verbal com os pronomes de 2ª pessoa (tu) e (você):

(3) a. Tu vais?
    b. Tu vai?
    c. Você vai?

Em (3a), o pronome "tu" é seguido da forma verbal "vais", que segue o padrão normativo para o português. Essa alternativa é atestada entre falantes do sul do Brasil. Em (3b), o pronome é "tu", sendo que a flexão verbal segue o padrão previsto para a terceira pessoa do singular: "vai". Esta alternativa pode ser atestada entre falantes do Rio de Janeiro. Em (3c), a forma pronominal "você" ocorre com a flexão verbal "vai". Essa alternativa pode ser observada entre falantes de vários estados do Brasil, dentre estes, os falantes do estado de Minas Gerais.

Os casos de variação de pronúncia, de variação lexical e de variação sintática exemplificados anteriormente para o português brasileiro podem ser atestados em qualquer língua (obviamente com exemplos diferentes). Considere os exemplos a seguir, que refletem a pronúncia de diferentes falantes do inglês:

(4) a. part pa:t
    b. part pa:ɹt
    c. part pa:r̃t

O exemplo de (4a) reflete a pronúncia de um falante da Inglaterra, já (4b) ilustra a pronúncia de um falante americano e (4c) expressa a de um falante da Índia. Da mesma maneira que as formas alternativas de pronúncia da palavra "remarcar" do português, ilustradas em (1), são interpretadas pelos falantes do português como variações de uma mesma palavra, as diferentes formas de pronúncia da palavra "part" em (4) são associadas à mesma palavra por falantes do inglês: "part". Em (5), temos um caso de variação lexical entre o inglês britânico e o inglês americano:

(5) a. garter   "cinta-liga para meias femininas" inglês americano
    b. suspenders "suspensórios"   inglês americano
    c. suspenders "cinta-liga para meias femininas" inglês britânico
    d. braces   "suspensórios"   inglês britânico

Considere em (6) um caso de variação sintática em que o verbo "ter" é expresso no inglês britânico como "to have got" e, no inglês americano, como "to have". Estes dois casos implicam diferentes *tag-questions*:

(6) a. You've got a dog, haven't you?
    b. You have a dog, don't you?

Retomemos, então, o tópico central deste livro: a pronúncia do inglês. Podemos questionar que tipo de sotaque é mais adequado e deve ser aprendido. Argumento que o melhor sotaque é aquele que é eficiente para os propósitos de uma comunicação eficaz.

Foi com o intuito de oferecer ao falante brasileiro de inglês um instrumental claro e objetivo sobre a estrutura sonora do inglês que escrevi este livro. Embora a Fonética e a Fonologia sejam as disciplinas da Linguística que cuidam diretamente da área de pronúncia, o estudante não necessita ter nenhum conhecimento específico destas matérias.

O primeiro capítulo apresenta algumas noções sobre a estrutura sonora que são relevantes para o estudo dos sons do inglês. Os capítulos seguintes tratam de sons individuais – vogais, ditongos e consoantes. A sequência de apresentação dos sons foi planejada e organizada de modo a se buscar a forma mais adequada para apresentar a estrutura sonora do inglês aos falantes do português brasileiro.

Introdução

> **Este livro apresenta ao falante brasileiro de inglês noções gerais da estrutura sonora dessa língua e, mais especificamente, trabalha, primordialmente, os seguintes aspectos:**
>
> 1. as consoantes finais e o processo de epêntese da vogal [i]
> 2. o contraste entre vogais longas e breves (ou tensas e frouxas)
> 3. a nasalização de vogais e a produção das consoantes nasais em final de sílaba
> 4. as formas regulares de plural, presente, passado e particípio passado

Estes temas ficarão claros no decorrer do livro. Embora a terminologia mencionada possa parecer complicada, a prática tem demonstrado que o conhecimento técnico de aspectos de pronúncia contribui para um melhor desempenho do professor/aluno de inglês como língua estrangeira.

Os exemplos ao longo do texto são apresentados em sua forma ortográfica e em forma fonética, seguindo as convenções propostas pelo Alfabeto Internacional de Fonética (IPA). Conforme já foi mencionado, o uso de colchetes nas transcrições fonéticas será omitido. As transcrições do inglês britânico aparecem em **negrito** e as transcrições do inglês americano aparecem em *itálico*. As transcrições do português brasileiro – e da pronúncia típica do inglês falado por brasileiros – aparecem com a fonte em cinza. Referência específica a outras variedades de inglês será feita quando necessário e, neste caso, é explicitada a variedade em questão. Exercícios que buscam verificar a assimilação dos conhecimentos são apresentados ao longo do livro. Uma seção de "Respostas", ao final do livro, oferece ao estudante a oportunidade de verificar o seu desempenho. É essencial que o estudante faça uso do material em áudio, que acompanha este livro, e que está disponível no site da Editora Contexto: www.editoracontexto.com.br. Espera-se que este volume ofereça ao leitor uma visão ampla – porém não exaustiva – do sistema sonoro da língua inglesa.

Noções gerais sobre a estrutura sonora

Este capítulo apresenta algumas noções de fonética e de fonologia que são importantes para a compreensão do sistema sonoro da língua inglesa. Como este livro é específico para falantes do português brasileiro, esta língua é tomada como referência nas seções que se seguem. Para uma análise de aspectos fonéticos do português brasileiro, veja Cagliari (1982) e Cristófaro-Silva (2001). Para uma análise de aspectos fonéticos do inglês britânico, veja Jones (1976), O'Connor (1980) e Ladefoged (1993). Para o inglês americano, veja Kreidler (1989) e Small (1989). Para a descrição dos segmentos vocálicos, veja a "Teoria das Vogais Cardeais" que faz uso de um diagrama de trapézio muito comum nas descrições do inglês (Jones, 1917; Abercrombie, 1967). Para a aplicação da "Teoria das Vogais Cardeais" ao português, veja Cristófaro-Silva (1999). Essas referências são mínimas e podem ser tomadas como ponto de partida para uma investigação mais sólida da estrutura sonora do português e do inglês. Referências adicionais são listadas na bibliografia que é apresentada no final deste livro.

Qualidade vocálica

Vogais são sons produzidos com alterações na posição dos lábios (arredondado/não arredondado) e na posição da língua na cavidade oral (quanto à altura e à anterioridade/posterioridade). Denomina-se **qualidade vocálica** o conjunto de características de uma determinada vogal em relação à posição da língua e dos lábios. Se ocorre uma pequena alteração na posição da língua ou dos lábios (ou de ambos), ocorre mudança na qualidade vocálica.

Observamos, nas línguas do mundo, que vogais articuladas com a posição da língua e dos lábios muito semelhante podem ser interpretadas como vogais distintas. Ou seja, pequenas diferenças articulatórias podem implicar diferenças perceptuais significativas. A diferença de qualidade vocálica pode fazer com que duas vogais tipicamente diferentes em uma língua passem a ser auditivamente interpretadas como semelhantes em outra língua. Há casos em que uma única vogal é associada a vogais com qualidades vocálicas diferentes. Há pelo menos dois casos em português para ilustrar aspectos da qualidade vocálica.

Embora as vogais "é" e "a" sejam tipicamente diferentes nas palavras "pego/pago" ou "leva/lava", observa-se, entre falantes do dialeto mineiro, casos em que estes pares de palavras são pronunciados com a vogal "é" e "a" apresentando a mesma qualidade vocálica. A consequência é a ambiguidade de interpretação. Escute:

(1) Leva/ lava pra mim!
    Deixa que eu pego/ pago!

O caso anterior ilustra duas vogais tipicamente diferentes – "é" e "a" –, podendo ser auditivamente interpretadas como semelhantes. O segundo caso está relacionado ao fato de uma única vogal ser associada a duas vogais diferentes na mesma língua. Este é o caso de formas de plural com a vogal tônica "o". Há casos, no português, em que palavras que tenham a vogal "ô" no singular devem ter uma vogal "ó" no plural: "caroço" (com "ô") e caroços (com "ó"). Outras palavras que têm a vogal "ô" no singular mantêm a vogal "ô" na forma plural: "moço/ moços", ambas com "ô". Talvez a irregularidade das formas de plural, nesse caso, contribua para que falantes produzam uma vogal intermediária entre "ô" e "ó" (cf. Alves, 1999). Os exemplos a seguir mostram que uma vogal com qualidade vocálica intermediária entre "ó" e "ô" pode estar associada a estas duas vogais – "ó" e "ô" – que, de fato, são vogais distintas para o falante do português brasileiro. Ou seja, a vogal que pode ocorrer nas formas de plural não é nem "ô", nem "ó" (mas uma vogal com qualidade vocálica intermediária). Escute:

(2) caroços   tijolos   rostos

Além da diferença de qualidade vocálica, as vogais podem apresentar diferenças quanto à duração. Nas línguas naturais, as vogais podem ser longas ou breves. Este é o tópico da próxima seção.

Vogais longas e breves

Em algumas línguas, como, por exemplo, o latim ou o inglês, ocorrem vogais longas e vogais breves. A **vogal longa** é geralmente representada por uma vogal seguida de dois pontos, como em i:, e a **vogal breve** não apresenta nenhuma marca seguindo a vogal, ou seja, i.

Em algumas línguas, o fato de a vogal ser longa ou breve serve para diferenciar palavras. Esse é o caso, por exemplo, do inglês britânico: ʃi:p *sheep* e ʃɪp *ship*. Uma vogal longa é também uma **vogal tensa**. Em oposição a uma vogal tensa temos uma **vogal frouxa** (ou *lax*). Há controvérsia quanto a definição de vogais tensas e frouxas. O que é relevante na discussão em curso é que no inglês as vogais tensas e frouxas têm comportamento diferente em relação à estrutura

Noções gerais sobre a estrutura sonora   23

silábica. Este tema será discutido para cada uma das vogais a serem apresentadas. Vemos tipicamente, em análises do inglês americano, a distinção entre vogais tensas e frouxas (*lax*) ao invés da distinção entre vogais longas e breves. Isso quer dizer que no inglês americano a maneira como a vogal foi produzida (se tensa ou frouxa) é mais relevante do que a duração da vogal – se longa ou breve.

Em algumas línguas – e dentre elas temos o português – somente as **vogais tônicas** ou acentuadas são mais prolongadas – mas não longas. Esse é um fenômeno recorrente nas línguas naturais: vogais tônicas (ou acentuadas) são mais longas do que as vogais átonas (ou não acentuadas). Escute:

(3)   Pará   Pelé   vovó   café

Você deve observar que a vogal que ocorre no final dessas palavras – que é uma vogal tônica – é mais longa do que a vogal que ocorre na sílaba precedente – que é uma vogal átona. Como generalização, podemos afirmar que as vogais tônicas do português são mais longas do que as vogais átonas. Há outro caso, em português brasileiro, que implica alongamento da vogal. O alongamento da vogal ocorre em palavras em que a vogal acentuada é seguida de duas consoantes em sequência, como, por exemplo: a**f**ta (a primeira consoante deve ser diferente de "r, s, l"). Se a palavra for pronunciada com as consoantes juntas, a vogal tônica é mais breve do que se a vogal tônica for pronunciada com um "i" entre as consoantes. Escute:

(4)   a**f**ta/a[fi]ta   do**g**ma/do[gi]ma   pa**c**to/pa[ki]to

Finalmente, há o caso de pares de palavras que se diferenciam apenas quanto a um único som, mas que uma das palavras tem a vogal tônica mais longa. Nos exemplos a seguir, as palavras se diferenciam apenas pelo som que ocorre entre as vogais (confira os sons correspondentes ao negrito indicado nas palavras em (5)). Observe que em cada par de palavras, a vogal tônica no primeiro exemplo é mais longa do que a vogal tônica do segundo exemplo do par. Escute:

(5)   ca**d**a/ca**t**a   ca**s**a/ca**ç**a   pe**g**a/pe**c**a

O alongamento da vogal tônica nos casos anteriores ocorre devido à consoante seguinte. Em cada um dos pares em (5), a vogal tônica é seguida de uma **consoante vozeada** no primeiro exemplo do par e é seguida de uma **consoante desvozeada** no segundo exemplo do par: ca**d**a (o som "d" é vozeado) e ca**t**a (o som "t" é desvozeado). Este fenômeno é recorrente nas línguas naturais e ocorre no português e no inglês. Podemos resumir esta propriedade como: **vogais são tipicamente mais longas quando seguidas de consoantes vozeadas** (e, obviamente, vogais são tipicamente mais curtas quando seguidas de consoantes desvozeadas). A seção seguinte aborda a noção de vozeamento e desvozeamento.

Vozeamento

Todas as línguas apresentam **consoantes** e **vogais**. Vogais são tipicamente vozeadas, e consoantes podem ser vozeadas ou desvozeadas. Uma consoante é vozeada quando é produzida com a vibração das cordas vocais e é desvozeada quando as cordas vocais não vibram. As **cordas vocais** são um conjunto de músculos estriados que se localizam na região do pomo de adão nos homens e podem também ser denominadas **pregas vocais**. O espaço entre esses músculos estriados é denominado glote.

Na articulação da fala, o ar que sai dos pulmões passa para a laringe a fim de produzir sons. Observe que o ar que passa pela laringe não encontra obstáculo se as cordas vocais estiverem separadas, pois a glote estará aberta e o ar passará livremente. Assim, não ocorre vibração das cordas vocais, e temos um **som desvozeado**. Contudo, se as cordas vocais estiverem próximas, haverá menor espaço na glote para que o ar que sai dos pulmões escape. Ao tentar passar por um espaço estreito na glote – pois as cordas vocais estão juntas –, o ar provoca a vibração das cordas vocais. Nesse caso, temos um **som vozeado**.

As cordas vocais podem estar completamente separadas, completamente juntas ou em posições intermediárias. No caso de as cordas vocais estarem completamente separadas, temos o **desvozeamento completo**. No caso de as cordas vocais estarem completamente juntas, ocorre, na verdade, um som consonantal denominado **oclusiva glotal** (que causa oclusão na região da glote). Este som ocorre no inglês e será tratado posteriormente. Nos casos em que as cordas vocais se encontram em posições intermediárias, devemos falar de vozeamento gradual ou **vozeamento parcial** – tendendo a uma posição mais vozeada ou menos vozeada.

Para observarmos o efeito do vozeamento, podemos colocar a mão espalmada com a parte interna dos dedos tocando a região do pomo de adão. Pronuncie o som "s" (sem ser seguido de vogal). Pronuncie esse som continuamente (sem vogal). Em seguida, pronuncie continuamente o som "z" (sem ser seguido de vogal). Alterne a pronúncia do som "s" e "z" algumas vezes. Escute:

(6)   sssssssss   zzzzzzzzz   sssssssss   zzzzzzzzz

Você deve ter observado que, quando "s" é pronunciado, nenhuma vibração é transmitida para os seus dedos (que devem estar tocando a região do pomo de adão). Isso reflete o fato de "s" ser um som desvozeado em que não ocorre a vibração das cordas vocais. Já quando o som "z" é pronunciado, a vibração é transmitida para os dedos. Isso reflete o fato de que ocorre vibração das cordas vocais, e temos um som vozeado.

O vozeamento é uma propriedade que pode ser expressa gradualmente. É como se tivéssemos um contínuo desde um som plenamente vozeado – quando ocorre

Noções gerais sobre a estrutura sonora

a vibração intensa das cordas vocais – até um som completamente desvozeado – quando não há vibração das cordas vocais. Em um som desvozeado, portanto, não ocorre a vibração das cordas vocais. Quando as cordas vocais se encontram em posições intermediárias de abertura, temos o **vozeamento parcial**. No caso do vozeamento parcial ocorre a vibração das cordas vocais, mas tal vibração ocorre com menor intensidade do que no caso das consoantes ditas plenamente vozeadas. Em algumas línguas, como o português, por exemplo, as consoantes classificadas como vozeadas são em geral, de fato, **plenamente vozeadas**. Já em outras línguas, como o inglês, por exemplo, as consoantes classificadas como vozeadas são em geral, de fato, **parcialmente vozeadas**. O vozeamento parcial observado nas consoantes do inglês será discutido ao longo deste livro.

Nasalidade

Observe as figuras que se seguem. Atente-se para a posição das setas, pois indicam a direção da passagem da corrente de ar. Num dos diagramas, o ar sai somente pela cavidade oral (figura da esquerda ou 1a) e, no outro diagrama, o ar sai, concomitantemente, pela cavidade oral e nasal (figura da direita ou 1b). Observe:

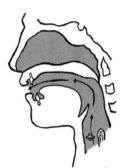
Figura 1a: som oral

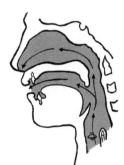
Figura 1b: som nasal

No caso em que o ar que sai dos pulmões e se dirige apenas para a cavidade oral (figura à esquerda ou 1a), temos **sons orais** – como p, s, l, a – e, nos casos em que o ar se dirige para ambas as cavidades, oral e nasal, temos **sons nasais** – como m, n, ŋ, ã (figura a direita ou 1b).

Tanto vogais quanto consoantes podem ser orais ou nasais. As consoantes "p, s, l" são orais: "ca**p**a, **s**ei, **pl**aca". Já as consoantes "m, n" são nasais: "**m**ar, a**n**o". Vogais são geralmente orais nas línguas do mundo. Exemplos de vogais orais do português são: "b**a**lé, v**i**da". Vogais nasais são pouco frequentes nas línguas naturais, embora o português tenha inúmeras delas. Exemplos de vogais nasais, no português, são: "l**ã**, ma**çã**, s**ĩ**, (sim), marr**õ** (marrom)". Na próxima seção, tratamos da noção de sílaba.

Estrutura silábica

A sílaba é a menor unidade sonora percebida pelo falante. Note que, quando pedimos a alguém para falar devagar, a pessoa separa a palavra em sílabas (e não em sons individuais). Há regras de boa formação de sílabas que são importantes para o estudo das línguas. Algumas dessas regras são ditas universais e outras são específicas de uma língua em particular.

Uma sílaba que termina em som de vogal é chamada de **sílaba aberta**. Numa palavra, a sílaba aberta pode ocorrer no início (**a**mor, [**ã**]tes (antes)), no meio (par**a**da, di[**ã**]te (diante)) ou no final (car**ta**, Iansã). A vogal da sílaba aberta pode ocorrer sozinha numa única sílaba (**a**mor, [**õ**]de (onde)) ou a vogal da sílaba aberta pode ser precedida de consoante (quer**i**da, síl**a**ba, car**ta**). A vogal da sílaba aberta – ou seja, uma sílaba que termina numa vogal – pode ser oral (**a**mor, car**ta**) ou nasal ([**õ**]de, [**ã**]tes).

Em oposição a uma sílaba aberta, temos uma sílaba fechada. Quando uma sílaba termina em som consonantal, esta é denominada **sílaba fechada** ou **sílaba travada**. Exemplos de sílabas fechadas ou travadas no português são (em negrito): "**a**mor, m**a**las, f**es**ta, **car**ta". Note que todas as sílabas em negrito, que são fechadas ou travadas, terminam com uma consoante. O português brasileiro permite, para a maioria dos falantes, apenas as consoantes "s, r" em final de sílaba. Consequentemente, as sílabas fechadas em português terminam em "s" (com som de "s" ou "sh"): "m**a**las, f**es**ta"; ou com "r" (com inúmeras possibilidades de pronúncia): "**a**mor, **car**ta". Para alguns falantes (tipicamente do sul do Brasil), ocorre o "l" em final de sílaba, em exemplos como: "**sul**, **Sil**va". Quando o "l" é pronunciado nessas palavras, temos uma sílaba fechada. No caso em que o "l" é pronunciado como "u", a sílaba é aberta (pois "u" é uma vogal).

No português brasileiro, somente as consoantes "s, r, l" ocorrem em final de sílaba. As consoantes nasais **não** são pronunciadas em final de sílaba – embora *ortograficamente* palavras do português terminem em "m" ("sim, batom") e as letras "m, n" possam ocorrer em final de sílaba em meio de palavra ("ponto, pombo"), sem "m, n", nestes casos, serem pronunciadas. Veja que, na pronúncia das palavras "bat[**õ**] (batom)" e "p[**õ**]to (ponto)", não pronunciamos uma consoante nasal "m" ou "n" no final da sílaba. Na palavra "batom", a sílaba final é aberta e termina numa vogal nasal: "bat[**õ**]". Na palavra "ponto", a primeira sílaba é aberta e termina numa vogal nasal: "p[**õ**]to".

Nos casos em que consoantes diferentes de "s, r, l" (ou "m" ortográfico) ocorrem em final de sílaba no português brasileiro, os falantes tendem a inserir uma vogal – que se pronuncia como "i", para a maioria dos falantes (mas pode ocorrer como "e"). Exemplos são: VARIG[**i**], CUT[**i**], af[**i**]ta, op[**i**]ção etc. Esse fenômeno – de inserção de vogal para evitar uma sílaba travada – é denominado **epêntese**. A epêntese no português brasileiro acontece, tipicamente, sempre que uma consoante diferente de "s, r, l" ocorre em final de sílaba (Varig, CUT). A

Noções gerais sobre a estrutura sonora

epêntese ocorre, também, quando duas consoantes estão em sequência, como em "af[i]ta, op[i]ção, p[i]sicologia, p[i]neu". Nesse caso, a segunda consoante deve ser diferente de "l, r" (veja, por exemplo, que, em "prato, plano", a epêntese não ocorre: "p[i]rato, p[i]lano").

Para entendermos a estrutura silábica, é importante termos em mente as noções de: **núcleo, onset** e **rima (coda)**. Toda sílaba tem um núcleo, que é tipicamente preenchido por uma vogal. Nas duas sílabas da palavra "casa", a vogal "a" é o núcleo de cada uma das sílabas. Em alguns poucos casos, consoantes podem constituir o núcleo de uma sílaba. Este é o caso do som "s" quando pronunciamos o sinal de silêncio em português "psss!!!", em que a consoante "s" é o núcleo da sílaba. No inglês, as consoantes "l, n" podem ser silábicas, ou seja, podem ser núcleo de sílabas: "apple, reason".

Os núcleos de uma sílaba podem ter uma ou duas vogais. Os núcleos simples têm apenas uma vogal e são denominados **monotongos**. Os núcleos complexos têm duas vogais. As duas vogais de um núcleo complexo podem ser iguais ou diferentes. Se as duas vogais de um núcleo complexo são iguais, temos uma **vogal longa** como i ː (que é o mesmo que duas vogais em sequência: i i). Se as duas vogais de um núcleo complexo são diferentes, temos um **ditongo**, como "ai", em "baile". Num ditongo e em vogais longas, as duas vogais da sequência ocorrem na mesma sílaba. Quando duas vogais em sequência ocorrem em sílabas diferentes, temos um **hiato**: como em "saída, juiz".

A(s) consoante(s) que precede(m) o núcleo da sílaba é/são chamada(s) de **onset** da sílaba. Na palavra "mês", a consoante "m" é o onset da sílaba. Na palavra "três", as duas consoantes iniciais "tr" constituem o onset da sílaba. Em inglês, temos casos de onsets com três consoantes, como em "street". As consoantes que seguem o núcleo da sílaba ocupam a posição pós-vocálica. Alguns autores se referem à posição pós-vocálica como **rima** e outros como **coda**. Neste livro, será utilizado o termo coda para se referir a uma posição consonantal pós-vocálica, ou seja, a consoante que ocorre após a vogal em uma mesma sílaba. Assim, na palavra "mar", a consoante "r" ocupa a posição pós-vocálica de coda no fim da palavra. Na palavra "marca", a consoante "r" ocupa a posição de coda da primeira sílaba.

Em algumas variedades do inglês, o som de "r" pós-vocálico pode não ser pronunciado. As variedades que pronunciam o som de "r" pós-vocálico são chamadas de variedades róticas e apresentam pronúncias como ka ː r para "car" ou a ː rtıst para "artist" em que o som de "r" é pronunciado no final das sílabas. Em variedades denominadas não róticas, o som de "r" pós-vocálico não é pronunciado em final de sílaba e temos pronúncias como ka ː para "car" ou a ː tıst para "artist". É comum atestarmos na literatura o uso de um símbolo sobrescrito como em ka ː ʳ "car" ou a ː ʳtıst "artist" para indicar um som que pode ou não se manifestar na pronúncia.

Neste livro faremos uso de um ponto (.) para indicar a divisão silábica dos exemplos transcritos foneticamente: a ː r.tıst "artist". Sílabas organizam os segmentos na cadeia sonora da fala. Toda sílaba tem um núcleo que é, geralmente,

28

Pronúncia do Inglês

constituído de uma vogal a qual pode ser um monotongo ou um ditongo. Em alguns casos uma consoante pode ser o núcleo da sílaba como na exclamação: "pssssss!". O núcleo de uma sílaba pode ou não ser acentuado. A próxima seção trata do acento.

Acento

Algumas línguas são acentuais e outras línguas são tonais. Em línguas tonais, as unidades que marcam a melodia da fala são os tons. Em línguas acentuais, as unidades que marcam a melodia da fala são os acentos. Algumas línguas (como o japonês) combinam o padrão melódico com características acentuais e tonais. O português e o inglês são línguas acentuais. Entende-se, com isso, que cada palavra tem uma sílaba mais proeminente – que geralmente é percebida como sendo pronunciada com maior proeminência. A sílaba mais proeminente é a **sílaba acentuada** da palavra.

O acento pode ser utilizado para diferenciar palavras. No português, a diferença sonora entre as palavras "sábia, sabia, sabiá" deve-se, sobretudo, ao acento tônico. O acento, no português e no inglês, pode ser utilizado para diferenciar a categoria gramatical de palavras: substantivo ou verbo. Compare, por exemplo, a vogal tônica nas palavras (dúvida/duvída) do português e nas palavras (récord/ recórd) do inglês (nesses exemplos o acento agudo foi utilizado para indicar a vogal acentuada ou vogal tônica da palavra). O acento tem um papel muito importante nas línguas acentuais, pois é a partir dele que se constrói o ritmo da fala. A partir do ritmo da fala, construímos unidades prosódicas maiores que estão relacionadas à entoação e à melodia da fala.

Vimos que o acento é atribuído ao núcleo da sílaba – que é, geralmente, preenchido por uma vogal. A vogal mais proeminente de uma palavra é denominada **vogal acentuada** ou **vogal tônica**. Em oposição a uma vogal tônica, temos uma **vogal átona** ou **vogal não acentuada**.

A **vogal tônica** é aquela de maior proeminência no enunciado. A vogal átona tem menor grau de proeminência. As vogais átonas podem ser pretônicas ou postônicas. A **vogal pretônica** vem antes, ou precede, a vogal tônica. A **vogal postônica** segue, ou vem após, a vogal tônica.

O acento pode ainda ser primário ou secundário. O **acento primário** é aquele que tem maior proeminência no enunciado: é o acento tônico. O **acento secundário** carrega um grau menor de intensidade do que o da vogal tônica e pode ocorrer antes da vogal tônica (*i.e.*, ser pretônico), ou ocorrer após a vogal tônica (*i.e.*, ser postônico). Na palavra "cafezinho", a vogal pretônica "a" tem acento secundário e a vogal tônica "i" tem acento primário. Um exemplo de acento secundário no inglês ocorre na palavra "agitation", em que a vogal "a" inicial tem acento secundário e a vogal medial "a" tem acento primário (note que "a", neste caso, representa uma letra que é pronunciada com sons diferentes). O acento secundário tem relação

Noções gerais sobre a estrutura sonora

com o ritmo da fala e tratá-lo aqui desviaria o propósito principal que é discutir os sons do inglês. Assim, este livro marcará apenas o acento primário.

O Alfabeto Internacional de Fonética (IPA) recomenda que o acento seja marcado com o símbolo ['] precedendo a sílaba em que ocorre a vogal tônica. Por exemplo, a palavra "cara" deve ser representada foneticamente como ['kaɾa], e a palavra "cará" deve ser representada foneticamente como [ka'ɾa]. Neste livro, os monossílabos não terão a indicação do símbolo do acento ['], uma vez que eles têm uma única sílaba que é acentuada. Em palavras com mais de uma sílaba, o acento será indicado: ka.ma. 'ɾa.da "camarada".

A consulta a um bom dicionário de pronúncia é essencial para que uma avaliação acurada de particularidades fonéticas e variações geográficas, sociais etc. possa ser realizada. Recomendo que, sempre que necessário, você recorra a um bom **dicionário de pronúncia**. Dentre estes, cito:

- *English Pronouncing Dictionary*. Daniel Jones – Cambridge University Press
- *Longman Pronunciation Dictionary*. John Wells – Longman
- *A Pronouncing Dictionary of American English*. John Kenyon & Thomas Knott – Merriam-Webster Publishers

Esses dicionários oferecem ao estudante uma representação fonética e, quando possível, indicam a variação dialetal entre algumas variedades do inglês. Alguns desses dicionários oferecem o correlato em áudio da forma ortográfica procurada. Há dicionários online que oferecem amostras de áudio em inglês americano e em inglês britânico além da transcrição fonética da palavra. Recomendo o site de dicionários da Cambridge University Press (http://dictionary.cambridge.org).

Vale destacar que obras diferentes adotam símbolos diferentes. A escolha por um determinado símbolo pode decorrer da análise formulada, geralmente uma análise fonológica. Pode-se também optar por um determinado símbolo para contrapô-lo com outro símbolo a ser adotado. Por exemplo, neste livro adotei o símbolo ɛ para caracterizar a vogal de "pé" e de "let", enquanto vários autores fazem uso do símbolo e para a vogal de "let". Eu entendo que o símbolo ɛ é apropriado para caracterizar a vogal de "pé" e de "let" para aprendizes brasileiros de inglês uma vez que temos em português a diferença entre os sons e como na letra "pê" e em ɛ "pé". Apresento a seguir quadros que identificam os símbolos adotados para vogais e consoantes em várias obras. O nome da obra consultada é apresentado no topo do quadro, em cada uma das colunas. Os símbolos que adotei neste livro são indicados na coluna mais à esquerda (que é destacada em cinza). O primeiro quadro traz as vogais e ditongos e o segundo quadro apresenta as consoantes. Podemos observar que há mais semelhanças do que diferenças nos símbolos adotados. Uma tabela destacável com os símbolos adotados neste livro será apresentada nas próximas páginas.

30   Pronúncia do Inglês

		English Pronouncing Dictionary – Daniel Jones (15th Edition)		Oxford Advanced Learner's Dictionary	Cambridge University Press Online Dictionary		Longman Pronunciation Dictionary – J.C. Wells				
Tabela comparativa de símbolos adotados em várias publicações											
VOGAIS E DITONGOS											
Pronúncia do inglês para falantes do português brasileiro: os sons Thaïs Cristófaro Silva	International Phonetic Association (IPA)	BBB English = Received Pronunciation (RP)	Network English – General American (GA)	Received Pronunciation (RP)	Received Pronunciation (RP) (BrE)	General American (GA) (AmE)	Received Pronunciation (RP) (BrE)	General American (GA) (AmE)	Merriam-Webster Dictionary (AmE)	Online MacMillan Dictionary (BrE)	Examples
iː	iː	iː	iː	iː	iː	iː	iː	iː	ē	iː	peek
ɪ	ɪ	ɪ	ɪ	ɪ	ɪ	ɪ	ɪ	ɪ	i	ɪ	sit
ɛ	ɛ	ɛ	e	e	e	e	e	e	e	e	pet
æ	æ	æ	æ	æ	æ	æ	æ	æ	a	æ	chat
aː	aː , a	ɑː	ɑːr	ɑː	ɑː	ɑːr	ɑː	ɑːr	är	ɑː(r)	park bra
ɔ*, aː**	ɒ	ɒ	ɑː	ɒ	ɒ	ɑː	ɒ	ɑː	ä	ɒ	pot (*britânico) pot (**americano)
ɔː	ɔː	ɔː	ɔː	ɔː	ɔː	ɑː	ɔː	ɔː	ó	ɔː	law, thought
ʊ	ʊ	ʊ	ʊ	ʊ	ʊ	ʊ	ʊ	ʊ	ú	ʊ	put
uː	uː	uː	uː	uː	uː	uː	uː	uː	u	uː	boot
ɜː	ɝ, ɜr	ɜː	ɜːr	ɜː	ɜː	ɝː	ɝ, ɜr	ɝ, ɜr	ər	ɜː(r)	bird
ʌ	ʌ	ʌ	ʌ	ʌ	ʌ	ʌ	ʌ	ʌ	ə	ʌ	cut
ə	ə	ə	ə	ə	ə	ə	ə	ə	ə	ə	about
ə	ɚ	ə	ɚ	ə (r)	əʳ	ɚ	ə	'r	ər	ə (r)	mother
eɪ	eɪ	eɪ	eɪ	eɪ	eɪ	eɪ	eɪ	eɪ	ā	eɪ	bay
aɪ	aɪ	aɪ	aɪ	aɪ	aɪ	aɪ	aɪ	aɪ	ī	aɪ	buy
ɔɪ	ɔɪ	ɔɪ	ɔɪ	ɔɪ	ɔɪ	ɔɪ	ɔɪ	ói	ói	ɔɪ	boy
oʊ	o	əʊ	oʊ	əʊ	əʊ	oʊ	əʊ	oʊ	ō	əʊ	know
aʊ	aʊ	aʊ	aʊ	aʊ	aʊ	aʊ	aʊ	aʊ	aú	aʊ	now
ɪə	ir, ɪr	ɪə	ir	ɪə(r)	ɪəʳ	ir	ɪə	ɪr	ir	ɪə(r)	here
ɛə	ɛr, er	ɛə	er	eə(r)	eəʳ	er	ɛə	er	er	ɛə (r)	bear
ʊə	ɔːr, ʊr	ʊə	ʊr	ɔː(r), ʊə(r)	ɔːr	ʊr	ʊə	ʊr	úr, ór	ɔː(r), ʊə(r)	poor, sure

Noções gerais sobre a estrutura sonora

Tabela comparativa de símbolos adotados em várias publicações											
CONSOANTES											
Pronúncia do inglês para falantes do português brasileiro: os sons — Thaïs Cristófaro Silva	International Phonetic Association (IPA)	English Pronouncing Dictionary – Daniel Jones (15th Edition)		Oxford Advanced Learner's Dictionary	Cambridge University Press Online Dictionary		Longman Pronunciation Dictionary – J.C. Wells		Merriam-Webster Dictionary (AmE)	Online MacMillan Dictionary (BrE)	Examples
		BBB English = Received Pronunciation (RP)	Network English – General American (GA)	Received Pronunciation (RP) (BrE)	Received Pronunciation (RP) (BrE)	General American (GA) (AmE)	Received Pronunciation (RP) (BrE)	General American (GA) (AmE)			
p	p	p	p	p	p	p	p	p	p	p	pop
b	b	b	b	b	b	b	b	b	b	b	bop
t	t	t	t	t	t	t, ɾ*	t	t, ɾ*	t	t	top, missed, better*
d	d	d	d	d	d	d	d	d	d	d	dive, milled, ladder
k	k	k	k	k	k	k	k	k	k	k	key, cart, stomach
g	g	g	g	g	g	g	g	g	g	g	gate
h	h	h	h	h	h	h	h	h	h	h	hate
f	f	f	f	f	f	f	f	f	f	f	face, phase, rough
v	v	v	v	v	v	v	v	v	v	v	vote
m	m	m	m	m	m	m	m	m	m	m	make
n	n, n̩*	n	n	n	n	n	n	n	n	n	nail, know, sudden*
ŋ	ŋ	ŋ	ŋ	ŋ	ŋ	ŋ	ŋ	ŋ	ŋ	ŋ	bring
l	l, l̩*, ɫ**	l	l	l	l	l	l	l	l	l	light, needle*, will**
r	r	r	r	r	r	r	r	r	r	r	ring
θ	θ	θ	θ	θ	θ	θ	θ	θ	th	θ	thing
ð	ð	ð	ð	ð	ð	ð	ð	ð	th	ð	that
s	s	s	s	s	s	s	s	s	s	s	sit
z	z	z	z	z	z	z	z	z	z	z	zip, raise, Xerox
ʃ	ʃ	ʃ	ʃ	ʃ	ʃ	ʃ	ʃ	ʃ	sh	ʃ	ship
tʃ	tʃ	tʃ	tʃ	tʃ	tʃ	tʃ	tʃ	tʃ	ch	tʃ	cheap
ʒ	ʒ	ʒ	ʒ	ʒ	ʒ	ʒ	ʒ	ʒ	zh	ʒ	vision
dʒ	dʒ	dʒ	dʒ	dʒ	dʒ	dʒ	dʒ	dʒ	j	dʒ	judge
j	j	j	j	j	j	j	j	j	y	j	yes
w	w	w	w	w	w	w	w	w	w	w	wet
w	hw, w	hw	hw	w	w	w	hw	hw	hw/w	w	which

Neste livro pretendemos demonstrar que os símbolos devem ser compreendidos como abstrações de rotinas motoras que se manifestam com particularidades articulatórias em contextos específicos. Por exemplo, o símbolo no inglês tende a ser aspirado, ou seja, p^h, quando em sílaba tônica: $p^h \varepsilon t$ *"pet"*. A particularidade da aspiração é relevante ao inglês, mas não se aplica ao português.

Os sons consonantais e vocálicos são tradicionalmente classificados de acordo com parâmetros articulatórios (Cristófaro-Silva, 2001 para a classificação dos sons do português). Apresentamos a seguir a tabela de sons consonantais e vocálicos do inglês de acordo com a classificação articulatória. Cada som do inglês a ser apresentado nas unidades deste livro será remetido às propriedades articulatórias que são listadas nas tabelas que seguem.

24 CONSOANTES		bilabial	interdental	labiodental	alveolar	alveopalatal	velar	glotal
Oclusivas	desvozeadas	p			t		k	
	vozeadas	b			d		g	
Africadas	desvozeadas					t ʃ		
	vozeadas					dʒ		
Fricativas	desvozeadas		θ	f	s	ʃ		h
	vozeadas		ð	v	z	ʒ		
Nasais	vozeadas	m			n		ŋ	
Laterais	vozeadas				l			
Rótico	vozeadas				r			
Aproximante	vozeadas	w				j		

12 VOGAIS	anterior		central		posterior	
	não arredondada		*não arredondada*		*arredondada*	
	longa	*breve*	*longa*	*breve*	*longa*	*breve*
alta	i:	ɪ			u:	ʊ
média		ε	ɜ:	ʌ , ə	ɔ:	ɔ
baixa		æ	a:			

8 DITONGOS		
Ditongo crescente	Ditongo decrescente	
	terminado em ɪ	*terminado em* ʊ
ɪə	aɪ	aʊ
ʊə	eɪ	oʊ
εə	ɔɪ	

A tabela destacável que é apresentada neste livro contém os sons ilustrados nas tabelas de classificação articulatória. Entretanto, na tabela destacável os sons

Noções gerais sobre a estrutura sonora

são organizados de uma maneira que é relevante para o ensino e aprendizagem do sistema sonoro do inglês para os falantes brasileiros. Sugerimos que o leitor consulte a tabela destacável em conjunto com as tabelas apresentadas anteriormente para consolidar o conhecimento das propriedades articulatórias dos sons.

Conclusão

Este capítulo apresentou algumas noções importantes para a compreensão dos sistemas sonoros e deve ser consultado sempre que necessário. Gostaríamos de lembrar o leitor que símbolos fonéticos não devem ser confundidos com letras. Letras são símbolos do sistema ortográfico e símbolos fonéticos expressam propriedades articulatórias da fala. Considere o texto que segue (O'Connor, 1980: 7):

> Letters are written, sounds are spoken. It is very useful to have written letters to remind us of corresponding sounds, but this is all they do; they cannot make us pronounce sounds which we do not already know; they simply remind us. In ordinary English spelling it is not always easy to know what sounds the letters stand for; for example, in the words *city, busy, women, pretty, village* the letters *i, y, u, o, e* and *a* all stand for the same vowel sound, the one which occurs in *sit*. And in *banana, bather, man, many* the letter *a* stands for five different vowel sounds.[1]

Para o qual apresento a seguinte tradução:

> Letras são escritas, sons são falados. É muito útil ter símbolos de letras para nos lembrar dos sons correspondentes a elas, mas isso é tudo que as letras fazem; elas não podem nos fazer pronunciar sons que ainda não conhecemos; as letras simplesmente nos permitem lembrar de sons que já conhecemos. Em inglês nem sempre é fácil sabermos através da ortografia qual seria o som de uma letra; por exemplo, nas palavras *city (cidade), busy (ocupado), women (mulheres), pretty (bonita), village (aldeia)*, todas as letras *i, y, u, o, e* e *a* correspondem a um mesmo som, ou seja, o som da vogal que ocorre em *sit*. E nas palavras *banana (banana), bather (banhista), man (homem)* e *many (muitos)*, a letra *a* representa cinco sons diferentes de vogais.

A seguir, trataremos de cada um dos sons do inglês. A sequência de apresentação dos sons foi planejada e organizada de modo a se buscar a forma mais adequada para apresentar a organização sonora do inglês aos aprendizes brasileiros

---

[1] A vogal da palavra *sit* é ɪ, e as diferentes vogais nas palavras *banana, bather, man, many* são respectivamente: ə, aː, eɪ, æ e ɛ.

de inglês. Cada seção apresenta uma explanação do conteúdo e também contém exercícios específicos. Apresentam-se também os correlatos ortográficos para cada um dos sons. Além de focalizar os sons individuais, cada seção apresenta a relação entre sons semelhantes no inglês e no português – quando pertinente – e discute a organização dos sons em sílabas, bem como aponta particularidades articulatórias em contextos específicos. Os exercícios trabalham os sons, a partir de palavras isoladas e de palavras em contexto (provérbios, diálogos, textos). Respostas demonstrativas dos exercícios são apresentadas ao final do livro.

Este livro contém uma tabela com os 44 símbolos adotados: 12 vogais, 8 ditongos e 24 consoantes. Essa tabela pode ser destacada para ser utilizada como material de consulta. Na parte da frente, a tabela lista os sons do inglês com destaques diferentes para classificar: as vogais longas/breves, os ditongos e os sons consonantais vozeados e desvozeados conforme é indicado na linha superior da tabela. A classificação dos sons do inglês nas categorias listadas na linha superior da tabela é muito importante, pois a fonologia do inglês se organiza a partir de tais categorias. Consulte, sempre que necessário, as tabelas classificatórias que foram apresentadas nas páginas anteriores para identificar as propriedades articulatórias de cada um dos sons da tabela destacável. Portanto, ao aprender um som o estudante deverá associá-lo a uma destas categorias: vogal longa, consoante desvozeada etc. Cada um dos destaques utilizados nas colunas na tabela tem por objetivo ser apoio visual na organização das categorias listadas na linha superior. Na parte de trás, a tabela destacável apresenta as regras de formação de (plural/3ª pessoa do singular no presente) e de (passado/particípio), bem como alguns símbolos adicionais que são utilizados neste volume. Essa tabela destacável é apresentada a seguir.

Vogais curtas	Vogais longas	Ditongos decrescentes	Ditongos centralizados	Consoantes desvozeadas	Consoantes vozeadas (exceto h)	
ɪ	iː			f	v	h
æ	aː	aɪ		s	z	j
ɔ	ɔː	ɔɪ		θ	ð	w
ʊ	uː	ɪə	eɪ	ʃ	ʒ	l
	ɜː	aʊ	ʊə	tʃ	dʒ	r
ɜ		oʊ	eə	p	b	m
ʌ				t	d	n
ə				k	g	ŋ

12 vogais   **8 ditongos**   **24 consoantes**

44 sons

OUTROS SÍMBOLOS

'	Indica a vogal tônica: *black* blæk
.	Indica o limite silábico: *practice* 'præk.trs
i	Representa os casos em que i ocorre em: posição átona final – como em *happy* 'hæp.i ou quando seguido de outra vogal (i+vogal) – como em *react* ri.'ækt ou em alguns prefixos como *be-*, *re* – como em *believe* bi.'li:v. Nestes casos uma vogal breve/tensa – i – é pronunciada. Essa é uma vogal breve que pode, *excepcionalmente,* ocorrer em final de sílaba em inglês.
u	Representa os casos em que u ocorre seguido de outra vogal (u+vogal) – como em *cruel* 'kru.əl, ou os casos em que u ocorre em: posição átona final – como em *guru* 'gur.u. Nestes casos uma vogal breve/tensa – u – é pronunciada. Essa é uma vogal breve que pode *excepcionalmente* ocorrer em final de sílaba em inglês.
ţ, d̪	O t-d que se tornam um tepe ou flap e é típico da pronúncia norte-americana: *city* 'srţ.i; *madam* mæd̪.əm
ə	O *schwa* indica que uma vogal pode ser pronunciada muito brevemente ou pode ser omitida: *bottle* 'bɔt·əl, 'bɔtᵊlou 'bɔtl̩. Esta é uma vogal breve que pode *excepcionalmente* ocorrer em final de sílaba em inglês.

As vogais breves em inglês são sempre seguidas de pelo menos uma consoante ao final da sílaba – *exceto as vogais breves i, u e ə* – conforme listado na tabela acima

Regra de formação de plural e 3ª pessoa singular presente

Se o substantivo ou verbo termina...	Plural e 3psp
em vogal, ditongo ou em consoante vozeada (*exceto* z, ʒ, dʒ) ou seja, vogal, ditongo ou uma das consoantes vozeadas v,ð,b,d,g,l,r,m,n,ŋ	Adicione z
em consoante desvozeada (*exceto* s, ʃ, tʃ) ou seja, uma das consoantes desvozeadas f,θ,p,t,k	Adicione s
em s, z, ʃ, ʒ, tʃ ou dʒ	Adicione ɪz

Regra de formação de passado e particípio passado

Se o verbo termina...	Pass. e Particípio Pass.
em vogal, ditongo ou em consoante vozeada (*exceto* d) ou seja, vogal, ditongo ou uma das consoantes vozeadas v,z,ʒ,dʒ,ð,b,g,l,r,m,n,ŋ	Adicione d
em consoante desvozeada (*exceto* t) ou seja, uma das consoantes desvozeadas f,s,ʃ,tʃ,θ,p,k	Adicione t
em t ou d	Adicione ɪd

Unidade 1

Símbolos concorrentes encontrados em dicionários e livros
i   iy   ɪː   ē

1iː

A cadeia sonora da fala é associada a significados. Sendo assim, é importante sabermos o significado de uma palavra, bem como devemos também conhecer os sons que a compõem. No exemplo acima, para o som iː, temos a palavra *leek*, que quer dizer *alho porro* em português. Esse legume pode ser alternativamente denominado *alho poró*. Se você não souber o significado da palavra *leek*, o conhecimento de seus sons é deficitário. Devemos, portanto, associar o nosso conhecimento do significado das palavras com a respectiva cadeia sonora associada a elas.

A vogal iː na palavra *leeks* liːks, em inglês, tem a qualidade vocálica muito semelhante a vogal i do português na palavra *li* (eu li). Isso quer dizer que essas vogais são pronunciadas com a posição da língua e dos lábios bastante semelhantes. No inglês, a vogal iː é uma vogal longa. Uma vogal longa conta como duas unidades em termos de pronúncia. É como se pronunciássemos continuamente, sem interrupção, a mesma vogal pelo dobro do tempo: ii. O inglês é uma língua que tem **vogais longas**. Marca-se foneticamente uma vogal longa com o símbolo de dois pontos seguindo a vogal. A vogal iː é uma das vogais longas do inglês. As vogais longas são produzidas com a duração maior do que as **vogais breves** ou **vogais curtas.** Se necessário, retome a discussão sobre vogais longas e breves que é apresentada no capítulo "Noções gerais sobre a estrutura sonora".

No inglês, as vogais breves apresentam qualidade vocálica diferente das vogais longas correspondentes. A vogal longa iː, que ocorre no exemplo – *leeks* liːks –, está relacionada à vogal breve ɪ, que ocorre no exemplo – *licks* lɪks. Dizemos que o fato de uma vogal ser longa ou breve em inglês é lexicalmente determinado. Ou seja, quando aprendemos uma palavra do inglês – seja como falante nativo ou como falante de língua estrangeira –, devemos aprender se as vogais da palavra são longas ou breves. É importante observar que o fato de uma vogal ser longa ou

2iː

38   Pronúncia do Inglês

breve distingue palavras no inglês. Assim, a palavra *leeks* liːks apresenta uma vogal longa e na palavra *licks* lɪks temos uma vogal breve. O que distingue *leeks* liːks de *licks* lɪks é, sobretudo, o alongamento da vogal (embora a qualidade das vogais iː e ɪ seja um pouco diferente).

Observa-se, entre alguns autores que analisam o inglês americano, que as **vogais longas** são classificadas como **vogais tensas** (*tense*), e que as **vogais breves** ou curtas são classificadas como **vogais frouxas** (*lax*). Ao optarem por classificar a oposição entre as vogais como tensa e frouxa – ao invés de longa-breve –, esses autores, ao descreverem o inglês americano, não marcam a vogal como longa seguida de dois pontos (iː), mas utilizam apenas o símbolo i. Para uma análise comparativa dos sistemas vocálicos do inglês americano e britânico, veja Jones (1997) e Kreidler (1989). Tomando como referência as análises do inglês americano, podemos dizer que ocorre uma vogal tensa i em *leeks* liːks, e ocorre um vogal frouxa ɪ em *licks* lɪks. Como toda vogal tensa tende a ser mais longa do que a vogal frouxa correspondente, a oposição entre i (tenso) e ɪ (frouxo) retoma, de qualquer maneira, a oposição classificatória de vogais longas e breves em inglês. Podemos dizer que, em inglês:

> **Vogais longas são tensas (*tense*) e vogais breves são frouxas (*lax*).**

Neste livro, as vogais longas e tensas são representadas com símbolos vocálicos seguidos dos dois pontos (iː). As vogais curtas e frouxas são representadas unicamente por seu símbolo vocálico: (ɪ). No inglês, as vogais longas têm caráter distintivo em relação às vogais breves. Ou seja, o alongamento da vogal é *muito* importante para a identificação do significado.

O português é uma língua em que as vogais longas – ou, melhor dizendo, alongadas – não têm caráter distintivo. Ou seja, em português não importa se pronunciamos uma vogal com uma duração mais longa ou menos longa. Em determinados contextos, certas vogais, em português, são pronunciadas de maneira um pouco prolongada. Dizemos que as vogais longas – ou alongadas – no português são variantes das vogais breves correspondentes. Como variantes, as vogais longas ocorrem em contextos específicos em português: posição tônica (*vovó*), antes de consoante seguida de vogal epentética (*af[i]ta*) e antes de consoante vozeada (*casa* – em oposição a *caça*). Nesses contextos específicos do português, temos uma vogal mais longa do que nos demais contextos. Se necessário, retome a discussão sobre vogais longas e breves que é apresentada no capítulo "Noções gerais sobre a estrutura sonora". Compare os pares de palavras que seguem. Os exemplos da coluna da esquerda são do português brasileiro e os exemplos da coluna da direita são do inglês britânico e americano respectivamente. Escute:

Unidade 1: *leeks* iː

Português		Inglês	
eu li	li	Lee	**liː** *liː*
Mi	mi	me	**miː** *miː*
ele ri	hi	he	**hiː** *hiː*

3iː

Você deve ter observado que a qualidade vocálica de i em português – por exemplo, em *(eu) li* li – é muito semelhante à qualidade vocálica de iː em inglês: *Lee* liː. Ambas as vogais i e iː nos exemplos acima são vogais tensas. A diferença entre cada um dos pares de palavras ilustrados anteriormente está no fato de iː ser uma vogal longa no inglês (mas não no português). Falantes do português brasileiro devem estar atentos ao pronunciar as vogais longas do inglês. Certifique-se de alongar a vogal iː, que é longa no inglês.

É importante observar no inglês se a vogal é longa ou breve.

A figura a seguir ilustra a posição da língua e dos lábios na articulação da vogal iː em inglês (que é, basicamente, a mesma articulação da vogal i no português, exceto em relação à duração, que no inglês é mais longa).

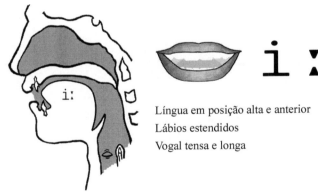

Língua em posição alta e anterior
Lábios estendidos
Vogal tensa e longa

4iː

A vogal iː pode ter os correlatos ortográficos indicados a seguir. Escute e repita cada um dos exemplos. Certifique-se de produzir uma vogal longa.

5i:

Correlatos ortográficos de i:				
ea	sea	si:	*si:*
ee	see	si:	*si:*
e	scene	si:n	*si:n*
ei	receive	ri.'si:v	*ri.'si:v*
eo	people	pi:.pl̩	*pi:.pl̩*
i	machine	mə.'ʃi:n	*mə.'ʃi:n*
ey	key	ki:	*ki:*
ie	niece	ni:s	*ni:s*
oe	amoeba	ə.'mi:.bə	*ə.'mi:.bə*

Ao escutar um enunciado ou aprender uma nova palavra em inglês, tente identificar se a vogal produzida é longa ou breve. Nas sentenças que seguem, a palavra em negrito tem a vogal longa i:. Escute e repita cada uma das sentenças. Enfatize a produção da vogal longa i: nas palavras em negrito.

6i:

1. What a big **piece**!
2. **Leave** it!
3. I said "**eat**"!
4. What happens if we **sleep**?
5. Is that a **sheep**?
6. Oh! I **see**...
7. Where is my **key**?
8. This is my **niece**.

Em oposição à vogal longa i:, temos no inglês a vogal breve ɪ. O uso de um símbolo diferente como ɪ (pois poderíamos ter o símbolo da vogal breve i) decorre do fato de haver diferença de qualidade vocálica significativa entre a vogal longa i: e a vogal breve ɪ. A próxima seção trata da vogal breve ɪ.

Unidade 2

ɪ
(s/he) licks
lɪks

Símbolo concorrente encontrado em dicionários e livros
i

1ɪ

A vogal ɪ do inglês é uma vogal breve e frouxa que apresenta a qualidade vocálica semelhante à vogal representada pela letra *ê* no português, como na palavra *mês*. Compare o som da vogal nas palavras *mês*, do português, e *miss*, do inglês. Escute:

mês **miss**   mês **miss**

2ɪ

Você deve ter observado que as vogais nas palavras *mês* e *miss* são bastante semelhantes (embora haja diferença de qualidade vocálica dessas vogais em cada língua). Certamente, há mais similaridade entre as vogais de *mês* e *miss* do que entre as vogais de *miss* e *mis* (se imaginarmos, no português, "muitas notas musicais mi"). Escute os exemplos que seguem, observando a qualidade vocálica de ɪ.

miss mɪs   kiss kɪs   bliss blɪs

3ɪ

Compare a pronúncia marcada do falante brasileiro de inglês (fora do parênteses), com a pronúncia do ɪ no inglês (que é indicada entre parênteses).

mis (mɪs)   *kis* (kɪs)   *blis* (blɪs)

4ɪ

Falantes do português brasileiro tendem a associar o som de ɪ do inglês ao som de i do português – que ocorre na palavra *ali*. Acredito que essa associação – entre os sons – ɪ e i – decorre principalmente da interferência do sistema ortográfico. Isso porque, em inúmeras palavras do inglês, a letra *i* corresponde ao som ɪ (kiss, bit, it etc.); ao passo que, no português, a letra *i* sempre corresponde ao som i (ali, vida, piada etc.). Observe a figura a seguir, que ilustra a posição da língua e dos lábios na articulação da vogal longa i: e da vogal breve ɪ em inglês. Contraste a vogal longa i: com a vogal breve ɪ. Escute e repita.

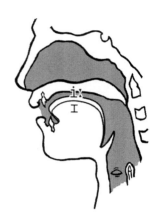

Língua em posição alta e anterior
Lábios estendidos
Vogal tensa e longa

Língua em posição média-alta e anterior
Lábios estendidos
Vogal frouxa e breve

A vogal ɪ pode ter os correlatos ortográficos indicados a seguir. Escute e repita cada um dos exemplos que seguem. Certifique-se de produzir uma vogal breve.

	Correlatos ortográficos de ɪ		
i	kiss	kɪs	kɪs
e	enjoy	ɪn.ˈdʒɔɪ	ɪn.ˈdʒɔɪ
a	beverage	ˈbɛv.ər.ɪdʒ	ˈbɛv.ər.ɪdʒ
ui	built	bɪlt	bɪlt
u	busy	ˈbɪz.i	ˈbɪz.i
o	women	ˈwɪm.ɪn	ˈwɪm.ɪn
ia	carriage	ˈkær.ɪdʒ	ˈkær.ɪdʒ
ie	sieve	sɪv	sɪv

As vogais i: e ɪ se relacionam, sendo que i: é uma vogal longa (e tensa) e ɪ é uma vogal breve (e frouxa). Palavras do inglês que tenham sequências de sons iguais, exceto por i: ou ɪ, têm significados diferentes: *piece* pi:s e *piss* pɪs. Dizemos que os sons i: e ɪ diferenciam significados em inglês. Ao escutar os pares de palavras que seguem, observe que a vogal i: é longa e tem qualidade vocálica semelhante à vogal *i* do português (como em *mi*). Já a vogal ɪ é breve e tem qualidade vocálica semelhante à vogal *ê* do português (como em *mês*). Escute e repita, enfatizando a oposição entre a vogal longa i: e a vogal breve ɪ:

Unidade 2: *licks* ɪ

leeks	liːks	(s/he) licks	lɪks
peace	*piːs*	piss	*pɪs*
leave	liːv	live	lɪv
eat	*iːt*	it	*ɪt*
sheep	ʃiːp	ship	ʃɪp
deed	*diːd*	did	*dɪd*
feast	fiːst	fist	fɪst

A seguir, são apresentados pares de sentenças. Em cada par, as sentenças diferem apenas quanto à palavra que contrasta a vogal longa iː e a vogal breve ɪ. As formas ortográficas em questão estão em negrito. Escute e repita cada uma das sentenças, observando se a vogal é longa ou breve e observando, também, a qualidade da vogal.

1 a **Leave** it!   liːv ɪt
   b **Live** it!   lɪv   ɪt

2 a I said "**eat**"!   *aɪ sɛd iːt*
   b I said "**it**"!   *aɪ sɛd ɪt*

3 a What happens if we **sleep**?   wɔt hæpənz ɪf wi sliːp
   b What happens if we **slip**?   wɔt hæpənz ɪf wi slɪp

4 a Is that a **sheep**?   *ɪz ðæt ə ʃiːp*
   b Is that a **ship**?   *ɪz ðæt ə ʃɪp*

5 a What a big **piece**!   wɔt ə bɪg piːs
   b What a big **piss**!   wɔt ə bɪg pɪs

Nas sentenças que se seguem, qualquer uma das duas palavras entre parênteses pode ocorrer. A diferença é que a sentença terá significado diferente em um caso e no outro. As palavras em negrito se diferenciam apenas quanto à vogal, que pode ser iː ou ɪ. Escute as sentenças e selecione a palavra que foi pronunciada.

> **Exercício 1**
> 1. (**Leave/live**) it!
> 2. (**Eat/it**)?
> 3. What happens if we (**sleep/ slip**)?
> 4. Whose (**sheep/ship**) is that?
> 5. What a big (**piece/piss**)!

Verifique a sua resposta para o Exercício 1. No exercício que segue, são apresentadas algumas palavras do inglês que têm a vogal i: ou a vogal ɪ. Você deve identificar qual é o som da vogal em negrito na palavra. Coloque o som correspondente a i: ou ɪ na coluna à esquerda de cada palavra. Algumas palavras foram pronunciadas por falantes do inglês britânico e outras, por falantes do inglês americano. Na seção de respostas, será indicado o falante de acordo com a chave: negrito (britânico)/itálico (americano). Siga os exemplos.

Ex2

	Exercício 2				
ɪ	if		kiss		English
i:	please		this		Brazil
	it		these		meet
	is		chick		heat
	least		beans		rich
	believe		Portuguese		feel

Verifique a sua resposta para o exercício anterior. Há uma restrição importante na estrutura sonora do inglês, que está relacionada à estrutura silábica e à ocorrência de vogais longas ou breves. Para entendermos tal restrição, relembremos os conceitos de sílaba aberta e sílaba fechada. Uma **sílaba aberta** termina em vogal, e uma **sílaba fechada** termina em consoante. Em inglês, as **vogais longas** podem ocorrer em final de palavra, como em *fee* fi:; ou seguidas de uma consoante, como em *feet* fi:t; ou seguidas de duas consoantes, como em *feast* fi:st.

Vogais longas podem ocorrer em final de sílaba e de palavra em inglês.

Já as **vogais breves** (ou curtas) ocorrem obrigatoriamente seguidas de consoante(s): *fit* fɪt ou *fist* fɪst. Isso quer dizer que não vamos encontrar, em inglês, uma palavra cujo último som seja uma vogal breve. Isso porque as palavras do inglês não devem terminar em vogais breves. Sempre que uma vogal ocorre em final de palavra em inglês, esta vogal é longa. Portanto, uma palavra como fɪ não existe em inglês (porque tem uma vogal curta em final de palavra!). Por outro lado, uma palavra como fi: *fee* – que termina em vogal longa – é perfeitamente adequada ao sistema sonoro da língua inglesa. Essa restrição pode ser expressa como:

Vogais breves não podem ocorrer em final de sílaba ou em final de palavra em inglês.
(exceto as vogais breves ɪ, ʊ e ə, que podem ocorrer excepcionalmente em final de sílaba e palavra como será discutido a seguir)

Unidade 2: *licks* ɪ

As sílabas abertas compreendem também final de palavra e, sendo assim, as palavras em inglês não terminam em vogal curta. Até o momento, consideramos a oposição da vogal longa (tensa) i ː em relação a vogal breve (frouxa) ɪ. Definimos, então, que i ː e ɪ são sons distintos do inglês e não podemos trocar um pelo outro sem prejuízo de significado. É importante dizer que tal distinção – entre as vogais i ː e ɪ – se perde em posição final de palavra na língua inglesa. Em final de palavra, em inglês, ocorre uma vogal breve, ou curta, que combina as propriedades de i ː e ɪ. É a vogal i, que é tensa e curta.

Tal vogal tem as características articulatórias da vogal i ː no inglês, mas não é uma vogal longa (embora seja uma vogal tensa). Observe que, neste caso, uma vogal breve – ou seja, i – ocorre em final de palavra, violando, portanto, a restrição apresentada anteriormente, que estabelece que *vogais breves não ocorrem em sílabas abertas*. A restrição que estabelece que *vogais breves não ocorrem em sílabas abertas em inglês* é violada por três vogais: as duas vogais átonas, tensas e curtas i e u, e por uma vogal átona, frouxa e curta, que é denominada "*schwa*" – cujo símbolo é ə. Cada um destes casos será tratado individualmente nas próximas páginas (veja também verso da tabela destacável). Podemos fazer a seguinte generalização:

> **As vogais breves em inglês são sempre seguidas de pelo menos uma consoante ao final da sílaba ou palavra.**
> *(exceto as vogais breves i, u e ə, que podem ocorrer excepcionalmente em final de sílaba e palavra)*

Falantes do português brasileiro tendem a pronunciar em posição átona final um som que é mais curto e apresenta qualidade vocálica diferente do i no inglês. Geralmente, no português, a ortografia correspondente a este som é a letra *e* átona em final de palavra: *vale*. Em português, o som de "i" no ambiente postônico em final de palavra é uma vogal breve e frouxa. No inglês, o som i em posição postônica em final de palavra é mais longo – se comparado a palavras do português – e é uma vogal tensa. Escute os pares de palavras que seguem, observando atentamente a vogal final que, no inglês, é transcrita por i (vogal tensa) e que, no português, é transcrita por ɪ (vogal frouxa).

Português		Inglês	
vale	ˈvalɪ	valley	ˈvæl.i
Vick (vaporub)	ˈvikɪ	Vicky	ˈvɪk.i
biquíni	biˈkinɪ	bikini	bi.ˈkiː.ni
safári	saˈfarɪ	safari	sə.ˈfaː.ri

9ɪ

A vogal pronunciada como i tem os correlatos ortográficos indicados a seguir. Escute e repita cada um dos exemplos. Certifique-se de produzir uma vogal que não é nem longa nem breve: i.

Correlatos ortográficos de i			
y	easy	'i:.zi	'i:.zi
e	maybe	'meɪ.bi	'meɪ.bi
ee	coffee	'kɔf.i	'ka:.fi
ie	cookie	'kuk.i	'kuk.i
ey	valley	'væl.i	'væl.i
i	safari	sə.'fa:.ri	sə.'fa:r.i

Falantes do português, tipicamente, tendem a omitir o som i átono em final de palavra em inglês ou tendem a pronunciá-lo como um som muito breve. Considere os pares de palavras que seguem, observando os casos em que ocorre ou não o som i em final de palavra. Escute e repita.

1	a	part	pa:t	7	a	tide	taɪd
	b	party	'pa:.ti		b	tidy	'taɪ.di
2	a	noise	nɔɪz	8	a	ease	i:z
	b	noisy	'nɔɪ.zi		b	easy	'i:.zi
3	a	store	stɔ:	9	a	cough	kɔf
	b	story	stɔr.i		b	coffee	'kɔf.i
4	a	sit	sɪt	10	a	red	rɛd
	b	city	'sɪt̬.i		b	ready	'rɛd.i
5	a	eight	eɪt	11	a	brand	brænd
	b	eighty	'eɪt.i		b	brandy	'bræn.di
6	a	monk	mʌŋk	12	a	cook	kuk
	b	monkey	'mʌŋ.ki		b	cookie	'kuk.i

Você deve ter observado que, em cada par, a primeira palavra termina em som consonantal (embora, na ortografia, possa ocorrer uma vogal, como em *noise*). Na segunda palavra de cada par, ocorre a vogal i no final da palavra. Como prática adicional, escute as palavras que seguem, observando a ocorrência do i átono final. Lembre-se que as transcrições em negrito ilustram o inglês britânico e as transcrições em itálico ilustram o inglês americano.

Unidade 2: *licks* ɪ

1	study	ˈstʌd.i	7	very	ˈvɛr.i
2	busy	ˈbɪz.i	8	maybe	ˈmeɪ.bi
3	beauty	ˈbjuː.ti	9	toffee	ˈtaː.fi
4	silly	ˈsɪl.i	10	lady	ˈleɪ.di
5	sorry	ˈsoːr.i	11	happy	ˈhæp.i
6	heavy	ˈhɛv.i	12	pretty	ˈprɪt.i

12ɪ

Algumas palavras do inglês que terminam ortograficamente com as letras *ee* têm uma vogal longa acentuada no final de palavra. Escute e repita.

referee   rɛf.ə.ˈriː
employee   ɪm.plɔɪ.ˈiː

13ɪ

Em algumas palavras do inglês a vogal i – que não é longa (nem breve) – ocorre em final de sílaba, em meio de palavra. Nesses casos, alguns autores sugerem que a sílaba inicial (que contém a vogal i) possa ser interpretada como um prefixo. Sugere-se que, nesses casos de sílaba inicial, ocorra a vogal tensa e breve i (cf. tabela destacável). Alguns exemplos são apresentados a seguir. Escute e repita. Lembre-se que as transcrições em negrito ilustram o inglês britânico e as transcrições em itálico ilustram o inglês americano.

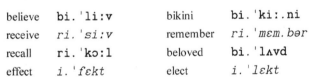

believe	bi.ˈliːv	bikini	bi.ˈkiː.ni
receive	*ri.ˈsiːv*	remember	*ri.ˈmɛm.bər*
recall	*ri.ˈkoːl*	beloved	bi.ˈlʌvd
effect	*i.ˈfɛkt*	elect	*i.ˈlɛkt*

14ɪ

No exercício que segue, você deve indicar o som da vogal que corresponde às letras em negrito. Lembre-se de que as transcrições em negrito ilustram o inglês britânico e as transcrições em itálico ilustram o inglês americano. Você deve utilizar um dos símbolos: iː, ɪ ou i.

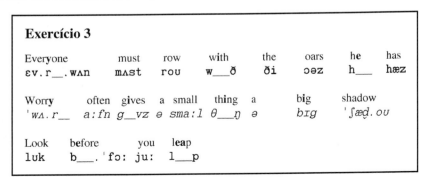

Ex3

Verifique a sua resposta para o exercício anterior. Há um grupo de palavras em inglês, em que o som i átono final pode alternar com o som eɪ. Considere os exemplos que seguem. Nos três primeiros exemplos, observam-se duas pronúncias: eɪ ou i ocorrem em posição átona final. Nos demais casos – de 4 a 9 –, ou ocorre sempre i (nos exemplos de 4 a 6), ou ocorre sempre eɪ (nos exemplos de 5 a 9). Os exemplos a seguir são ilustrativos. É importante estar atento para a alternância (ou não) de i e eɪ em posição átona final. Escute e repita.

15ɪ

1. holiday	ˈhɔl.ɪd.eɪ	ˈhɔl.ɪd.i
2. Saturday	ˈsæt.əd.eɪ	ˈsæt.ə.di
3. Tuesday	ˈtjuːz.deɪ	ˈtjuːz.di
4. Disney	-----	ˈdɪz.ni
5. Surrey	-----	ˈsʌr.i
6. money	-----	ˈmʌn.i
7. ashtray	ˈæʃ.treɪ	----
8. gateway	ˈgeɪt.weɪ	----
9. safeway	ˈseɪf.weɪ	----

As alternâncias sonoras ilustradas anteriormente são identificadas a partir da fala de diferentes pessoas. Ou seja, não há nenhuma generalização possível para esses casos. Contudo, há um tipo de alternância que se comporta de maneira bem organizada: são as formas terminadas em (-ate) em inglês. Os verbos terminam em eɪ (veja 16 a, na página seguinte) e os substantivos têm a pronúncia com a vogal reduzida denominada "*schwa*" (veja 16 b, na página seguinte). Em alguns casos, há pares de palavras cuja pronúncia pode ser inferida pela classe gramatical: se for substantivo (com "*schwa*", veja 16 c, na página seguinte) ou se for verbo (com eɪ, veja 16 d, na página seguinte). Os exemplos que seguem ilustram estes casos e é muito importante escutar a pronúncia específica estando ciente da variação sonora em potencial.

Unidade 2: licks ɪ 49

		Verbo		
16a	activate	ˈæk.tɪv.eit		
	immigrate	ˈɪm.ɪg.reit		
	cooperate	kou.ˈɔp.ər.eɪt		
	isolate	ˈaɪ.sə.leɪt		
	calculate	ˈkæl.kju:.leɪt		

16ɪ

		Substantivo
16b	chocolate	ˈtʃa:k.lət
	pirate	ˈpaɪ.rət
	certificate	sər.ˈtɪf.ɪ.kət
	intermediate	in.tər.ˈmi:.di.ət
	immediate	ɪ.ˈmi:.di.ət

		Substantivo		**Verbo**
16c	graduate	ˈgrædʒ.u.ət	16d	ˈgrædʒ.u.eɪt
	elaborate	i.ˈlæb.ər.ət		i.ˈlæb.ər.eɪt
	moderate	ˈmod.ər.ət		ˈmod.ər.eɪt
	legitimate	lə.ˈdʒɪt.ɪm.ət		lə.ˈdʒɪt.ɪm.eɪt
	appropriate	ə.ˈprou.pri.ət		ə.ˈprou.pri.eɪt

A vogal i ocorre também quando há uma vogal adjacente, ou seja, quando uma vogal precede ou segue i. Quando temos sequências de (i + vogal) em inglês, cada vogal ocorre numa sílaba diferente. Os exemplos que seguem ilustram esse caso. Escute e repita. Certifique-se de pronunciar a sequência de (i + vogal) com cada vogal em uma sílaba diferente. Compare a pronúncia do inglês (2ª coluna) com a pronúncia marcada do falante brasileiro de inglês (3ª coluna).

radio	ˈreɪ.di.ou	ˈheɪdʒiou
glorious	ˈglɔ:.ri.əs	ˈglɔriəs
appreciate	ə.ˈpri:.ʃi.eɪt	əpriʃiˈeɪt
radiation	reɪ.di.ˈeɪ.ʃən	reɪdiˈeɪʃõ
studio	ˈstu:.di.ou	ˈstudʒu
obvious	ˈob.vi.əs	ˈobvjəs

17ɪ

Os exemplos apresentados acima mostram que falantes brasileiros de inglês tendem a pronunciar sequência de (i + vogal) com as duas vogais em uma única sílaba. Isso porque, no português brasileiro, quando temos uma sequência do tipo (i + vogal), geralmente, podemos pronunciar as vogais juntas ou separadas. Considere, por exemplo, as palavras a seguir, que ilustram pronúncias diferentes do português brasileiro, sendo que um traço separa as sílabas. Escute:

curioso	ku-ɾi-o-zʊ	ku-ɾjo-zʊ
iogurte	i-o-guh-tʃɪ	jo-guh-tʃɪ
variado	va-ɾi-a-dʊ	va-ɾja-dʊ

É importante salientar que a alternância sonora em uma mesma palavra ilustrada acima para o português brasileiro – entre uma sequência do tipo (i + vogal) pronunciada com as duas vogais juntas – *cur(io)so* – ou com as duas vogais separadas – *cur(i.o)so* – não ocorre em inglês. Ou seja, uma palavra como *curious,* em inglês, sempre tem o i pronunciado separado da vogal seguinte: *cur(i.o)us*. Contudo, há casos em inglês em que a sequência de (i + vogal) deve ser obrigatoriamente pronunciada na mesma sílaba. Um exemplo deste caso é a palavra *yes*. O que ocorre, de fato, é que, neste caso, o som vocálico i (que ocorre no início da palavra *yes*) corresponde a um som consonantal seguido de vogal (e não a uma vogal seguida de vogal, ou seja, (i + vogal)). Esse som é o j, que será considerado a seguir.

Unidade 3

j
yoga
ˈjoʊ.gə

Símbolo concorrente encontrado em dicionários e livros
y

1 j

O som j apresenta as mesmas características articulatórias quanto à posição da língua e dos lábios que a vogal i (ver o diagrama das características articulatórias apresentado para i ː). A figura que segue ilustra as características articulatórias de j (que são idênticas às características articulatórias indicadas para a vogal i ː).

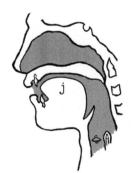

Língua em posição alta e anterior
Lábios estendidos

O que distingue os segmentos i e j é que o primeiro som – i – se comporta como vogal na estrutura silábica e pode ser centro de sílaba (e, portanto, pode receber acento). Já o som j se comporta como um som consonantal e não pode ser centro de sílaba (e não pode receber acento). Em inglês, o som j ocorre sempre ao lado de uma vogal, sendo pronunciado em continuidade com tal vogal, sem haver divisão de sílabas. Pode-se encontrar referência ao som j como uma consoante classificada de **aproximante**, **glide** ou **semivogal**. O som j pode ter os correlatos ortográficos indicados a seguir. As transcrições em negrito ilustram o inglês britânico e as transcrições em itálico ilustram o inglês americano. Escute e repita cada um dos exemplos que seguem. Certifique-se de produzir o som j na mesma sílaba da vogal que o segue.

2j

Correlatos ortográficos de j		
y	yes	jɛs	*jɛs*
i	union	'juː.ni.ən	*'juː.ni.ən*
u	unique	juː.'niːk	*juː.'niːk*
e	Europe	'juə.rəp	*'jur.əp*
j	hallelujah	hæl.i.'luː.jə	*hæl.i.'luː.jə*

Dizemos que j é uma consoante. Isso porque j se comporta de maneira análoga a outras consoantes do inglês. Considere, por exemplo, a distribuição do artigo indefinido. Palavras do inglês que começam com o som de uma vogal são precedidas da forma *an* do artigo indefinido: *an apple*. Já palavras que começam com um som consonantal são precedidas da forma de *a* do artigo definido: *a car*. Considere o caso da palavra *yell*, que deve ser precedida do artigo indefinido *a*, como em *a yell*. O fato de palavras que começam com um som consonantal, como j, serem precedidas da forma do artigo indefinido *a* demonstra que o som j se comporta como um som consonantal em inglês. Note que em algumas palavras do inglês – como *university*, *unique* etc. – temos em posição inicial uma letra que corresponde a uma vogal (neste caso a letra "u"), mas o som inicial nessas palavras corresponde a consoante j. O tipo de artigo definido que precede palavras que se iniciam com o som j em inglês nos dá evidência que o som j se comporta como consoante nessa língua. Em outras línguas, o som j pode se comportar como vogal. O investigador deve buscar uma ou mais evidências do comportamento destes segmentos como consoante ou como vogal em cada língua em particular.

Outro fato que indica que o som j se comporta como consoante é que esse som pode ocorrer em sequências de consoantes na mesma sílaba. Sequências de consoantes que ocorrem na mesma sílaba são denominadas **encontros consonantais tautossilábicos**. Temos, por exemplo, *beauty*, em que a consoante j ocorre juntamente com a consoante b na mesma sílaba: 'bjuː.ti. Note que a consoante j ocorre em encontros consonantais tautossilábicos – como na palavra *beauty* 'bjuːti – de maneira análoga aos encontros consonantais formados por uma sequência de (consoante + r, l, w) – como em *free* friː; *flee* fliː ou *quick* kwɪk.

Nos exemplos que seguem, as três primeiras linhas exemplificam casos em que o som j ocorre em início de palavra. A vogal que segue o som j pode ser qualquer vogal do inglês. Nas duas últimas linhas dos exemplos, o som j ocorre precedido de consoante. Nesse caso, a vogal que segue o som j é sempre uː. As transcrições em negrito ilustram o inglês britânico e as transcrições em itálico ilustram o inglês americano. Escute e repita. Certifique-se de que o som j seja pronunciado na mesma sílaba da vogal que o segue.

Unidade 3: *yoga* j

yes	jɛs	yam	jæm	yellow	ˈjɛl.oʊ
you	juː	university	juːni.ˈvɜː.sɪ.ti	yogurt	ˈjɔg.ət
yours	jɔːz	united	juː.ˈnaɪ.tɪd	yo-yo	ˈjoʊ.joʊ
few	fjuː			cute	kjuːt
view	vjuː			duty	ˈdjuː.ti

3j

É importante observar que o som j pode ser pronunciado de maneira um pouco diferente dependendo da vogal que o segue. Quando o som j ocorre seguido das vogais ɪ ou iː, pode acontecer uma pequena fricção na articulação de j. Para articular este som, pronuncie a vogal i e, lentamente, levante a língua para uma posição mais alta, até que ocorra uma pequena fricção. Pratique:

i   j   i   j

4j

Essa pequena fricção ocorre na articulação de j quando a vogal seguinte é ɪ ou iː. Isso ocorre porque os sons j, ɪ e iː têm articulação muito próxima. Nos exemplos que seguem, as duas palavras em cada par se distinguem apenas quanto ao som inicial. Uma das palavras começa com uma vogal alta – ɪ ou iː –, e a outra palavra começa com o som consonantal j, sendo seguido da primeira vogal da outra palavra do par. Escute e repita:

east	iːst	yeast	jiːst
ear	ɪər	year	jɪər

5j

O som j pode ocorrer como um "*linking sound*" ou "som de ligação", quando uma palavra termina com a vogal iː, e a palavra seguinte começa com uma outra vogal qualquer. Ou seja, temos o seguinte contexto: (iː em final de palavra + j + palavra começando em vogal). Nos exemplos que seguem, o som j representa um som de ligação. Escute e repita.

Meet   me   at   the   entrance.
miːt   miː j æt   ðiː j ɛn.trənts

She   arrived   in   the   afternoon.
ʃiː j ə.ˈraɪvd ɪn   ðiː j aːf.tə.ˈnuːn

We   all   arrived   at   the   end   of   the   evening.
wiː j ɔːl ə.ˈraɪvd æt ðiː j ɛnd ɔv ðiː j ˈiːv.nɪŋ

6j

O som j também ocorre em inglês entre uma consoante e a vogal longa uː, como, por exemplo, na palavra *new* njuː. Há, contudo, uma grande variação – se ocorre ou não o j antes de uː. Ou seja, atesta-se *new* njuː ou *new* nuː, dependendo do dialeto ou, mesmo, dependendo do falante em questão. Para algumas palavras, praticamente não há variação, e o som j é pronunciado, obrigatoriamente, entre a consoante e a vogal uː. Os exemplos a seguir são ilustrativos. Escute e repita.

7j

Não há variação dialetal e sempre ocorre consoante + j + u:					
few	fju:	queue	kju:	beauty	'bju:.ti
	fju:		kju:		'bju:.ti
pew	pju:	view	vju:	music	'mju:.zɪk
	pju:		vju:		'mju:.zɪk

Há variação dialetal e pode ocorrer consoante + j + u: ou consoante + u:					
new	nju:	lieu	lju:	assume	ə.'sju:m
	nu:		lu:		ə.'su:m
tune	tju:n	Tuesday	'tju:z.deɪ	dew	dju:
	tu:n		'tu:z.deɪ		du:

Pode-se dizer que, ao aprender uma palavra do inglês que contenha a vogal u: precedida de uma consoante, devemos certificar se ocorre (ou não) o som de j entre a consoante e a vogal u:. Harris (1994) apresenta dados que demonstram a falta de regularidade entre a presença e a ausência de j antes da vogal u:. Ou seja, ao aprender uma palavra, o falante aprende se j ocorre ou não. O quadro que segue apresenta alguns exemplos de Harris (1994).

Som	Sul da Inglaterra	América do Norte e partes do sul da Inglaterra	Escócia e Irlanda	East Anglia	Sul do País de Gales (rural)	Exemplos
---	ju:	ju:	ju:	ju:	ju:	you, ewe, youth
m	mju:	mju:	mju:	mu:	miw	music, mule, mew
	mu:	mu:	mu:	mu:	mu:	moon, moot
b	bju:	bju:	bju:	bu:	biw	beautiful, bureau, abuse
	bu:	bu:	bu:	bu:	bu:	boon, booze
v	vju:	vju:	vju:	vu:	viw	view, revue
	vu:	vu:	vu:	vu:	vu:	voodoo
f	fju:	fju:	fju:	fu:	fiw	few, futile, future
	fu:	fu:	fu:	fu:	fu:	fool
p	pju:	pju:	pju:	pu:	piw	pew, pewter, spew
	pu:	pu:	pu:	pu:	pu:	pool, spoon
k	kju:	kju:	kju:	ku:	kiw	cute, queue, cure
	ku:	ku:	ku:	ku:	ku:	cool, coot
n	nju:	nu:	nju:	nu:	niw	new, continuity
	nu:	nu:	nu:	nu:	nu:	noose, noon
	nju:	nju:	nju:	nu:	niw	continue, annual
l	lju:	lu:	lu:	lu:	liw	lewd, lieu
	lu:	lu:	lu:	lu:	lu:	loom, loose
	lju:	lju:	lju:	lu:	liw	value, volume
r	rju:	ru:	rə	ru:	rə	erudite, virulent
	ru:	ru:	ru:	ru:	liw	ruse, rue
	ru:	ru:	ru:	ru:	ru:	Ruth, root
s	sju:	ʃu:	ʃu:	su:	siw	issue, tissue
	sju:	su:	su:	su:	siw	assume, pursuit
	su:	su:	su:	su:	siw	suicide, suit, sue
	su:	su:	su:	su:	su:	soon, soothe
z	zju:	zu:	zu:	zu:	ziw	presume, Zeus
	zu:	zu:	zu:	zu:	zu:	zoom, zoo
θ	θju:	θu:	θu:	θu:	θiw	enthuse
	θu:	θu:	θu:	θu:	θu:	thuja
t	tju:	tu:	tʃu:	tu:	tiw	Tuesday, perpetuity
	tu:	tʃu:	tʃu:	tu:	tʃiw	virtue, perpetual
	tu:	tu:	tu:	tu:	tu:	too, tool
d	dju:	du:	dʒu:	du:	diw	dew, duty, during
	dju:	dʒu:	dʒu:	du:	diw	residual, incredulous
	dju:	du:	dʒu:	du:	diw	residue
	du:	du:	du:	du:	du:	doom, do
h	hju:	ju:	hu:	u:	hiw	huge, Hugh
	hu:	hu:	hu:	u:	hu:	who, hoot

Unidade 3: yoga j

Podemos observar nos exemplos anteriores que o dialeto rural do País de Gales apresenta a pronúncia *new* niw. Ou seja, ao invés de uma sequência de (consoante + ju:) temos uma sequência de (consoante + iw). A pronúncia *new* niw é tipicamente encontrada entre os falantes brasileiros de inglês. Os exemplos que seguem mostram a pronúncia padrão do inglês e a pronúncia típica do falante brasileiro de inglês.

	Britânico	**Falante brasileiro de inglês**
few	fju:	fiw
queue	kju:	kiw
view	vju:	viw
music	'mju:.zɪk	'miw.zɪ.kɪ

8j

Considerando-se os exemplos de Harris (1994), podemos generalizar dizendo que as sequências sonoras mais comuns no inglês são aquelas que apresentam (consoante + ju:) ou (consoante + u:). A sequência sonora (consoante + iw) – que reflete a pronúncia típica do falante brasileiro de inglês e também a pronúncia do dialeto rural do País de Gales – é menos frequente e, portanto, mais marcada no inglês. A ocorrência de sequências do tipo (consoante + iw) será abordada em detalhes na Unidade 18, quando discutirmos a consoante lateral l. O exercício que segue apresenta alguns provérbios do inglês. Indique nas lacunas o som que corresponde às letras em negrito. Você deve utilizar um dos símbolos: i:, ɪ, i ou j.

Exercício 4

1. In   for   a   penny,   in   for   a   pound
   __n   fɔːr   ə   'pɛn.__   __n   fɔːr   ə   paund

2. Don't   count   your   chickens   before   they're   hatched
   dount   kaunt   __ɔːr   'tʃ__k.ənz   b__.'fɔːr   ðeɪ ə r   hætʃt

3. Caught   between   a   rock   and   a   hard   place
   kɑːt   b__.'tw__n   ə   rɑːk   ænd   ə   hɑːrd   pleɪs

4. Might   as   well   be   hanged   for   a   sheep   as   a   lamb
   maɪt   əz   wɛl   b__   hæŋd   fɔː   ə   ʃ__p   əz   ə   læm

---

Ex4

Verifique a sua resposta para o exercício anterior. A seguir vamos considerar algumas das consoantes do inglês. Inicialmente, trataremos dos sons f v s z, que são consoantes fricativas. Na medida do possível, será feita a combinação dessas consoantes com as vogais já estudadas.

Unidade 4

1
fvsz

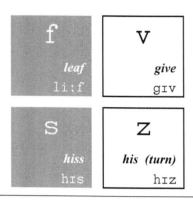

Não há símbolo concorrente em dicionários e livros: sempre f v s z

As consoantes fvsz são **fricativas**. Ou seja, durante a sua produção, ocorre fricção. No caso de fv, a fricção ocorre entre o lábio inferior e os dentes incisivos superiores. Por isso, as consoantes fv são classificadas como labiodentais. Já nas consoantes sz, a fricção ocorre entre a parte da frente da língua e os alvéolos (a região que se encontra imediatamente atrás dos dentes frontais superiores). As consoantes sz são classificadas como alveolares. Generalizando, podemos classificar as consoantes fv como **fricativas labiodentais**, e as consoantes sz como **fricativas alveolares**.

Podemos, também, agrupar as consoantes quanto ao vozeamento. As consoantes fricativas fs são desvozeadas e as consoantes vz são vozeadas. A única diferença articulatória nos pares fv e sz é o vozeamento. As consoantes fs são desvozeadas, sendo esta propriedade representada na figura que segue por (------), indicando que as cordas vocais se encontram separadas e não ocorre vibração nelas. As consoantes vz são vozeadas, sendo que essa propriedade é representada na figura que segue por (**xxxxx**), indicando que as cordas vocais se aproximam e ocorre vibração nelas (se necessário, retorne ao capítulo "Noções gerais sobre a estrutura sonora" para explicitação dos termos técnicos utilizados). As figuras a seguir ilustram a articulação dos sons fvsz em inglês.

Unidade 4: *leaf, give, hiss, his* f v s z

2
fvsz

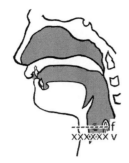

Fricativas labiodentais f v   Fricativas alveolares s z

As consoantes fricativas desvozeadas fs do inglês apresentam características articulatórias bastante semelhantes destas mesmas consoantes no português. Já as consoantes fricativas vz são completamente vozeadas no português, ao passo que, em inglês, essas mesmas consoantes são **parcialmente vozeadas**. Na produção de um segmento **totalmente vozeado**, as cordas vocais se aproximam, e a vibração delas é mais intensa do que na produção dos segmentos **parcialmente vozeados**. Escute os exemplos que seguem, observando, em particular, o contraste de vozeamento das consoantes fvsz no português e em inglês.

	Português			Inglês	
f	fez	feɪs	f	face	feɪs
v	vais	vaɪs	v	vice	vaɪs
s	si	si	s	sea	siː
z	zip	ˈzi.pɪ	z	zippy	ˈzɪp.i

3
fvsz

Você deve ter observado que há semelhança quanto ao grau de vozeamento de fs no português e no inglês. Nas duas línguas, as consoantes fs são desvozeadas. Já as consoantes vz diferem quanto ao grau de vozeamento no português e no inglês. Em português, vz são consoantes completamente vozeadas e, em inglês, estas são consoantes **parcialmente vozeadas**. Embora o inglês tenha esta particularidade – de que consoantes vozeadas apresentam o vozeamento parcial – a oposição em duas categorias –, ou seja, vozeada e desvozeada – é suficiente para classificar e entender a ocorrência destes sons em inglês. Os sons fvsz podem ter os correlatos ortográficos indicados abaixo. As transcrições em negrito ilustram o inglês britânico e as transcrições em itálico ilustram o inglês americano. Escute e repita cada um dos exemplos que seguem.

Correlatos ortográficos de **f**			
f	feet	fiːt	*fiːt*
ff	off	ɔf	*aːf*
ph	phase	feɪz	*feɪz*
gh	cough	kɔf	*kaːf*

4
fvsz

Correlatos ortográficos de s			
s	silly	ˈsɪl.i	ˈsɪl.i
ss	piss	pɪs	pɪs
sc	science	ˈsaɪ.ənts	ˈsaɪ.ənts
c	price	praɪs	praɪs

Correlatos ortográficos de v			
v	vote	vout	vout
ph	Stephen	ˈstiː.vən	ˈstiː.vən
f	of	ɔv	aːv

Correlatos ortográficos de z			
z	zip	zɪp	zɪp
zz	fizz	fɪz	fɪz
s	his	hɪz	hɪz
ss	scissors	ˈsɪz.əz	ˈsɪz.ərz
x	xerox	ˈzɪə.rɒks	ˈzɪr.aːks

É importante ter em mente a distinção entre consoantes **vozeadas** e **desvozeadas**. Na tabela de sons do inglês que acompanha este livro, as consoantes vozeadas aparecem com a cor da fonte em preto com fundo branco e as consoantes desvozeadas aparecem com a fonte em branco com fundo cinza. Até aqui, vimos as consoantes desvozeadas f s e as vozeadas v z. No capítulo "Noções gerais sobre a estrutura sonora", foi mencionado que a vogal que precede consoantes vozeadas é mais longa do que a vogal que precede consoantes desvozeadas. Exemplos do português são ilustrados a seguir.

5
fvsz

uva ˈuva   casa ˈkaza
ufa ˈufa   caça ˈkasa

Ao comparar cada par de palavras do português exemplificado anteriormente, podemos observar que as vogais acentuadas que precedem as consoantes vozeadas v z em *uva, casa* são mais longas do que as vogais acentuadas que precedem as consoantes desvozeadas f s em *ufa, caça*.

O inglês é uma língua que tem vogais longas e breves. Podemos inferir, então, que as vogais longas que precedem consoantes vozeadas – como em *leave* liːv – serão mais longas do que as vogais longas que precedem consoantes desvozeadas –

Unidade 4: *leaf, give, hiss, his* f v s z

como em *leaf* li:f. Já as vogais breves que precedem consoantes vozeadas – como em *live* lɪv – serão mais longas (embora breves) do que as vogais breves que precedem consoantes desvozeadas – como em *if* ɪf. Escute:

leave	li:v	Vogal longa mais longa por ser seguida de consoante vozeada	longa/+longa
leaf	li:f	Vogal longa menos longa por ser seguida de consoante desvozeada	longa/-longa
live	lɪv	Vogal breve mais longa por ser seguida de consoante vozeada	breve/+longa
if	ɪf	Vogal breve menos longa por ser seguida de consoante desvozeada	breve/-longa

6
fvsz

Considerando que as consoantes vozeadas vz podem ser produzidas com vozeamento parcial em inglês, podemos constatar, em palavras, como *hiss* hɪs e *his* hɪz, uma certa dificuldade em identificar se o som final é vozeado ou desvozeado. O fato de a vogal ser mais longa em *his* hɪz e menos longa em *hiss* hɪs auxilia na identificação do vozeamento da consoante. Temos s – que é um segmento desvozeado – quando a vogal é mais curta *(hiss)*, e temos z – um segmento parcialmente vozeado – quando a vogal é mais longa *(his)*.

Uma vogal é alongada quando seguida de consoante vozeada.

Esta observação é válida para todas as consoantes vozeadas do inglês. Consequentemente, as vogais são mais curtas quando seguidas de consoantes desvozeadas. Vejamos agora a ocorrência dos sons fvsz em final de palavra, em inglês e em português. No português, dos sons fvsz, somente o som s ocorre em final de palavra, como *mês* mes, *paz* pas, *após* a'pos (na pronúncia de Minas Gerais, pois, na pronúncia carioca, temos o som ʃ "sh" nestas palavras). Já em inglês, **todas** as consoantes fvsz podem ocorrer em final de palavra. Escute.

leave li:v piece pi:s
leaf li:f please pli:z

7
fvsz

O falante do português brasileiro tende, tipicamente, a inserir uma vogal após a consoante final. Este aspecto é típico da pronúncia do falante brasileiro de inglês. Escute:

	Pronúncia marcada do PB	**Inglês**
leave	'li.vɪ	li:v
leaf	'li.fɪ	li:f
piece	'pi.sɪ	pi:s
please	'pli.zɪ	pli:z

8
fvsz

Geralmente, não há problema de pronúncia para o falante brasileiro de inglês quando o som s ocorre ao final de palavras e é ortograficamente marcado como *s ou ss*. Há problemas apenas para alguns falantes brasileiros de inglês que têm o *s* ortográfico com som de ʃ ("sh") – como os falantes do dialeto carioca. Mas mesmo esses falantes reconhecem e reproduzem o som s em final de palavra nos casos em que *s ou ss* são os correlatos ortográficos em final de palavra.

yes	jɛs
bus	bʌs
kiss	kɪs
miss	mɪs

Note que, nos exemplos anteriores, o falante brasileiro de inglês não insere uma vogal i no final da palavra, ou seja, jɛsi tipicamente não ocorre como uma pronúncia para a palavra *yes* falada por falantes brasileiros de inglês. Contudo, quando a sequência ortográfica *se* ou *ce* ocorre no final de palavra – como em *house* haus ou *piece* pi:s –, o falante do português brasileiro tende a pronunciá-la com um uma vogal "i" ao final da palavra: o ˈhauzi ou ˈpisɪ respectivamente. Este é tipicamente um caso de interferência da ortografia na aprendizagem de inglês como língua estrangeira. Escute, atentamente, observando a pronúncia marcada do português brasileiro (que termina em vogal), e a pronúncia do inglês que termina na consoante s.

	Pronúncia marcada do PB	**Inglês**
house	ˈhau.zi	haus
case	ˈkeɪ.zi	keɪs
piece	ˈpi.si	pi:s
mice	ˈmaɪ.si	maɪs

A sequência ortográfica *ce* em final de palavra é sempre pronunciada como s: *price, rice, face, space* etc. Já a sequência ortográfica *se*, quando em final de palavra, pode estar relacionada tanto ao som s quanto ao som z em inglês (em ambos os casos, sem esses sons estarem seguidos da vogal i). Escute:

Sequência ortográfica *se* em fim de palavra que tem som de s

house	haus	loose	lu:s
close (adj.)	klous	coarse	kɔ:s
case	keɪs	lease	li:s

Sequência ortográfica *se* em fim de palavra que tem som de z

please	pli:z	lose	lu:z
noise	nɔɪz	cause	ka:z
because	bi.kɔz	rise	raɪz

Os exemplos anteriores mostram que palavras que, ortograficamente, terminam em *se* podem, de fato, terminar com o som de s ou de z. Essa diferença determina

Unidade 4: *leaf, give, hiss, his* f v s z

que s e z são sons distintos do inglês e não devem, portanto, ser confundidos, pois são interpretados como unidades fonológicas distintas e podem distinguir palavras: *his/hiss, rice/rise* etc.. Os sons s e z também distinguem palavras em inglês quando em início de palavra – como em *Sue* suː e *zoo* zuː – e entre vogais – como em *looser* ˈluːsə e *loser* ˈluːzə.

Em português, s/z também distinguem palavras em início ou meio de palavras: *selo* ˈselʊ, *zelo* ˈzelʊ ou *caça* ˈkasa, *casa* ˈkaza. Já em final de palavra, s/z não distinguem palavras em português e podem ocorrer s ou z: *mês* mes, mez ou *paz* pas, paz com as palavras mantendo um único significado. De fato, ocorre tipicamente o som s (ou ʃ no dialeto carioca, por exemplo) no final de palavras, como *mês, paz* no português (z ocorre em dialetos do norte de Minas Gerais). Já em inglês, é significativo se ocorre s ou z no final de palavra: *hiss* hɪs/*his* hɪz, e o falante brasileiro de inglês deve estar atento a esse fato. Nos exemplos que seguem, as palavras se distinguem apenas quanto aos sons s ou z no final da palavra. Escute e reproduza cada um dos exemplos. Atente-se para a consoante final: s ou z.

rice	raɪs	rise	raɪz
loose	luːs	lose	luːz
ass	æs	as	æz
bus	bʌs	buzz	bʌz
place	pleɪs	plays	pleɪz
price	praɪs	prize	praɪz
niece	niːs	knees	niːz

12
fvsz

Nos exemplos que seguem, as palavras se distinguem apenas quanto aos sons s ou z quando estes sons ocorrem entre duas vogais. Escute e reproduza.

looser	ˈluː.sə	loser	ˈluː.zə
buses	ˈbʌs.ɪz	buzzes	ˈbʌz.ɪz
coarser	ˈkɔː.sə	causer	ˈkɔː.zə

13
fvsz

Lembre-se de que o português também distingue s e z entre vogais: *caça* ˈka.sa e *casa* ˈka.za. Portanto, deveríamos esperar que os falantes do português sempre percebessem e produzissem adequadamente os sons s e z entre vogais no inglês. Contudo, este não é o caso. Observe que tanto a palavra *looser* quanto a palavra *loser* tendem a ser pronunciadas por falantes brasileiros de inglês com um z intervocálico – como em ˈluː.zə (embora, em inglês, tenhamos *looser* ˈluː.sə; *loser* ˈluː.zə). O que ocorre nesses casos é a interferência de uma *regra ortográfica do português* que estabelece que *"todo s, entre vogais, tem som de z"*. Essa regra se aplica ao português, mas não ao inglês. Por isso é que, em inglês, pode-se ter a letra *s* entre vogais sendo pronunciada como s. O que o falante brasileiro de inglês deve fazer é, estando ciente de tal regra ortográfica, atentar-se para escutar o som que de fato ocorre (e não relacioná-lo à letra *s* entre vogais). Nos exemplos a seguir, a letra *s* ocorre entre vogais, sendo pronunciada como s. As transcrições em negrito ilustram o inglês britânico e as transcrições em itálico ilustram o inglês americano. Escute e repita.

14
fvsz

basic	ˈbeɪ.sɪk	crisis	ˈkraɪ.sɪs
isolate	ˈaɪ.sə.leɪt	basis	ˈbeɪ.sɪs
fantasy	ˈfæn.tə.si	vaseline	ˈvæs.ə.liːn
analysis	ə.ˈnæl.ə.sɪs	cosine	ˈkoʊ.saɪn
baseball	ˈbeɪs.baːl	disagree	dɪs.ə.ˈgriː
gasefy	ˈgæs.ɪf.aɪ	disobey	dɪs.oʊ.ˈbeɪ
basement	ˈbeɪs.smənt	disorder	dɪs.ˈɔ.də
asylum	ə.ˈsaɪ.ləm	disinfect	dɪs.ɪn.ˈfɛkt
esoteric	ɛs.oʊ.ˈtɛr.ɪk	curiosity	kjʊə.ri.ˈɔs.ə.ti
gasoline	ˈgæs.ə.liːn	buses	ˈbʌs.ɪz

Contudo, é importante observar que, em muitos casos, a letra *s* entre vogais tem som de z. Por isso, é importante estar atento e escutar se ocorre s ou se ocorre z. Escute e repita.

15
fvsz

reason	ˈriː.zən
closet	ˈklɔz.ɪt
resist	ri.ˈzɪst
result	ri.ˈzʌlt

Os exemplos a seguir ilustram casos em que o som z ocorre em inglês, no final de palavras que são utilizadas com frequência. As transcrições em negrito ilustram o inglês britânico e as transcrições em itálico ilustram o inglês americano. Escute e repita.

16
fvsz

is	ɪz	these	*ðiːz*
his	*hɪz*	was	wɔz / *waːz*
please	pliːz	as	*æz*
does	dʌz / *dəz*	hers	hɜːz
has	hæz	use (verbo)	*juːz*

No exercício que segue, são apresentadas algumas palavras do inglês que têm o som s, e outras que têm o som z. Você deve identificar qual é o som em negrito na palavra: s ou z. Coloque o som correspondente na coluna à esquerda de cada palavra. Siga o exemplo.

Unidade 4: *leaf, give, hiss, his* f v s z

Ex5

Exercício 5

s	Alice	___ pence	___ yes
z	*pens*	___ bees	___ *advice*
___	*lease*	___ price	___ lies
___	It's	___ lice	___ rise
___	*It is*	___ *use*	___ please
___	use (n)	___ whose	___ *ease*
___	*use (v)*	___ noise	___ *prize*
___	*whose*	___ *piece*	

Verifique a sua resposta para o exercício anterior. O som s ocorre também em início de palavra, em inglês. Nas palavras *sick* sɪk e *spy* spaɪ, observe que o som inicial é s. O falante brasileiro de inglês pronuncia o s incial em *sick* sɪk, mas na palavra *spy* spaɪ, há uma tendência em se inserir uma vogal i antes do s inicial. Em *sick* sɪk, o s inicial é seguido de vogal e, em *spy* spaɪ, o s inicial é seguido de consoante. Portanto, falantes do português brasileiro tendem a inserir a vogal i quando o som inicial s é seguido de outra consoante. Compare um dos tipos de pronúncia típica do português brasileiro com a pronúncia do inglês. Escute e observe que o falante brasileiro de inglês insere uma vogal i antes do s inicial das palavras que em inglês se iniciam por s.

	Pronúncia marcada do PB	**Inglês**
street	is.ˈtri.tʃi	striːt
sky	is.ˈkaɪ	skaɪ
star	ɪs.ˈta	staː

17
fvsz

A minha sugestão é que o falante brasileiro de inglês **pense** em pronunciar o som de s como se ele estivesse em início de uma sílaba – por exemplo, nas sílabas *se* si ou *só* sɔ. Contudo, deve-se pensar em pronunciar somente o s da sílaba: ssss. Ou seja, *pense* em pronunciar o s em início de uma sílaba e então pronuncie a palavra *sky* skaɪ. Desta maneira, a tendência é não se inserir uma vogal i inicial antes de (s + consoante), que, tipicamente, marca a pronúncia do falante brasileiro de inglês. Pratique com os exemplos a seguir. Certifique-se de que o som inicial nas palavras que seguem é a consoante s, como na palavra *só*, do português. As transcrições em negrito ilustram o inglês britânico e as transcrições em itálico ilustram o inglês americano. Escute e repita:

stay	steɪ	sleep	sli:p
store	stɔ:	slip	slɪp
slow	sloʊ	smell	smɛl
smoke	smoʊk	snack	snæk
snow	snoʊ	spell	spɛl
smile	smaɪl	small	smɔ:l

Note, contudo, que, em alguns pares de palavras do inglês, a única diferença na sequência de sons é que uma das palavras começa com uma sequência de (s + consoante) – palavras à esquerda abaixo – e no outro caso ocorre um ɪ (ou ɛ em alguns casos) em posição inicial da palavra e que precede a sequência de (s + consoante) – palavras à direita abaixo. Escute e repita.

state	steɪt	estate	ɪs.'teɪt
steam	sti:m	esteem	ɪs.'ti:m
strange	streɪndʒ	estrange	ɪs.'treɪndʒ
slam	slæm	Islam	ɪz.'læm
spy	spaɪ	espy	ɪs.'paɪ

A seguir, trataremos de um tópico altamente relevante para o estudo da pronúncia do inglês: a formação regular de plural (pl.) e das formas de terceira pessoa singular presente (3psp). As formas regulares de plural e as formas de terceira pessoa do singular no presente têm regras bastante claras. Quando a palavra, seja verbo ou nome, termina em uma vogal, um ditongo ou uma consoante vozeada, a forma regular de plural e das formas de terceira pessoa singular presente será **sempre z** que é uma consoante vozeada. Quando o nome ou verbo termina em consoante desvozeada, a forma regular de plural ou forma de 3psp será **sempre s**, que é uma consoante desvozeada. Consulte a tabela destacável para identificar as consoantes vozeadas e desvozeadas no inglês. Como generalização podemos afirmar que a formação regular de plural e 3psp é sujeita à assimilação de vozeamento: sons vozeados são seguidos da consoante vozeada z e sons desvozeados são seguidos da consoante desvozeada s. Finalmente, se o nome ou verbo termina em s ou z, a forma de plural ou forma de 3psp será **sempre ɪz**. As regras de formação de formas regulares de plural (pl.) e de terceira pessoa do singular no presente (3psp) são apresentadas no quadro que segue. A primeira coluna indica a regra, a segunda coluna lista os sons já estudados, a terceira coluna lista a marca de plural e 3psp e, na quarta coluna, são listados os exemplos.

Unidade 4: *leaf, give, hiss, his* f v s z

20
fvsz

Regra de formação de plural e 3psp	Sons	Plural e 3psp	Exemplo	
Se a palavra termina em vogal, ditongo	iː i	Adicione z	s/he sees	siːz
ou			s/he studies	ˈstʌd.ɪz
em consoante vozeada	v		s/he lives	lɪvz
Se a palavra termina em consoante desvozeada	f	Adicione s	s/he sniffs	snɪfs
Se a palavra termina em s ou z	s z	Adicione ɪz	s/he kisses	ˈkɪs.ɪz
			s/he pleases	ˈpliːz.ɪz

Embora os exemplos do quadro apresentado anteriormente sejam de formas de 3psp, a regra se aplica também às formas regulares de plural dos substantivos. Obviamente, formas irregulares não se submetem às regras apresentadas anteriormente (cf. *goose* guːs e *geese* giːs; *leaf* liːf e *leaves* liːvz ou *house* haus e *houses* ˈhauz.ɪz).

Note que, para evitar sequências sonoras do tipo sz ou zz, a forma de plural e de 3psp de palavras terminadas em s e z é formada pela sequência sonora ɪz (ou seja, o som ɪ separa as sequências sonoras sz, zz). Nos demais casos, a formação de plural e de 3psp se dá pela assimilação de vozeamento: sons vozeados – vogais, ditongos e consoantes vozeadas – serão seguidos da consoante vozeada z; sons desvozeados serão seguidos da consoante desvozeada s. Estas observações podem ser resumidas no quadro que segue.

> **Regra de formação de plural e 3psp**
> segmentos vozeados têm o pl./3psp com a consoante vozeada z
> segmentos desvozeados têm o pl./3psp com a consoante desvozeada s
> segmentos com articulação próxima – s e z – têm o pl/3psp com ɪz

No exercício que segue, você deve identificar a forma de plural para cada palavra dada. Concentre-se, pelo momento, apenas na consoante ou vogal que ocorre no final da palavra (que estará sujeita à regra de plural). Na gravação, a primeira pronúncia é do substantivo no singular e a segunda pronúncia é do substantivo no plural.

Exercício 6

Substantivo singular	Som final	Plural
price	s	ɪz
cliff	f	s
knee		
niece		
lady		
key		

Substantivo singular	Som final	Plural
wave		
proof		
prize		
city		
grave		
breeze		

Verifique sua resposta para o exercício anterior. No exercício que segue, você deve indicar a forma fonética para a 3psp de cada verbo. A regra é a mesma de formação de plural. Na gravação, a primeira forma é do verbo não flexionado, e a segunda forma é de 3psp.

Exercício 7

Verbo	Som final	3psp
believe	v	z
stiff		
free		
please		
busy		
cough		

Verbo	Som final	3psp
prize		
advise		
study		
price		
save		
agree		

Verifique a resposta para o exercício anterior. A seguir, são apresentadas as vogais ɑː e æ. Essas vogais são, geralmente, tratadas como um par de vogais longa/breve (o uso do termo *geralmente* ficará claro ao longo do texto). Trataremos, inicialmente, das vogais ɑː e æ no inglês britânico. O comportamento dessas vogais no inglês americano também será abordado. É importante observar que elas apresentam qualidade vocálica diferente – além de a duração ser diferente também. Essa mesma observação – de diferença de qualidade vocálica nas vogais longas/breves do inglês – já foi discutida para o par de vogais iː e ɪ.

Unidade 5

1
ɑːæ

Símbolos concorrentes encontrados em dicionários e livros	Símbolo concorrente encontrado em dicionários e livros
ɑː ɑ ā	a

No par de palavras *Mars* mɑːz e *mass* mæs, a consoante final difere quanto ao vozeamento. Em *Mars*, a consoante final é vozeada – z – e, em *mass*, a consoante final é desvozeada – s. Além da consoante final ser diferente nessas duas palavras, a vogal também é diferente. As vogais de *Mars* e *mass* diferem por duas características: duração e qualidade vocálica. A vogal de *Mars* é longa, tensa e central, e a vogal de *mass* é breve, frouxa e anterior. Observe a seguir as características articulatórias destas vogais. As figuras que se seguem ilustram a posição da língua e dos lábios na articulação das vogais ɑː e æ no inglês britânico.

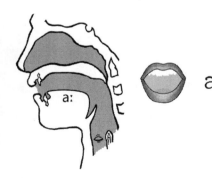

2
ɑːæ

Língua em posição central e baixa
Lábios estendidos
Vogal tensa e longa

Língua em posição centro-anterior e baixa
Lábios estendidos
Vogal frouxa e breve

As vogais ɑː e æ podem ter os correlatos ortográficos indicados a seguir. Escute e repita cada um dos exemplos.

3
aːæ

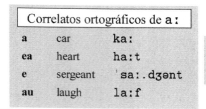

Correlatos ortográficos de aː		
a	car	kaː
ea	heart	haːt
e	sergeant	ˈsaːdʒənt
au	laugh	laːf

Correlatos ortográficos de æ		
a	cat	kæt

As transcrições apresentadas refletem a pronúncia do inglês britânico. Note que a vogal aː é longa, e que a vogal æ é breve. Lembre-se que somente as vogais longas ocorrem em final de palavra: *spa* spaː (embora vogais longas possam ser seguidas também de consoantes: laːf *laugh* e laːst *last*). Vogais breves são obrigatoriamente seguidas de consoante: pæk *pack* e læks *lacks*. No inglês britânico, o contraste entre a vogal longa aː e a vogal breve æ pode causar diferença de significado. Os casos a seguir ilustram palavras que expressam esse contraste. Escute e repita.

4
aːæ

	aː			æ
heart	haːt		hat	hæt
lark	laːk		lack	læk
march	maːtʃ		match	mætʃ
cart	kaːt		cat	kæt
carp	kaːp		cap	kæp
part	paːt		pat	pæt

Podemos observar, nos exemplos apresentados anteriormente, que a vogal aː é sempre precedida de um "r" ortográfico (que tipicamente não é pronunciado no inglês britânico). Contudo, em alguns casos, no inglês britânico, a vogal aː ocorre em final de palavra ou seguida de consoante diferente de "r" ortográfico: braː *bra* ou laːst *last*.

Quando a vogal aː é seguida de "r" ortográfico, observamos que, no inglês britânico, ocorre uma vogal longa e, no inglês americano, a vogal longa é seguida de um som de "r". As transcrições em negrito ilustram o inglês britânico e as transcrições em itálico ilustram o inglês americano. Compare a pronúncia nas palavras a seguir. Escute e repita.

5
aːæ

car	kaː	*kaːr*
guitar	gɪˈtaː	*gɪˈtaːr*
heart	haːt	*haːrt*
lark	laːk	*laːrk*
march	maːtʃ	*maːrtʃ*
cart	kaːt	*kaːrt*
carp	kaːp	*kaːrp*
part	paːt	*paːrt*

Unidade 5: Mars, mass a: æ

Quando a vogal a: ocorre em final de sílaba (que inclui também final de palavra) no inglês britânico, o que ocorre em outras variantes – como no inglês americano, escocês etc. – é uma consoante com som de *r* após a vogal. Ou seja, quando ocorre a: em final de sílaba no inglês britânico – como em ha:t *heart* –, em outras variedades de inglês pode ocorrer a vogal a: seguida de uma consoante com som de "r": – como em ha:rt *heart*. Por isso a vogal a: é denominada *r-vowel* por alguns autores (Kreidler, 1989: 52). No exercício a seguir, são apresentadas algumas palavras do inglês britânico e do inglês americano que têm a vogal a:. No inglês britânico, o "r" ortográfico não é pronunciado e, no inglês americano, o "r" é pronunciado. Você deve indicar se a pronúncia é britânica (**Br**) ou americana (*Am*). Siga os exemplos.

Ex8

Exercício 8					
Br	far		car		smart
Am	dark		park		clerk
	mark		lard		bark
	card		bar		carp

Verifique sua resposta para o exercício anterior. Os exemplos apresentados até agora nesta seção ilustram a vogal a: seguida de "r" ortográfico em final de sílaba. Nos casos em que ocorre a: no inglês britânico sem ser precedido de "r" ortográfico em final de sílaba, o que se observa no inglês americano é a ocorrência da vogal æ. Esse fato é ilustrado nos exemplos que seguem. Escute observando a qualidade da vogal em cada variedade do inglês. As transcrições em negrito ilustram o inglês britânico e as transcrições em itálico ilustram o inglês americano.

task	ta:sk	*tæsk*
laugh	la:f	*læf*
last	la:st	*læst*
glass	gla:s	*glæs*
ask	a:sk	*æsk*

6
a:æ

Note que, nos exemplos acima, o falante americano masculino tem a qualidade vocálica da vogal æ bastante semelhante da mesma vogal no inglês britânico. Já a falante americana feminina tem a qualidade vocálica da vogal æ bastante diferente do inglês britânico. O falante brasileiro de inglês deve estar atento em observar a qualidade da vogal "a" em inglês, verificando se ocorre uma vogal tensa longa – a: – ou uma vogal breve frouxa – æ. É importante observar também que a vogal breve frouxa æ tem qualidade vocálica distinta no inglês britânico e no inglês americano. Esse tópico será tratado em detalhes nas próximas páginas. Compare a qualidade vocálica de æ no inglês britânico (negrito) e americano (itálico) nos exemplos abaixo:

7
ɑ : æ

cat	kæt	*kæt*
hat	hæt	*hæt*
map	mæp	*mæp*

Dentre as palavras com ɑ : e com æ, há um grupo – que inclui as palavras *father, lather, rather, half, laugh, glass, bath* – em que a variação parece ter caráter individual em relação ao falante (Kreidler, 1989: 50). Nessas palavras, pode ocorrer uma vogal longa ɑ : (ou ɑ :) para alguns falantes, e uma vogal breve æ para outros falantes. O importante é que você escute o som e tente interpretá-lo em termos da estrutura sonora do inglês. Nesse caso específico, você deve verificar se a vogal é longa (tensa) ou breve (frouxa). Resumindo, podemos dizer que as vogais ɑ : e æ têm qualidades vocálicas semelhantes no inglês britânico (como em *heart* hɑ : t e *hat* hæt) e que, no inglês britânico, a vogal ɑ : geralmente ocorre seguida de "r" ortográfico (como em *car* kɑ :). Contudo, a vogal ɑ : no inglês britânico pode ocorrer também sem ser precedida de "r" ortográfico (como em *laugh* lɑ : f). Já no inglês americano, as vogais ɑ : e æ têm qualidades vocálicas distintas (ver 7ɑ : æ). Podemos concluir, também, que o "r" ortográfico que segue a vogal ɑ : é tipicamente pronunciado no inglês americano (ver 5ɑ : æ), mas não é pronunciado no inglês britânico.

No exercício que se segue, são apresentadas algumas palavras do inglês britânico que têm a vogal ɑ : ou a vogal æ. Foram selecionados apenas exemplos do inglês britânico por dois motivos que já foram expostos anteriormente. O primeiro é que tipicamente não se pronuncia o "r" em final de sílaba no inglês britânico (em *bar* bɑ : , por exemplo). O segundo motivo é que as vogais ɑ : e æ têm qualidades vocálicas semelhantes no inglês britânico (como em *heart* e *hat*) e podem ser confundidas por falantes brasileiros de inglês. Neste exercício, você deve identificar qual é o som da vogal em negrito na palavra. Coloque o som correspondente a ɑ : ou æ na coluna à esquerda de cada palavra. Siga os exemplos.

Ex9

Exercício 9

æ	map		yard		pack
ɑ :	dark		grass		carry
	class		sack		far
	card		lack		gap
	Marry		bar		laugh
	fabric		smart		clerk

Verifique sua resposta para o exercício anterior. A seguir, são apresentados pares de sentenças. Em cada par, as sentenças diferem apenas quanto à palavra que contrasta a vogal longa tensa ɑ : e a vogal breve frouxa æ. As palavras em questão estão em negrito. Os exemplos são do inglês britânico. Escute e repita cada uma das sentenças, observando se a vogal é longa ou breve e observando, também, a qualidade da vogal.

Unidade 5: *Mars, mass* aː æ

1 a I said **"bard"**!   aɪ sɛd baːd
   b I said **"bad"**!   aɪ sɛd bæd

8
aːæ

2 a Is it a **lark**?   ɪz ɪt ə laːk
   b Is it a **lack**?   ɪz ɪt ə læk

3 a Have you seen the **bart**? hæv juː siːn ðə baːt
   b Have you seen the **bat**?   hæv juː siːn ðə bæt

4 a Please do not **part** it!   pliːz duː nɒt paːt ɪt
   b Please do not **pat** it!   pliːz duː nɒt pæt ɪt

5 a Whose **cart** is it?   huːz kaːt ɪz ɪt
   b Whose **cat** is it?   huːz kæt ɪz ɪt

Nas sentenças que se seguem, qualquer uma das duas palavras entre parênteses podem ocorrer. A diferença é que a sentença terá significado diferente em um caso e no outro. As palavras em negrito se diferenciam apenas quanto à vogal, que pode ser aː ou æ. Os exemplos são do inglês britânico. Escute as sentenças e selecione a palavra que foi pronunciada.

> **Exercício 10**
> 1. Where is the (**park/pack**)?
> 2. Is it that (**bard/bad**)?
> 3. What a (**heart/hat**)!
> 4. That is a big (**cart/cat**).
> 5. Whose (**carp/cap**) is that?
> 6. Please do not (**part/pat**) it!

Ex10

Verifique sua resposta para o exercício anterior. Acabamos de ver a oposição entre a vogal longa aː e a vogal breve æ no inglês britânico. A seguir, serão discutidos alguns aspectos relacionados à qualidade vocálica da vogal æ no inglês britânico e americano.

Em termos articulatórios, a vogal æ é produzida no inglês britânico com a língua em posição baixa e centro-anterior – como na palavra *valley* ˈvæl.i. A vogal æ no inglês britânico tem características articulatórias próximas as da vogal "a" no português brasileiro – como na palavra *vale*. Escute o contraste da vogal "a" na palavra *valley* do inglês britânico e na palavra *vale* do português brasileiro. A primeira pronúncia é a do português e a segunda pronúncia é do inglês britânico.

9
aːæ

    vale **valley** vale **valley**

Já no inglês americano, a vogal æ é produzida com a língua em posição baixa e anterior. Para articular a vogal æ do inglês americano, pronuncie a vogal "é" do português (como a vogal da palavra "fé"). Pronuncie somente a vogal "é" e abra mais a boca (pois assim a língua assumirá uma posição mais baixa). A vogal "é" é uma vogal anterior e, assim, a vogal que você pronunciará será também anterior e deve ser a vogal æ.

Resumindo, podemos dizer que a vogal æ é centro-anterior/baixa no inglês britânico e anterior/baixa no inglês americano. Temos, então, que a qualidade vocálica de æ é diferente nos dois dialetos. Utiliza-se o mesmo símbolo – ou seja, æ – nos dois casos por uma questão de convenção. Observe as características articulatórias da vogal æ no inglês britânico e no inglês americano para inferir como produzi-la. O diagrama abaixo mostra a posição da língua e dos lábios na articulação de æ no inglês britânico e americano.

10
a : æ

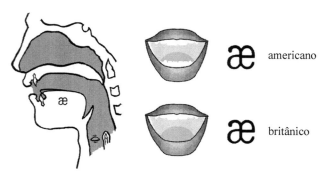

æ americano

æ britânico

11
a : æ

Compare a pronúncia do inglês britânico e do inglês americano. Escute e repita.

æ   æ   æ   æ   æ   æ

Compare agora a pronúncia de æ no inglês americano e no inglês britânico na palavra *valley*.

12
a : æ

valley *valley* **valley** *valley*

Nos exemplos que se seguem, todas as palavras têm o som æ. Compare a pronúncia do inglês britânico (negrito) e americano (itálico). Escute e repita.

13
a : æ

cat	**kæt**	*kæt*
map	**mæp**	*mæp*
add	**æd**	*æd*
tag	**tæg**	*tæg*
Daddy	**ˈdæd.i**	*ˈdæd.i*
cash	**kæʃ**	*kæʃ*
fact	**fækt**	*fækt*
tax	**tæks**	*tæks*
packet	**ˈpæk.ɪt**	*ˈpæk.ɪt*
traffic	**ˈtræf.ɪk**	*ˈtræf.ɪk*

Unidade 5: *Mars, mass* ɑː æ

No exercício que se segue, você deve indicar o som da vogal que corresponde às letras em negrito. Você deve utilizar um dos símbolos: ɑː ou æ. Divirta-se com as piadas!

Ex11

Exercício 11

How	was	that	new	restaurant	you	ate	in?
haʊ	wɑːz	ð__t	njuː	ˈrɛs.tr__nt	juː	eɪt̬	ɪn

It's	terrible.	It's	so	bad	that	they	can't	give	out	doggy
ɪts	ˈtɛr.əbl̩	ɪts	soʊ	b__d	ð__t	ðeɪ	k__nt	gɪv	aʊt	ˈd__g.i

bags	because	it	would be	cruelty	to	animals
b__gz	biˈkɑːz	ɪt	wʊd biː	ˈkruː.əl.ti	tuː	ˈ__n.ɪm.əlz

Astronaut 1: I hate it when we travel faster than sound.
           ɑɪ heɪt ɪt wɛn wiː ˈtr__v.l̩ ˈf__st.ə ð__n saʊnd

Astronaut 2: Oh! Why's that?
           oʊ waɪz ð__t

Astronaut 1: Because I never catch what you're saying
           biˈkɔz ɑɪ ˈnɛv.ə k__tʃ wɒt juːə ˈseɪ.ɪŋ

Verifique sua resposta para o exercício anterior. É importante mencionar que a vogal longa ɑː pode alternar com a vogal breve ɔ, indicando variação dialetal. No inglês americano temos ɑː, enquanto que, no inglês britânico, temos ɔ. Um exemplo desse caso seria a palavra *because*: biˈkɑːz (americano) e biˈkɔz (britânico). Esses casos serão abordados na Unidade 11.

Foi mencionado anteriormente que a vogal longa ɑː é denominada por alguns autores como *r-vowel*. Isso acontece porque, na maioria dos casos em que a vogal longa tensa ɑː ocorre, ela é seguida de um "r" ortográfico – como em *part*. O som de "r" no inglês é tratado a seguir.

Unidade 6

1
r

r

rat
ræt

Não tem símbolos concorrentes em dicionários e livros: sempre r

Este som é tipicamente classificado como uma consoante aproximante, embora alguns autores o classifiquem como uma consoante retroflexa (cf. Kreidler, 1989: 42). Um som com características articulatórias bastante semelhantes ao som de "r" do inglês ocorre em certos dialetos do português brasileiro que são popularmente denominados *dialetos caipiras* ou dialetos em que "*se puxa o r*". Compare a pronúncia da palavra *bar* de um falante do inglês americano (que pronuncia o "r" em final de sílaba) e a pronúncia da palavra *bar* de um falante brasileiro do chamado *dialeto caipira*. Escute os exemplos que seguem. As formas ortográficas em itálico correspondem à pronúncia do inglês americano e as formas ortográficas em cinza correspondem à pronúncia do dialeto caipira.

2
r

bar bar *bar* bar *bar* bar

Na produção do som "r" do inglês, devem ser observadas duas características articulatórias. A primeira é que a língua deve ser levantada em direção à parte posterior da cavidade oral. Ao mesmo tempo, a ponta da língua é levantada e deve ser levemente voltada para trás. Observe a seguir as características articulatórias do som r.

3
r

Aproximante alveolar vozeada

A ponta da língua curva-se para trás em direção aos alvéolos e a parte posterior da língua vai em direção à região posterior e mais alta da cavidade oral

Unidade 6: rat r

O som r pode ter os correlatos ortográficos indicados abaixo. Escute e repita cada um dos exemplos que seguem.

Correlatos ortográficos de r			
r	very	ˈvɛr.i	ˈvɛr.i
rr	carry	ˈkær.i	ˈkɛr.i
rh	rhyme	raɪm	raɪm
wr	write	raɪt	raɪt
rrh	diarrhoea	daɪ.ə.ˈri.ə	daɪ.ə.ˈri.ə

Nos exemplos que seguem, o som r ocorre em final de sílaba em meio de palavra (como em *card*) ou em final de palavra (como em *bar*). Neste contexto – ou seja, em posição final de sílaba (que pode coincidir com final de palavra) – o som de "r" tende a ser omitido no inglês da Inglaterra: *car* kaː. Entretanto, se a palavra seguinte começar com uma vogal o som de "r" será pronunciado no inglês britânico: *car and bus* kaːr ənd bʌs. Por outro lado, em variedades como o inglês americano, irlandês e escocês, o "r" é tipicamente pronunciado em posição final de sílaba. Os dialetos do inglês que pronunciam o "r" em final de sílaba são denominados dialetos **róticos**, e os dialetos em que o "r" em final de sílaba é omitido são chamados dialetos **não róticos**. Compare a pronúncia do inglês americano – em que o r é pronunciado em final de sílaba – com a pronúncia do inglês britânico – em que o r **não** é pronunciado em final de sílaba. Escute e repita.

card	kaːd	kaːrd
artist	ˈaː.tɪst	ˈaːr.t̬ɪst
depart	di.ˈpaːt	di.ˈpaːrt
bar	baː	baːr
far	faː	faːr
star	staː	staːr

Falantes brasileiros de inglês tendem a ter maior facilidade em articular o som de r no final de sílabas (como ilustrado nos exemplos acima). Tal facilidade é possivelmente decorrente do fato de os falantes do português brasileiro conhecerem um som semelhante que ocorre em final de sílaba no *dialeto caipira*. Entretanto, falantes de algumas variedades do sul do Brasil e de certas regiões do estado de São Paulo tendem a fazer uso de um som de "r" que é denominado **tepe** (que será tratado logo adiante e cujo símbolo fonético é ɾ, mas que é tipicamente indicado no inglês americano por t̬ e d̬). Compare a pronúncia do inglês americano – em que o som de "r" é pronunciado em final de sílaba – com a pronúncia marcada do falante brasileiro de inglês que produz um tepe, representado por ɾ, em final de sílaba. Escute.

6
r

	Americano	**Com tepe (SP)**
card	kaːrd	kaːɾd
artist	ˈaːr.tɪst	ˈaːɾ.tɪst
depart	di.ˈpaːrt	di.ˈpaːɾt
bar	baːr	baːɾ
far	faːr	faːɾ
star	staːr	staːɾ

No exercício que segue, você deve indicar se a pronúncia é da Inglaterra (**Br**) – quando o "r" não é pronunciado – ou americana (*Am*) – quando o "r" é pronunciado. Siga os exemplos.

Ex12

Exercício 12

Br	far
Am	dark
	mark
	card

	car
	park
	lard
	bar

	smart
	clerk
	bark
	carp

Nos exemplos vistos até aqui, o r ocorre em final de sílaba. Contudo, o som r ocorre em inglês em outros ambientes, como em início de palavra ou entre vogais. Nesses contextos, os falantes brasileiros de inglês têm certa dificuldade em pronunciar o som de r. Note que o r, em início de palavra e entre vogais, é pronunciado em **todas** as variedades do inglês. Considere a pronúncia do r isoladamente, depois em ar e depois em ra. Certifique-se de produzir a articulação apropriada (ver Figura no início deste capítulo). Pratique:

7
r

r   ar   ra   r   ar   ra   r   ar   ra

Nos exemplos que seguem, o r é o primeiro som da palavra. Certifique-se de produzir o som r com as características articulatórias especificadas anteriormente. Escute e repita.

8
r

(to) read	riːd	riːd
rid	rɪd	rɪd
rat	ræt	ræt
reveal	ri.ˈviːl	ri.ˈviːl
rich	rɪtʃ	rɪtʃ
racket	ˈræk.ɪt	ˈræk.ɪt

Em algumas variedades do inglês – como o escocês, por exemplo –, o som de "r" que ocorre em início de palavra tem características articulatórias diferentes da descrita anteriormente. No inglês escocês, pode ocorrer um tipo de "r" denominado

Unidade 6: rat r

vibrante (*trill* em inglês). O símbolo fonético utilizado para representar este som de "r" é ř. Este som é produzido com a ponta da língua tocando a região alveolar provocando várias batidas rápidas e consecutivas. Falantes do português conhecem esse tipo de "r", que ocorre em variedades de Portugal, de certas regiões do estado de São Paulo e do sul do Brasil. Escute e reproduza os exemplos a seguir, que refletem a pronúncia de um falante inglês – 2ª coluna – e de um falante escocês – 3ª coluna.

	Inglês	**Escocês**
(to) read	ri:d	ři:d
rid	rɪd	řɪd
rat	ræt	řæt
reveal	ri.'vi:l	ři.'vi:l
racket	'ræk.ɪt	'řæk.ɪt

O som r ocorre também entre vogais em inglês. O falante brasileiro geralmente tem dificuldade de produzir o r em posição intervocálica em inglês. De fato, o falante brasileiro de inglês tende a substituir o som de r entre vogais do inglês pelo som de "r" entre vogais que ocorre no português brasileiro na palavra *caro*. O som de "r" que ocorre na palavra *caro* em português é denominado tepe e corresponde ao som de um único "r" ortográfico entre vogais no português: *caro* 'kaɾu (o som de "rr" em português é um som diferente). O tepe é produzido com uma única batida da ponta da língua atrás dos dentes superiores. O símbolo sugerido pelo Alfabeto Internacional de Fonética para representar o tepe é ɾ. É importante diferenciar o tepe ɾ do som aproximante do r inglês. Escute a diferença *do som de "r"* na palavra do português *cárie* (com tepe) e na palavra do inglês *carry* (com aproximante).

cárie **carry** cárie **carry**

Os exemplos que seguem refletem a pronúncia de um falante inglês – com o r-aproximante – e a pronúncia de um falante brasileiro de inglês – com um tepe. Escute observando as diferenças em articulação do tepe e da aproximante. Pratique a pronúncia do inglês.

	Inglês	**Português**
very	'vɛr.i	'vɛ.ɾi
marry	'mær.i	'mæ.ɾi
carry	'kær.i	'kæ.ɾi
arrive	ə.'raɪv	a.'ɾaɪvi
Paris	'pær.ɪs	'pa.ɾɪs

Vale ressaltar que, entre vogais, o **tepe** ocorre tipicamente no inglês americano em algumas palavras que têm um som de t ou d no inglês britânico. Por exemplo: *city* ˈsɪt̬.i – que é tipicamente pronunciada como ˈsɪt.i no inglês britânico. Embora o Alfabeto Internacional de Fonética sugira o símbolo ɾ para representar o tepe, encontramos recorrentemente nas descrições do inglês americano os símbolos t̬ e d̬ representando o tepe. Tal escolha se deve ao fato do tepe, no inglês americano, estar em variação com os sons t e d. Por exemplo, quando pronunciadas isoladamente as palavras *it* ɪt e *did* dɪd terminam respectivamente em t e d. Contudo, se essas mesmas palavras forem acentuadas e seguidas de uma vogal, elas terão um tepe em seu contexto de final de palavra: *it is* ɪt̬ɪz e *did it* dɪd̬ɪd. Com o intuito de preservar os símbolos tipicamente adotados na literatura para representar o tepe no inglês americano é que este livro adota os símbolos t̬ e d̬ como ilustrado nos exemplos de *it is* ɪt̬ɪz e *did it* dɪd̬ɪd. Nos exemplos que seguem, os pares de palavras se diferenciam apenas pelo segmento que ocorre entre vogais. Ou ocorre a aproximante r – na coluna da esquerda – ou o tepe – na coluna da direita. Os dados são do inglês americano.

12
r

carry	ˈkær.i	Catty	ˈkæt̬.i
Barry	ˈbær.i	batty	ˈbæt̬.i
berry	ˈbɛr.i	Betty	ˈbɛt̬.i

Os casos em que t/d ocorrem como um tepe no inglês americano são referidos na literatura como *tapping* ou *flapping*. Este tópico será retomado na Unidade 10, quando tratarmos das consoantes t e d no inglês. Nas sentenças que seguem, qualquer uma das duas palavras entre parênteses pode ocorrer. A diferença é que a sentença terá significado diferente em um caso e no outro. As palavras em negrito se diferenciam apenas quanto ao som que ocorre entre vogais – que pode ser r ou o tepe t̬. Os dados são do inglês americano. Escute as sentenças e selecione a palavra que foi pronunciada.

Ex13

> **Exercício 13**
> 1. I said (**Barry/ batty**)?
> 2. Is it to (**carry/ Catty**)?
> 3. What a (**berry/Betty**)!

Verifique a sua resposta para o exercício anterior. Finalmente, vamos considerar os casos em que r ocorre seguido de outra consoante na mesma sílaba. Quando duas (ou mais) consoantes ocorrem na mesma sílaba, temos um **encontro consonantal tautossilábico**. Escute e reproduza os exemplos a seguir. Certifique-se de produzir um som com as características articulatórias especificadas para a aproximante r.

Unidade 6: rat r

great	greɪt	*greɪt*
bread	brɛd	*brɛd*
cream	kri:m	*kri:m*
breed	bri:d	*bri:d*
grate	greɪt	*greɪt*
practice	'præk.tɪs	*'præk.tɪs*
pretty	'prɪt.i	*'prɪt̬.i*

13
r

O r é um som consonantal que pode ocorrer em final de palavra no inglês. Portanto, é importante identificarmos a pronúncia de formas de plural e de terceira pessoa singular presente (3psp) que terminam em r. Para determinarmos a forma de plural e de 3psp, devemos saber o vozeamento do som em questão. O som r é vozeado. Relembremos a regra de formação de plural e de 3psp.

Regra de formação de plural e 3ª pessoa singular presente	
Se o substantivo ou verbo termina...	Plural e 3psp
em vogal, ditongo ou em consoante vozeada	Adicione z
em consoante desvozeada	Adicione s
em s ou z	Adicione ɪz

Sendo r uma consoante vozeada, concluímos que as formas de plural e de 3psp de palavras terminadas em r em inglês será com z. Nas variedades em que não se pronuncia o r no final de palavras – como no inglês da Inglaterra –, temos uma vogal longa em final de palavra – como em ka: *car*. Nesse caso, as formas de plural e 3psp também serão com z (porque a vogal a: é um segmento vozeado). Escute e repita.

cars	ka:z	*ka:rz*
stars	sta:z	*sta:rz*
(s/he) scars	ska:z	*ska:rz*
(s/he) bars	ba:z	*ba:rz*

14
r

Dê a forma de plural ou de terceira pessoa do singular no presente para os substantivos e verbos que são apresentados no exercício que segue. Em primeiro lugar, verifique qual o último som que ocorre na forma do substantivo singular ou do verbo sem flexionar. Verifique se este som é: (s ou z); (vogal i:, i, a:); (consoante vozeada v, r) ou (consoante desvozeada f). Consulte a tabela destacável, se necessário. As formas ortográficas em negrito indicam que a pronúncia é britânica, e as formas ortográficas em itálico indicam que a pronúncia é americana. Escreva a forma de plural/3psp para cada caso, como s, z ou ɪz. Siga o exemplo.

Exercício 14

	Som final	Plural e 3psp
s/he kisses	s	ɪz
s/he pleases		
s/he stars		
s/he starves		
cars		

Exemplo	Som final	Plural e 3psp
(s/he) laughs		
bars		
babies		
(s/he) scars		
(s/he) lives		

Verifique sua resposta para o exercício anterior. O exercício que segue tem por objetivo trabalhar sons em contexto. Você deve inserir nas lacunas um dos símbolos consonantais já estudados – j f v s z r.

Exercício 15

A man was speeding down the highway, feeling secure
ə mæn wə__ '__piː.dɪŋ daʊn ðə 'haɪ.weɪ '__iːl.ɪŋ __i. 'kjʊ__

in a gaggle of cars all travelling at the
ɪn ə 'gæg.əl ə__ kaː__ __ aːl 't__æ__.əl.ɪŋ æt ðə

same speed. However, as they passed a speed
__eɪm __piːd 'haʊ.'ɛv.ə__ æ__ ðeɪ pæ__t ə __piːd

trap, he got nailed with an infrared speed detector
t__æp hiː gaːt neɪld wɪð ən ɪn.__ __ə. '__ɛd __piːd di.'tɛk.tə__

and was pulled over. The officer handed him the
ænd wə__ pʊld oʊ.__ə__ ði 'aː.__ɪ.sə__ 'hænd.ɪd hɪm ðə

citation, received his signature and was about to walk
__aɪ. 'teɪ.ʃən __i.'__iː__d hɪ__ '__ɪg.nɪ.tʃə__ ænd wə__ ə. 'baʊt tuː waː

away when the man asked: "Officer, I know I
ə. 'weɪ wɛn ðə mæn æ__kt 'aː.__ɪ.__ə__ aɪ noʊ aɪ

was speeding, but I don't think it's fair! There were
wə__ '__piː.dɪŋ bʌt aɪ doʊnt θɪŋk ɪt__ __ɛ__ ðɛ__ wɜː__

plenty of other cars around me who were going
'plɛn.ti ə__ 'ʌð.ə__ kaː__ __ ə. '__aʊnd miː huː wɜː__ goʊ.ɪŋ

Unidade 6: rat r

just	as	fast,	so	why	did	*I*	get	the
dʒʌ__t	ə__	fæ__t	__oʊ	waɪ	dɪd	aɪ	gɛt	ðə
ticket?".	"Ever	go	fishing?"	The	policeman		suddenly	asked
'tɪk.ɪt	'ɛv.ə__	goʊ	'__ɪʃ.ɪŋ	ðə	pə.'liː__.mən		'__ʌd.ən.li	æ__kt
the man.	"Ummm,	yeah..."	the startled		man	replied.		The
ðə mæn	ʌmm	jɛə	ðə __taː__.tl̩d		mæn	__i'.plaɪd		ðiː
officer		grinned	and	added:	"Ever	catch	*all* the	fish?"
'aː.__ɪ.__ə__		g__ɪnd	ænd	'ædɪd	'ɛv.ə__	kætʃ	aːl ðə	__ɪʃ

Vimos que o som de r em final de palavra ocorre tipicamente no inglês americano, mas não no inglês britânico. Por exemplo, na palavra *car*, temos as pronúncias kaːr e kaː. Contudo, quando palavras são colocadas em contexto, ou seja, quando as palavras são pronunciadas juntas, o "r" em final de palavras tende a ser sempre pronunciado em todas as variedades do inglês. Considere os exemplos que seguem. Observe a palavra pronunciada isoladamente e depois a pronúncia da palavra quando seguida de outra palavra.

1. never   'nɛv.ə   'nɛv.ər
   Dear   dɪə   dɪr
2. never mind 'nɛv.ə.maɪnd   'nɛv.ər.maɪnd
   Dear Mary   'dɪə.'mɛər.i   dɪr.'mɛr.i
3. never again 'nɛv.ər.ə.'gɛn   'nɛv.ər.ə.'gɛn
   Dear Anne   dɪə.æn   dɪr.æn

15
r

Nos exemplos de (1), podemos observar que o "r" em negrito – que se encontra em final de palavra – é pronunciado no inglês americano, mas não é pronunciado no inglês britânico. Isso ocorre porque o "r" em final de palavra não é tipicamente pronunciado no inglês britânico e é pronunciado no inglês americano. Temos, então, pronúncias como *never* 'nɛv.ə e 'nɛv.ər. Os exemplos de (2) mostram que a pronúncia do "r" segue o mesmo padrão: o som r é pronunciado no inglês americano, mas não é pronunciado no inglês britânico: *never mind* 'nɛv.ə maɪnd e 'nɛv.ər maɪnd. O "r" em final de palavra não é pronunciado nestes casos porque a palavra que termina em "r" – *never* ou *dear* – é seguida de uma palavra que se inicia por consoante (*mind* ou *Mary*). Já os exemplos de (3) mostram um padrão diferente: no inglês britânico o r pode ser pronunciado ('nɛv.ər.ə.'gɛn) ou pode ser omitido (dɪə.æn). A omissão (opcional) do r ocorre porque, em casos como aqueles ilustrados no item (3), o "r" que está em final da palavra: *never* é seguido de uma vogal que ocorre na palavra seguinte: *never again* 'nɛv.ər.ə.'gɛn. Esse tipo de r no inglês britânico é chamado de **r de ligação** (ou *linking r*). Contudo, há variação e alguns falantes do inglês britânico não pronunciam o r nesse contexto. Você pode selecionar qualquer uma das opções de pronúncia nesses casos (com ou sem o r sendo pronunciado antes de vogal).

> O "r" **não** é pronunciado no **inglês britânico**: a) em final de sílaba, b) em final absoluto de palavra ou c) quando a palavra que termina em "r" é seguida de consoante.

16
r

É comum observar a presença de um r quando uma palavra que termina em vogal é seguida de outra palavra que começa em vogal. Este tipo de "r" é conhecido como **r intrusivo** (*intrusive r*). Considere os seguintes exemplos: *Africa (r) and Asia* pronunciado ˈæf.rɪk.ər ən ˈeɪ.ʒə e *Sara (r) and Paul* pronunciado como sær.ər.ən.pɔːl.

Observe que, nesses casos, **não** ocorre um "r" correspondente na ortografia. As pronúncias sem o r, nos exemplos anteriores, também são possíveis e preferidas por alguns falantes. Explorar a ocorrência de r nos contextos descritos acima nos levaria além dos propósitos deste livro. Fica para o/a leitor/a o convite para estar atento à ocorrência de r em inglês nos contextos mencionados aqui. É comum que falantes do português brasileiro utilizem, no lugar de r, em inglês, um som diferente, que tem por símbolo h. Este segmento consonantal é discutido a seguir.

Unidade 7

1h

Não há símbolo concorrente em dicionários e livros: sempre h

O som h ocorre em algumas variedades do português brasileiro da região sudeste do Brasil, como, por exemplo, nas palavras *rua* ou *rato*. Esse som é produzido com a glote aberta, dando livre passagem à corrente de ar. Geralmente, a língua apresenta a mesma posição articulatória da vogal seguinte. Ou seja, na produção da sílaba inicial da palavra *rato* ˈhatʊ, a língua se encontra na posição articulatória de a quando o som h é produzido. Considerando-se que as cordas vocais – que produzem o vozeamento – não podem atuar como articuladores e, ao mesmo tempo, produzirem vozeamento, podemos dizer que o som h é, de fato, uma vogal (desvozeada). O que nos interessa mesmo é que o som h se comporta como uma consoante na estrutura silábica do inglês (embora esse som tenha características articulatórias de uma vogal). O som h em inglês ocorre *sempre* na grande maioria dos casos em início de palavra e é sempre seguido de uma vogal (algumas exceções: *behind*, *perhaps*, *behave*, *marijuana*). Observe, a seguir, as características articulatórias do som h.

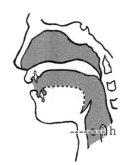

Fricativa glotal desvozeada
A glote encontra-se aberta
Posição da língua equivalente à da vogal seguinte

2h

Contraste a pronúncia do som h no português na palavra *ri* e do som h do inglês na palavra *he* hiː. Observe, nos dois casos, a articulação da fricativa glotal h.

3h

ri **he** *ri* **he**

É importante observar que o som h é articulado na glote (na região em que, nos homens, temos o pomo de adão). Esse som é denominado fricativa glotal. Alguns falantes brasileiros de inglês tendem a pronunciar o som equivalente à fricativa glotal h do inglês como uma fricativa velar – que é um som produzido com fricção na região velar. Isso ocorre porque, em algumas variedades do português brasileiro, a fricativa velar é o som inicial que ocorre na palavra *ri*. Escute novamente o contraste ente *ri* e *he*, observando que o som de "r" na palavra *ri*, do português, é uma fricativa velar que é diferente do som h do inglês – que é uma fricativa glotal.

Articulação de "r" em *ri* com uma fricativa velar: ri (velar, português) **he (glotal, inglês)**
ri (velar, português) **he (glotal, inglês)**

Contraste, ainda, a pronúncia de *ri*, em português produzido com uma fricativa glotal h e a pronúncia de *ri*, em português, produzido com uma fricativa velar. No inglês, ocorre o som h.

ri (glotal)   ri (velar)   ri (glotal)   ri (velar)

A fricativa glotal h pode ter os correlatos ortográficos indicados a seguir. Escute e repita cada um dos exemplos que se seguem. Certifique-se de produzir o som glotal h (e não uma fricativa velar).

Correlatos ortográficos de h			
h	house	haus	haus
wh	who	hu:	hu:
j	marijuana	mær.ə.ˈhwaː.nə	mær.ə.ˈhwaː.nə

Escute a diferença entre os sons h – fricativa glotal – e r – aproximante – no início de palavra, em inglês, ao contrastar as seguintes palavras:

h		r	
hat	hæt	rat	ræt
hole	houl	role	roul
hope	houp	rope	roup
hide	haɪd	ride	raɪd
hid	hɪd	rid	rɪd

No exercício que segue, você deve indicar na coluna à esquerda de cada palavra qual é o som inicial da palavra: h ou r. Você deverá indicar, também, a forma ortográfica da palavra. Siga os exemplos.

Unidade 7: *hat* h

Exercício 16

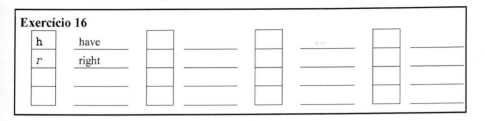

Verifique a resposta para o exercício anterior. A seguir, são apresentados pares de sentenças. Em cada par, as sentenças diferem apenas quanto à palavra que contrasta a consoante, que pode ser h ou r. As palavras em questão estão em negrito. As transcrições em negrito são do inglês britânico, e as transcrições em itálico são do inglês americano. Escute e repita cada uma das sentenças, observando se ocorre h ou r.

1 a Where is the (**hat**)?   wɛə ɪz ðə hæt
   b Where is the (**rat**)?   wɛə ɪz ðə ræt

2 a Is it a (**hope**)?   *ɪz ɪt̬ ə hoʊp*
   b Is it a (**rope**)?   *ɪz ɪt̬ ə roʊp*

3 a Please do not (**hide**) it.   pliːz duː nɒt haɪd ɪt
   b Please do not (**ride**) it.   pliːz duː nɒt raɪd ɪt

Nas sentenças que seguem, qualquer uma das duas palavras entre parênteses pode ocorrer. A diferença é que a sentença terá significado diferente em um caso e no outro. As palavras em negrito se diferenciam apenas quanto à consoante, que pode ser h ou r. Escute as sentenças e selecione a palavra que foi pronunciada.

Exercício 17
1. Was that (**hay/Ray**)?
2. What a big (**hose/rose**)!
3. Is it a (**hope/rope**)?
4. Please do not (**hide/ride**) it.
5. Where is the (**hat/rat**)?

Verifique a resposta para o exercício anterior. Note que o som h não ocorre em fim de palavra em inglês. Portanto, não se faz relevante analisar formas de plural e terceira pessoa do singular no presente. Isso porque as formas de plural e 3psp são inferidas a partir do som final da palavra. A seguir, retomamos a discussão de vogais ao considerar a vogal ɛ.

Unidade 8

1ε

Símbolos concorrentes encontrados em dicionários e livros
e ē

2ε

O falante brasileiro de inglês tende a confundir o som æ do inglês americano – como na palavra *axe* æks – com o som ε que ocorre em inglês, em palavras como "*x*" εks. Compare a pronúncia da vogal ε em "*x*" εks com a pronúncia da vogal æ em *axe* æks, no inglês americano. Escute e repita.

x   *axe*   x   *axe*

3ε

Compare agora a pronúncia das palavras *x* e *axe* no inglês britânico. Escute e repita.

x   **axe**   x   **axe**

Você deve ter observado que, no inglês britânico, a diferença de qualidade vocálica entre ε e æ é bem maior do que no inglês americano. Ou seja, no inglês britânico, as vogais æ e ε são bastante diferentes e é mais fácil para o falante brasileiro de inglês identificá-las como sons distintos. Já no inglês americano, as vogais æ e ε são mais semelhantes por apresentarem qualidades vocálicas mais próximas. Sendo assim, é mais difícil para o falante brasileiro de inglês identificar æ e ε no inglês americano como sons distintos. Os diagramas que seguem indicam as características articulatórias das vogais ε e æ no inglês americano (esquerda) e britânico (direita).

Unidade 8: "x" ε

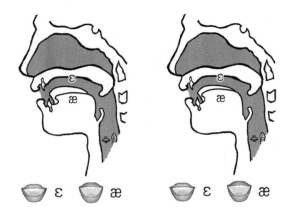

Ambas as vogais – æ e ε – são segmentos breves e frouxos (*lax*). Observe que, na articulação de æ no inglês americano (esquerda), a língua se encontra mais baixa do que na articulação da vogal æ no inglês britânico (direita). Estando a língua numa posição mais baixa, observamos que a boca estará mais aberta. Isso é o que ocorre na articulação de æ, no inglês americano (sendo que na articulação de æ no inglês britânico a língua está em posição mais alta e a boca se encontra menos aberta). Isso pode ser observado nos diagramas das posições dos lábios ilustrados anteriormente.

Para diferenciar a vogal æ e ε no inglês americano, é importante observar sobretudo a abertura da boca. A boca estará mais aberta na articulação de æ do que na articulação de ε. Pronuncie a vogal ε e então abra a boca um pouco mais: você articulou a vogal æ. Contraste novamente as pronúncias de *axe* e "*x*". Escute repita.

x   axe   x   axe

Se compararmos a vogal ε do inglês americano – como em "*x*" εks –, com a vogal ε do português brasileiro, como em "*pé*" –, verificamos que há uma pequena diferença de qualidade vocálica. Isto porque a vogal ε, no inglês americano, tem a qualidade vocálica intermediária entre os sons e – como na palavra "*vê*" do português – e ε – como na palavra "*pé*"no português. Em termos articulatórios, o que ocorre é que a vogal ε do inglês americano é pronunciada com a boca um pouco mais fechada do que a vogal ε no português.

A vogal ε é classificada como uma vogal breve e frouxa. A vogal ε, do inglês, pode ter os correlatos ortográficos indicados a seguir. Escute e repita cada um dos exemplos. Certifique-se de produzir uma vogal breve.

6ɛ

Correlatos ortográficos de ɛ		
nenhum	x	ɛks	ɛks
e	yes	jɛs	jɛs
ei	heifer	ˈhɛf.ə	ˈhɛf.ər
a	many	ˈmɛn.i	ˈmɛn.i
ai	said	sɛd	sɛd
ie	friend	frɛnd	frɛnd
ue	guest	gɛst	gɛst
ay	says	sɛz	sɛz
ea	ready	ˈrɛd.i	ˈrɛd.i
eo	Leonard	ˈlɛn.əd	ˈlɛn.ərd

Escute a diferença entre os sons æ e ɛ no inglês americano ao contrastar as seguintes palavras:

7ɛ

æ			ɛ	
sad	sæd		said	sɛd
bad	bæd		bed	bɛd
gas	gæs		guess	gɛs
marry	ˈmær.i		merry	ˈmɛr.i

No exercício que segue, são apresentadas algumas palavras do inglês que têm a vogal æ ou ɛ. Você deve identificar qual é o som da vogal em negrito na palavra. Coloque o som correspondente a æ ou ɛ na coluna à esquerda de cada palavra. Algumas palavras foram pronunciadas por falantes do inglês britânico e outras por falantes do inglês americano. Na seção de respostas será indicado o falante de acordo com a chave: negrito (inglês britânico) e itálico (inglês americano). A ortografia das palavras foi omitida, pois, certamente, daria pistas para se inferir o som da vogal em questão. Você deverá indicar a forma ortográfica da palavra que foi pronunciada. Siga os exemplos.

Ex18

Exercício 18

æ	mass			
ɛ	mess			

Unidade 8: "x" ɛ

Verifique sua resposta para o exercício anterior. A seguir, são apresentados pares de sentenças. Em cada par, as sentenças diferem apenas quanto à palavra que contrasta a vogal aː e æ. As palavras em questão estão em negrito. As transcrições são do inglês americano. Escute e repita cada uma das sentenças observando a qualidade de cada vogal das palavras em negrito.

1 a Where is the (**mash**)?   wɛr ɪz ðə mæʃ
   b Where is the (**mesh**)?   wɛr ɪz ðə mɛʃ

2 a Is that (**gnat**)?   ɪz ðæt næt
   b Is that (**net**)?   ɪz ðæt nɛt

3 a Please do not (**bat**).   pliːz duː naːt bæt
   b Please do not (**bet**).   pliːz duː naːt bɛt

4 a What a big (**lad**)!   waːt̬ ə bɪg læd
   b What a big (**led**)!   waːt̬ ə bɪg lɛd

5 a Was that (**Pat**) Brown?   waːz ðæt pæt braʊn
   b Was that (**pet**) brown?   waːz ðæt pɛt braʊn

6 a Whose (**Brad**) is that?   huːz bræd ɪz ðæt
   b Whose (**bread**) is that?   huːz brɛd ɪz ðæt

8ɛ

Nas sentenças que seguem, qualquer uma das duas palavras entre parênteses pode ocorrer. A diferença é que a sentença terá significado diferente em um caso e no outro. As palavras em negrito se diferenciam apenas quanto à vogal – que pode ser aː ou æ. Exemplos do inglês americano. Escute as sentenças e selecione a palavra que foi pronunciada.

Ex19

> **Exercício 19**
> 1. Where is the (**mash/ mesh**)?
> 2. Is that (**gnat/ net**)?
> 3. Please do not (**bat/ bet**).
> 4. What a big (**lad/led**)!
> 5. Was that (**pet/Pat**) brown?
> 6. Whose (**bread/Brad**) is that?

Ex20

Verifique a sua resposta para o exercício anterior. No exercício que segue, você deve inserir um dos símbolos vocálicos já estudados – i ː ɪ i a ː æ ɛ – nas lacunas.

Exercício 20

A man bought his first mobile phone and decided to try it
ə m__n bɔːṭ h__z fɜːrst 'moʊ.bəl foʊn ənd d__.'saɪd.__d tuː traɪ __ṭ

out. He hopped into his car and when he reached the motorway
aʊt h__ hɑːpt __n.tu h__z k__r ənd w__n h__ r__tʃt ðə 'moʊ.ṭər.weɪ

he dialed his girlfriend: "Hello darling" said the man proudly
h__ 'daɪ.əld h__z 'gɜːrl.fr__nd 'hɛl.oʊ 'd__r.l__ŋ s__d ðə m__n 'praʊd.l__

"I'm on the motorway….. "You'd better be careful", his girlfriend
aɪm ɑːn ðə 'moʊ.ṭər.weɪ juːd 'b__ṭ.ər b__ 'kɛr.fəl h__z 'gɜːrl.fr__nd

cautioned him: "I just heard on the radio that there's a lunatic
'kɑː.ʃənd h__m aɪ dʒʌst hɜːrd ɑːn ðə 'reɪ.d__.oʊ ð__t ðɛrz ə 'luː.nə.t__k

driving the wrong way down the motorway!!!. "One lunatic!" exclaimed
'draɪv.__ŋ ðə rɑːŋ weɪ daʊn ðə 'moʊ.ṭər.weɪ wʌn 'luː.nə.t__k __k.'skleɪmd

the man. "You must be joking! There are hundreds of them!"
ðə m__n juː mʌst b__ 'dʒoʊk.ɪŋ ðɛr __r 'hʌn.drəds əv ð__m

Verifique a sua resposta para o exercício anterior. A vogal ɛ é uma vogal breve e, portanto, não ocorre em final de palavra (pois, como as demais vogais breves, a vogal ɛ ocorre sempre seguida de consoante em final de sílaba). Sendo assim, não necessitamos inferir as formas de plural e 3psp para esta vogal. A seguir trataremos das consoantes oclusivas: p b k g.

Unidade 9

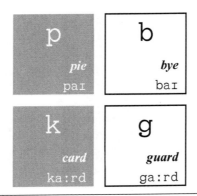

1
pbkg

Não há símbolos concorrentes em dicionários e livros: sempre p b k g

As consoantes pbkg são todas **oclusivas**. Ou seja, durante a sua produção, ocorre oclusão ou obstrução da passagem da corrente de ar pelo trato vocal. No caso de pb, a oclusão ocorre entre o lábio inferior e o lábio superior. Por isso, as consoantes pb são classificadas como **bilabiais**. Já nas consoantes kg, a oclusão ocorre entre a parte de trás da língua e o palato mole (a região que se encontra na parte posterior no céu da boca). As consoantes kg são classificadas como **velares**. Generalizando, podemos classificar as consoantes pb como **oclusivas bilabiais**, e as consoantes kg como **oclusivas velares**. Podemos, também, agrupar as consoantes quanto ao vozeamento. As consoantes pk são desvozeadas, e as consoantes bg são vozeadas. De maneira análoga às outras consoantes vozeadas já estudadas – ou seja, vz –, as consoantes bg são **parcialmente vozeadas** em inglês. Já no português as consoantes bg são completamente vozeadas. A seguir, são apresentados pares de palavras do português e do inglês cuja sequência sonora é bastante semelhante. Observe o contraste de vozeamento das consoantes bg no português e no inglês.

	Português		Inglês	
b	boy	bɔɪ	boy	bɔɪ
g	gol	goʊ	go	goʊ

2
pbkg

Podemos generalizar dizendo que em português bg são consoantes completamente vozeadas e, em inglês, bg são consoantes parcialmente vozeadas. Embora o inglês tenha esta particularidade – de as consoantes vozeadas apresentarem vozeamento parcial –, as consoantes bg se comportam como as demais consoantes vozeadas em relação à estrutura sonora do inglês (veja adiante a discussão de alongamento de vogal seguida das consoantes vozeadas bg).

As consoantes vozeadas bg têm como pares as consoantes desvozeadas pk. As consoantes pk do inglês apresentam características articulatórias bem próximas destas mesmas consoantes no português. Contudo, há uma particularidade articulatória para as oclusivas desvozeadas pk do inglês (e também para a oclusiva desvozeada t, que será tratada na próxima seção): durante a produção das consoantes pk em inglês ocorre, concomitantemente, a aspiração. A aspiração pode ser descrita como um fluxo mais forte da corrente de ar que sai dos pulmões. Uma maneira de observar a aspiração é colocar uma folha de papel em frente ao rosto e pronunciar, por exemplo, a consoante p com aspiração. A folha de papel deve se movimentar quando os lábios se separarem e o ar sair pela boca. Se a aspiração não for produzida, a folha de papel permanecerá no mesmo lugar. Isso é ilustrado no diagrama abaixo. Escute as oclusivas pk. Reproduza cada um destes sons, dedicando atenção especial à produção da aspiração.

3
pbkg

4
pbkg

A aspiração é indicada foneticamente pelo símbolo h colocado acima e à direita da consoante: p^h e k^h. A aspiração, geralmente, não é marcada em dicionários e livros, pois sua ocorrência varia de pessoa, para pessoa embora existam contextos mais propícios à sua ocorrência. Seguindo essa tradição, a aspiração de oclusivas desvozeadas ptk não será indicada nas transcrições deste livro. O contexto mais propício para a aspiração ocorrer com as oclusivas desvozeadas em inglês é quando a vogal seguinte é tônica (ou seja, acentuada). A aspiração é menos explícita quando a vogal é átona (ou não acentuada). Compare a aspiração da consoante p na palavra *Patrick* ˈp^{h}ætrɪk (quando p ocorre seguido de vogal acentuada) e a aspiração da consoante p na palavra *Patricia* pəˈtriːʃə (quando p ocorre antes da sílaba acentuada).

A seguir, são apresentados pares de palavras do português e do inglês cuja sequência sonora é bastante semelhante. Observe o contraste das consoantes desvozeadas pk no português e no inglês. Atente para a produção da aspiração no inglês.

Unidade 9: *pie, bye, card, guard* p b k g

	Português			Inglês	
p	PAP (leite)	ˈpapi	pappy	ˈpæp.i	
k	que	ki	key	kiː	

5
pbkg

As figuras que seguem ilustram a articulação dos sons pbkg em inglês. As consoantes pk são desvozeadas, sendo que a propriedade de desvozeamento é representada na figura que segue por (----), indicando que as cordas vocais se encontram separadas e não ocorre vibração delas. As consoantes bg são vozeadas, sendo que a propriedade de vozeamento é representada na figura que segue por (**xxxxx**), indicando que as cordas vocais se aproximam e ocorre vibração das mesmas. A parte hachurada indica o contato entre os articuladores envolvidos na produção desses sons.

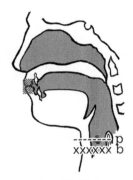 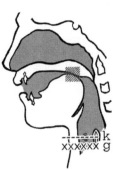

6
pbkg

Oclusivas bilabiais
Articuladores: os lábios se encontram
p desvozeado e aspirado
b parcialmente vozeado

Oclusivas velares
Articuladores: a parte posterior da língua toca a região velar
k desvozeado e aspirado
g parcialmente vozeado

Os sons pbkg podem ter os correlatos ortográficos indicados a seguir. Escute e repita cada um dos exemplos que seguem.

Correlatos ortográficos de **p**			
p	piece	piːs	*piːs*
pp	appeal	əˈpiːl	*əˈpiːl*

7
pbkg

Correlatos ortográficos de **b**			
b	boy	bɔɪ	*bɔɪ*
bb	abbey	ˈæb.i	*ˈæb.i*

Correlatos ortográficos de **k**			
k	key	kiː	*kiː*
ck	pack	pæk	*pæk*
c	cup	kʌp	*kʌp*
cc	occurs	ə.ˈkɜːz	*ə.ˈkɜːrz*
ch	orchestra	ˈɔː.kɪs.trə	*ˈɔːr.kɪs.trə*
cu	biscuit	ˈbɪs.kɪt	*ˈbɪs.kɪt*
cq	acquire	ə.ˈkwaɪə	*ə.ˈkwaɪr*
q	aquarium	ə.ˈkwɛər.i.əm	*ə.ˈkwɛr.i.əm*

Correlatos ortográficos de **g**			
g	grease	griːs	*griːs*
gg	begged	bɛgd	*bɛgd*
gh	ghost	goust	*goust*
gu	guard	gaːd	*gaːrd*

É importante ter em mente a distinção entre consoantes **vozeadas** e **desvozeadas**. No capítulo "Noções gerais sobre a estrutura sonora", foi mencionado que a vogal que precede consoantes vozeadas é mais longa do que a vogal que precede consoantes desvozeadas. Exemplos do português são ilustrados a seguir.

8
pbkg

| a capa | aˈkapə | peca | ˈpɛkə |
| acaba | aˈkabə | pega | ˈpɛgə |

Ao comparar cada par de palavras do português – *a capa-acaba* e *peca-pega* –, pode-se observar que as vogais que precedem as consoantes vozeadas bg em ac*aba*, p*ega* são mais longas do que as vogais que precedem as consoantes desvozeadas pk em *a capa*, *peca*. Muitas vezes, o grau de vozeamento em inglês – vozeado ou desvozeado – é determinado pelo ouvinte a partir do grau de alongamento da vogal: vogal mais alongada → consoante vozeada e vogal menos alongada → consoante desvozeada. Temos que *uma vogal é alongada quando seguida de consoante vozeada*. Compare os pares de palavras que seguem, observando que a vogal é mais alongada antes de bg e que, antes de pk, a vogal é menos alongada.

9
pbkg

Vogal seguida de C vozeada (+alongada)   Vogal seguida de C desvozeada (-alongada)
cab   kæb   cap   kæp
bag   bæg   back   bæk

Unidade 9: *pie, bye, card, guard* p b k g

Nos exemplos que seguem, as consoantes pbkg ocorrem em meio de palavra. Observe que as oclusivas bg são parcialmente vozeadas. As oclusivas pk são desvozeadas e aspiradas. Note que a aspiração ocorre sistematicamente nas sílabas acentuadas. Escute e repita.

p			k		
repel	rɪ.'pɛl	rɪ.'pɛl	because	bɪ.'kɒz	bɪ.'kaːz
happy	'hæp.i	'hæp.i	local	'loʊ.kəl	'loʊ.kəl
supper	'sʌp.ə	'sʌp.ər	ticket	'tɪk.ɪt	'tɪk.ɪt

b			g		
baby	'beɪ.bi	'beɪ.bi	bigger	'bɪg.ə	'bɪg.ər
labour	'leɪ.bə	'leɪ.bər	eager	'iː.gə	'iː.gər
rubber	'rʌb.ə	'rʌb.ər	forget	fə.'gɛt	fər.'gɛt

10 pbkg

Nos exemplos que seguem, as oclusivas pbkg ocorrem em início de palavra. As oclusivas bg são parcialmente vozeadas, e as oclusivas pk são desvozeadas e aspiradas. Escute e repita.

p			k		
pack	pæk	pæk	cake	keɪk	keɪk
police	pə'liːs	pə.'liːs	coffee	'kɒf.i	'kaː.fi
postcard	'pəʊst.kaːd	'pəʊst.kaːrd	cover	'kʌv.ə	'kʌv.ər

b			g		
bike	baɪk	baɪk	goat	gəʊt	gəʊt
back	bæk	bæk	glass	glaːs	glæs
bless	blɛs	blɛs	good	gʊd	gʊd

11 pbkg

Nos exemplos seguintes, as oclusivas pbkg ocorrem em final de palavra, em inglês. Nesses casos – quando pbkg ocorrem em final de palavra –, o falante brasileiro de inglês tende a inserir uma vogal i após a consoante. Os exemplos que seguem mostram a pronúncia típica do falante brasileiro de inglês – em cinza – e a pronúncia do inglês britânico – em negrito.

p	hope	hoʊpi	**hoʊp**
b	tribe	traɪbi	**traɪb**
k	take	teɪki	**teɪk**
g	dog	dɔgi	**dɒg**

12 pbkg

O fato de se pronunciar, em inglês, uma vogal i em final de palavras que terminam em consoante – como as palavras ilustradas acima – marca a pronúncia do falante brasileiro de inglês. No inglês – ao contrário do português – várias consoantes podem ocorrer em final de palavra. Em final de palavra as consoantes oclusivas em inglês podem ser pronunciadas com **travamento**. O travamento diz respeito aos casos que a consoante foi articulada no final da palavra, mas não ocorreu a soltura da oclusão característica das consoantes oclusivas. Nos exemplos que seguem, as consoantes pbkg ocorrem em final de palavra, em inglês. Escute e repita. Certifique-se de pronunciar apenas a consoante final (sem ser seguida da vogal i).

13 pbkg

p	cup	kʌp	kʌp		k	plastic	'plæs.tɪk	'plæs.tɪk
	stamp	stæmp	stæmp			black	blæk	blæk
	envelope	'ɛn.və.loup	'ɛn.və.loup			look	lʊk	lʊk

b	robe	roub	roub		g	leg	lɛg	lɛg
	job	dʒɔb	dʒaːb			bag	bæg	bæg
	club	klʌb	klʌb			flag	flæg	flæg

14 pbkg

Há casos em que as consoantes pbkg ocorrem em final de sílaba e são seguidas de outra consoante. Observe que, nestes casos, as duas consoantes são pronunciadas em sequência sem a intervenção de qualquer vogal: *actor* 'æktə. Falantes do português brasileiro tendem a inserir uma vogal i entre as consoantes kt, pronunciando 'akitoh. No inglês, as duas consoantes devem ser pronunciadas uma após a outra, consecutivamente: kt (sem uma vogal ser pronunciada entre as consoantes). Pratique, nos exemplos seguintes, as sequências de consoantes. Escute e repita.

15 pbkg

pt	apt	æpt	kt	react	ri.'ækt
pʃ	option	'ɔp.ʃən	ks	cakes	keɪks
pt	interrupt	ɪn.tə.'rʌpt	ktʃ	lecture	'lɛk.tʃə
gm	fragment	'fræg.mənt	bd	robbed	rɔbd
bk	subconscious	sʌb.'kɔn.ʃəs	gz	eggs	ɛgz
bt	obtain	əb.'teɪn	gd	begged	bɛgd

As consoantes oclusivas pbkg podem ocorrer, também, em encontros consonantais tautossilábicos, ou seja, quando duas consoantes ocorrem na mesma sílaba. Os exemplos que seguem ilustram esses casos.

Unidade 9: *pie, bye, card, guard* p b k g

pr	pray	preɪ	kr	cry	kraɪ
pl	plural	'pluə.rel	kl	claim	kleɪm
br	browse	brauz	gr	grow	grou
bl	blue	blu:	gl	glue	glu:
pj(u:)	pure	pjuə	kw	quite	kwaɪt
bj(u:)	beauty	'bju:.ti	gw	Gwen	gwɛn

16
pbkg

Vimos que as consoantes pbkg podem ocorrer em posição final de palavra. Sendo assim, devemos identificar qual é a forma regular de plural e de terceira pessoa do singular no presente (3psp) para formas que terminam em pbkg. Relembremos a regra de formação de plural e 3psp apresentada anteriormente. Essa regra será ampliada à medida que novos sons forem sendo apresentados. A forma definitiva da regra de plural e de 3psp é apresentada na tabela destacável de sons e generalizações.

> **Plural e 3psp**
> segmentos vozeados têm o pl/3psp com a consoante vozeada z
> segmentos desvozeados têm o pl/3psp com a consoante desvozeada s
> segmentos com articulação próxima – s e z – têm o pl/3psp com ɪz

No caso de bg – que são consoantes vozeadas –, a forma de plural e 3psp é z. No caso de pk – que são consoantes desvozeadas –, a forma de plural e de 3psp é s. Os exemplos que seguem ilustram formas flexionadas de palavras que terminam em pbkg. A primeira coluna apresenta a forma ortográfica; a segunda coluna indica o som final do item em questão; a terceira coluna mostra a forma fonética do plural ou 3psp e a quarta coluna apresenta a forma flexionada. Escute e repita.

	Som final	Plural e 3psp	Plural e/ou 3psp
cup	p	s	kʌps
cub	b	z	kʌbz
dock	k	s	dɔks
dog	g	z	dɔgz

17
pbkg

As características articulatórias de pbkg são as mesmas no inglês britânico e no inglês americano. No exercício que segue, você deve indicar a forma de plural e de 3psp para os substantivos e verbos listados. Escreva a forma fonética de plural/3psp para cada caso como s ou z. Siga o exemplo.

Ex21

Exercício 21

	Som final	Plural e 3psp
s/he jumps	p	s
legs	g	z
s/he stops		
clocks		
s/he drinks		
drops		
jobs		
s/he helps		

	Som final	Plural e 3psp
bags		
lakes		
flags		
s/he sleeps		
dogs		
s/he asks		
s/he grabs		
s/he begs		

Verifique a resposta para o exercício anterior. No exercício que segue, você deve inserir nas lacunas um dos símbolos: f v s z p b k g. Escute e repita cada um dos provérbios e preencha as lacunas.

Ex22

Exercício 22

A	stumble	may	prevent	a	fall
ə	ˈ__tʌm__l̩	meɪ	__ri.ˈ__ɛnt	ə	__ɔ:l

All	good	things	come	to	those	who	wait
a:l	*__ʊd*	*θɪŋ__*	*__ʌm*	*tə*	*ðoʊ__*	*hu:*	*weɪt*

Everyone	must	row	with	the	oars	he	has
ˈɛ__.ri.wʌn	mʌ__t	roʊ	wɪð	ði	ɔə__	hi:	hæ__

Every	path	has	its	puddle
ˈɛ__.ri	*__æθ*	*hæ__*	*ɪt __*	*ˈ__ʌd̬l*

Worry	often	gives	a	small	thing	a	big	shadow
wʌr.i	ɔ__n	__ɪ__ __	ə	__mɔ:l	θɪŋ	ə	__ɪ__	ˈʃæd.oʊ

Six	of	one,	half	a	dozen	of	the	other
__ɪ__ __	*a:__*	*wʌn*	*hæ__*	*ə*	*dʌ__.ən*	*a:__*	*ðə*	*ʌð.ər*

Na próxima seção são apresentados os sons oclusivos t d.

Unidade 10

1td

Não há símbolos concorrentes em dicionários e livros: sempre t d

As consoantes t d são classificadas como **oclusivas**. Ou seja, durante a sua produção, ocorre **oclusão** ou obstrução da passagem da corrente de ar pelo trato vocal. Nas consoantes t d, a oclusão ocorre entre a ponta da língua e os alvéolos (que se localizam na parte imediatamente atrás dos dentes superiores). As consoantes t d são classificadas como **oclusivas alveolares**. Podemos, também, agrupar as consoantes quanto ao vozeamento. A oclusiva t é desvozeada, e a oclusiva d é vozeada. De maneira análoga às outras consoantes oclusivas vozeadas do inglês – como b g –, a consoante d é **parcialmente vozeada** (já no português d é uma consoante completamente vozeada). Escute o contraste entre as palavras *dou* doʊ do português e *dough* doʊ do inglês. Observe em particular o contraste de vozeamento de d no português e em inglês.

Português		Inglês	
dou	doʊ	dough	doʊ

2td

Podemos generalizar dizendo que, em português, d é uma consoante completamente vozeada e, em inglês, d é uma consoante parcialmente vozeada. De maneira análoga às outras oclusivas desvozeadas – ou seja, p k –, a oclusiva desvozeada t é geralmente produzida, em inglês, com aspiração. Escute e repita, observando, em particular, a aspiração de t em inglês e a falta de aspiração de t em português.

Português		Inglês	
tu	tu	two	tuː

3td

O contexto mais propício para a aspiração é quando a vogal seguinte é tônica ou acentuada (cf. *two*). A aspiração é menos explícita quando a vogal não é acentuada (cf. *today*). Compare a aspiração do t inicial seguido de vogal acentuada com o t do meio da palavra que é seguido de vogal átona, na palavra *territory* ˈtɛr.ɪt.ɔːr.i.

4td

As figuras que seguem ilustram a articulação dos sons t d em inglês. A consoante t é desvozeada, sendo que esta propriedade está representada na figura que segue por (------), indicando que as cordas vocais se encontram separadas e não ocorre vibração delas. A consoante d é vozeada, sendo que essa propriedade está representada na figura que segue por (xxxxx), indicando que as cordas vocais se aproximam e ocorre vibração delas. A parte hachurada indica o ponto de contato dos articuladores.

5td

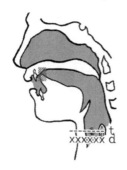

Oclusivas alveolares
Articuladores: a ponta da língua toca os alvéolos
(atrás dos dentes superiores)
t desvozeado e aspirado
d parcialmente vozeado

Os sons t d podem ter os correlatos ortográficos indicados a seguir. Escute e repita cada um dos exemplos que seguem.

6td

Correlatos ortográficos de t		
t	top	tɑp
tt	letter	'lɛt.ə
ed	looked	lʊkt

Correlatos ortográficos de d		
d	door	dɔ:
dd	ladder	'læd.ə
ed	begged	bɛgd

7td

É importante ter em mente a distinção entre consoantes **vozeadas** e **desvozeadas**. Muitas vezes, o grau de vozeamento de uma consoante – vozeado ou desvozeado – é determinado pelo ouvinte, a partir do grau de alongamento da vogal: vogais mais alongadas são seguidas de consoantes vozeadas (*sad* sæd) e vogais menos alongadas são seguidas de consoantes desvozeadas (*sat* sæt). Escute e repita os exemplos que seguem. Observe que a vogal é mais alongada quando seguida da consoante vozeada d (coluna da esquerda) e que a vogal é menos alongada quando seguida da consoante desvozeada t (coluna da direita).

8td

	d		t
code	koʊd	coat	koʊt
wed	wɛd	wet	wɛt
seed	si:d	seat	si:t

9td

Em muitos dialetos do português brasileiro, as consoantes t d têm pronúncias alternativas com tʃ e dʒ, respectivamente, quando seguidas da vogal i. As consoantes tʃ e dʒ são denominadas africadas e serão tratadas em detalhes na Unidade 15. Os seguintes exemplos mostram as pronúncias alternativas: *tia* tia

Unidade 10: *toe, dough* t d

ou tʃia e *dia* dia ou dʒia. Esse processo é conhecido como *palatalização de oclusivas alveol*ares. O falante brasileiro de inglês – cujo dialeto apresenta o processo de *palatalização de oclusiva alveolar* – tende a aplicar esse processo quando fala inglês. Escute os exemplos que seguem, observando que a palatalização de oclusiva alveolar ocorre na pronúncia de brasileiros falantes de inglês – quando ocorre tʃ ou dʒ – e que, na pronúncia do inglês, ocorre t ou d.

		Português	Inglês
t	party	'paː.tʃi	'paː.ti
d	body	'bɔ.dʒi	'bɒd.i

10td

Escute e reproduza os exemplos que seguem, em que as consoantes td são seguidas de uma das vogais: iː, i ou ɪ do inglês. Certifique-se de pronunciar uma consoante oclusiva, t ou d.

differ	'dɪf.ə	lady	'leɪ.di
tip	tɪp	attic	'æt.ɪk
tea	tiː	study	'stʌd.i
dear	dɪə	dinner	'dɪn.ə
already	ɔːl.'rɛd.i	idea	aɪ.'dɪə
team	tiːm	city	'sɪt.i
body	'bɒd.i	typical	'tɪp.ɪk.əl

11td

Nos exemplos que acabamos de escutar, as consoantes td ocorrem em meio de palavra, sendo seguidas de uma das vogais: iː, i ou ɪ. Quando td ocorrem em final de palavra em inglês, o processo de palatalização de oclusiva alveolar tende a se aplicar na pronúncia típica do falante brasileiro de inglês. Isso porque as consoantes td não ocorrem em final de palavra em português. Quando as consoantes td poderiam potencialmente ocorrer em português em final de palavra – como em *CUT* ou *PID* – o que de fato ocorre é a inserção da vogal i no final de palavra: *CUTi* e *PIDi*. Consequentemente, o processo de palatalização de oclusivas alveolares se aplica: *CUT* 'kutʃi e *PID* 'pidʒi. Nos exemplos que seguem, as consoantes td ocorrem em final de palavra em inglês. Escute e repita. Certifique-se de que você **não** pronuncia a vogal i no final da palavra e, consequentemente, certifique-se de não palatalizar as consoantes td.

12td

decide	di.'saɪd	let	lɛt
bad	bæd	affraid	ə.'freɪd
eight	eɪt	not	nɒt
state	steɪt	white	waɪt
different	'dɪf.ər.ənt	late	leɪt
it	ɪt	side	saɪd
eat	iːt	end	ɛnd
old	oʊld	difficult	'dɪf.ɪ.kəlt
gate	geɪt	bite	baɪt

13td

As consoantes oclusivas td podem ocorrer também em encontros consonantais tautossilábicos, i.e., quando duas consoantes ocorrem na mesma sílaba. Nestes casos, as consoantes td podem combinar com o som r ou com o som w.[1] Quando as consoantes td são seguidas de r na mesma sílaba temos, de fato, a pronúncia de uma africada – tʃ ou dʒ – seguida de r. Os exemplos que seguem ilustram tʃ ou dʒ seguida de r.

14td

tr	true	tʃruː	dr	drive	dʒraɪv
tr	train	tʃreɪn	dr	drink	dʒrɪŋk
tr	trip	tʃrɪp	dr	draw	dʒrɔː
tr	try	tʃraɪ	dr	dress	dʒrɛs
tr	travel	ˈtʃræv.el	dr	children	ˈtʃɪl.dʒren

Nos exemplos acima transcrevemos as africadas tʃ e dʒ seguidas de r. Entretanto, com o intuito de preservar os símbolos tipicamente adotados na literatura este livro adota os tr e dr para os encontros consonantais tautossilábicos de oclusivas alveolares e r. Nos exemplos que seguem t e d são seguidos de w.

tw	twice	twaɪs	dw	dwarf	dwɔːf
tw	twin	twɪn	dw	dwell	dwɛl
tw	twenty	ˈtwɛn.ti	dw	dwindle	ˈdwɪn.dl̩

Nos exemplos que seguem, a consoante oclusiva t ocorre seguida de vogal tônica – ou seja, uma vogal acentuada. Neste contexto de vogal acentuada a oclusiva t é, geralmente, desvozeada e aspirada. O Alfabeto Internacional de Fonética sugere o símbolo ʰ para indicar a aspiração. Entretanto, a aspiração, geralmente, não é marcada em dicionários e livros, pois sua ocorrência varia de pessoa para pessoa, embora existam contextos mais propícios à sua ocorrência. Seguindo essa tradição, a aspiração da oclusiva desvozeada t não será indicada nas transcrições deste livro. Escute e repita. Certifique-se de produzir a aspiração.

15td

type	taɪp	toast	toust
tone	toun	retire	ri.ˈtaɪ.ə
meditate	mɛd.ɪ.ˈteɪt	guitar	gɪ.ˈtaː
tailor	ˈteɪ.lə	territory	ˈtɛr.ɪt.ər.i

16td

Geralmente, a aspiração da oclusiva t também ocorre em início de palavra quando a vogal não é acentuada. Os exemplos que seguem ilustram esse caso. Escute e repita.

---

[1] tl não é um encontro consonantal tautossilábico em inglês. Note que a divisão de sílabas na palavra *Atlantic* é ət.ˈlæn.tɪk (em que o ponto final marca a divisão de sílabas). Em *Atlantic*, t e l estão em sílabas diferentes (e não na mesma sílaba, como em encontros consonantais tautossilábicos). O mesmo ocorre em outras palavras que, aparentemente, têm sequências tl em inglês: *atlas, little, bottle*. São poucas as palavras que apresentam a sequência tl em inglês.

Unidade 10: *toe*, *dough* t d

today	tə.'deɪ	tomorrow	tə.'mɔr.oʊ
tequilla	tə.'kiː.lə	tonight	tə.'naɪt

Os exemplos apresentados até o momento para t d são do inglês britânico. A aspiração e o vozeamento parcial, discutidos anteriomente, também se aplicam ao inglês americano. Contudo, um dos traços sonoros importantes que distinguem o inglês americano do inglês britânico diz respeito à variação de t d em um processo geralmente denominado *flapping* ou *tapping*. Quando esse processo se aplica no inglês americano, as consoantes t d ocorrem como um tepe (*tap*).

O tepe é um som que ocorre em português quando um único som de "r-ortográfico" se encontra entre vogais: *gari*, *caro* ou *arara* (note que o som de "rr-ortográfico" que ocorre entre vogais, em português, é um som diferente do tepe). Do ponto de vista articulatório, o tepe é produzido com uma **única** batida da ponta da língua atrás dos dentes superiores. O símbolo sugerido pelo Alfabeto Internacional de Fonética para representar o tepe é ɾ. Este símbolo é utilizado no português em palavras como *gari* ga'ɾi (cf. Unidade 6).

No inglês, o tepe está relacionado aos sons t e d. Exemplos são: *city* 'sɪt̬.i and *madam* 'mæd̬.əm. Note que foram utilizados os símbolos t̬ e d̬ para representar o tepe em inglês ao invés do símbolo ɾ sugerido pelo Alfabeto Internacional de Fonética. Tal escolha dos símbolos se deve ao fato de que, em inglês, o tepe está relacionado aos sons t e d. Encontra-se na literatura sobre a sonoridade do inglês referências ao termo tepe como flepe (*tap* e *flap*). Este livro adota o termo *tepe* tanto para o *tap* quanto para o *flap* (cf. Ladefoged, 1993). Os exemplos que seguem ilustram a pronúncia do inglês britânico – em negrito – e do inglês americano – em itálico. Observe que, quando ocorre t d no inglês britânico, temos um tepe ɾ no inglês americano. Escute e repita.

17td

city	'sɪt.i	*'sɪt̬.i*	Adam	'æd.əm	*'æd̬.əm*
petal	'pɛt.əl	*'pɛt̬.əl*	pedal	'pɛd.əl	*'pɛd̬.əl*
matter	'mæt.ə	*'mæt̬.ər*	ladder	'læd.ə	*'læd̬.ər*
water	'wɔː.tə	*'waː.t̬ər*	medical	'mɛd.ɪk.əl	*'mɛd̬.ɪk.əl*

Observe, nos exemplos apresentados anteriormente, que o t d no inglês britânico e o tepe no inglês americano sempre se encontram entre vogais, ou seja, em posição intervocálica. Isso porque o processo de *tapping* (ou *flapping*) no inglês americano ocorre, tipicamente, entre vogais. Podemos ainda dizer que o processo de *tapping* ocorre tipicamente no inglês americano quando a vogal anterior ao t d é tônica (ou acentuada) e a vogal seguinte é átona (ou não acentuada): (Vacentuada + t d + Vnão acentuada). O processo de *tapping* pode também ocorrer no inglês americano após o som r. Escute e repita.

18td

party	'paː.ti	*'paːr.t̬i*	accordion	ə.'kɔː.di.ən	*ə.'kɔːr.d̬i.ən*
artist	'aː.tɪst	*'aːr.t̬ɪst*	turtle	'tɜː.tl	*'tɜːr.t̬əl*

19td

O processo de *tapping* ocorre também após a consoante nasal n em limite de sílaba. Neste caso, o tepe pode ser nasalizado: ɾ̃. Escute e repita.

Atlantic	ə.'tlæn.tɪk	ət. 'læn. ɾ̃ɪk
winter	'wɪn.tə	'wɪn. ɾ̃ə

Há contextos em que o processo de *tapping* não se aplica no inglês americano, e as consoantes td ocorrem obrigatoriamente. Tais contextos são: início de palavra (*top*), final de palavra (*cat*, *vast*), duas consoantes na mesma sílaba (*true*) e em início de sílaba precedido de outra consoante (*doctor*). Alguns exemplos desses casos são apresentados a seguir. Escute e repita.

20td

best	bɛst	bɛst	trade	treɪd	treɪd
coat	kout	kout	cold	kould	kould
ashtray	'æʃ.treɪ	'æʃ.treɪ	drive	draɪv	draɪv
mattress	'mæt.rəs	'mæt.rəs	dress	drɛs	drɛs
actor	'æk.tə	'æk.tər	admire	əd.'maɪ.ə	əd. 'maɪ.ər
optical	'ɔp.tɪk.əl	'a:p.tɪk.əl	building	'bɪl.dɪŋ	'bɪl.dɪŋ

Vale ressaltar que, quando uma das consoantes td ocorre em final de palavra e a palavra seguinte começa com uma vogal, cria-se o contexto intervocálico e a consoante td passa, então, a se encontrar em posição intervocálica: *it is*. Esse é justamente o contexto em que o processo de *tapping* se aplica (ou seja, entre vogais). Em juntura de palavras – como em *it is* –, o processo de *tapping* se aplica recorrentemente em sequências de uso frequente. Considere os exemplos que seguem:

21td

it is	ɪɾ.ɪz
what about	wa:ɾ.ə.baut
that is	ðæɾ.ɪz
get up	gɛɾ.ʌp
did it	dɪɾ.ɪt
add up	æɾ.ʌp

Há um grupo de palavras que apresenta estrutura acentual muito semelhante – em que t ocorre entre duas vogais não acentuadas –, mas cujo comportamento em relação ao tepe é distinto (Kreidler, 1989: 110). Em um grupo dessas palavras, tanto o tepe quanto o t podem ocorrer: *cavity*, *charity*, *property*, *negative*, *positive* etc. Em outro grupo dessas palavras, sempre ocorre obrigatoriamente t: *agitate*, *meditate*, *appetite*, *gratitude*, *secretary* etc. Há, ainda, um outro grupo distinto – que inclui as palavras *auto*, *grotto*, *Hittite*, *motto*, *Otto*, *Plato*, *potato*, *tomato*. Nesse último grupo, há grande variação dialetal e pode-se dizer que há variação individual entre falantes quanto à ocorrência de t ou do tepe. Fica aqui registrada

Unidade 10: *toe, dough* t d

a sugestão para o aprendiz de língua estrangeira escutar e procurar contextualizar o som dentro do sistema sonoro da língua.

No inglês britânico, em alguns dialetos – como o londrino, por exemplo – ocorre variação entre o t e um som que é denominado oclusiva glotal, cujo símbolo fonético é ʔ. Na produção da oclusiva glotal, as cordas vocais se juntam rapidamente, causando oclusão total da passagem da corrrente de ar. A abertura súbita das cordas vogais produz o som denominado oclusiva glotal.

O fenômeno que caracteriza a variação entre t e ʔ – que já tem ocorrência abrangente em vários dialetos britânicos e não apenas na variedade londrina – é geralmente denominado *glottaling*. O processo de *glottaling* ocorre entre vogais, em final de palavra e em final de sílaba seguido de l silábico no inglês britânico. Os exemplos que seguem ilustram casos de *glottaling*. Escute e repita.

22td

city	'sɪʔ.i	gate	geɪʔ
petal	'pɛʔ.əl	cat	kæʔ
matter	'mæʔ.ə	bottle	'bɔʔ.l̩
water	'wɔː.ʔ.ə	atlas	'æʔ.l̩s

Tanto no inglês britânico quanto no inglês americano pode haver alternância entre t e a oclusiva glotal ʔ em formas como : *cotton* 'kɔt.ən ou kɔʔ.n̩ ; *kitten* 'kɪt.ən ou kɪʔ.n̩ e *button* 'bʌt.ən ou bʌʔ.n̩. Nesses casos, a vogal ə que corresponde ao *schwa* é cancelada e a consoante nasal se torna silábica n̩. No exercício que segue, você deve preencher as lacunas com um dos segmentos: t d t̬ d̬ ʔ.

Exercício 23
Revenge   is   a   dish   best   served   cold
rɪ.'vɛndʒ ɪz ə dɪʃ   bɛs__   'sɜː.və__ koʊl__

Caught   between   a   rock   and   a   hard   place
kɑː__   bi.'__wiːn ə   rɑːk æn__ ə   hɑːr__ pleɪs

You   can't   teach   an   old   dog   new   tricks
juː   kæn__ tiːtʃ   ən   oʊl__ dɑːg nuː   trɪks

Great   starts   make   great   finishes
greɪ__ stɑː__s meɪk   greɪ__ 'fɪn.ɪʃ.ɪz

Doubt   is   the   beginning   of   wisdom
daʊ__   ɪz   ðə   bi'gɪn.ɪŋ   əv   'wɪz.__əm

Out   of   the   frying   pan   and   into   the   fire
aʊ__ ɔv ðə   'fraɪ.ɪŋ pæn æn__ 'ɪn__uː ðə   'faɪ.ə

Ex23

Verifique sua resposta para o exercício anterior. As consoantes t d podem ocorrer em posição final de palavra em inglês. Sendo assim, devemos identificar qual é a forma regular de plural e de terceira pessoa do singular no presente (3psp) para palavras que terminam em t d. Relembremos a regra de formação de plural e 3psp.

Regra de formação de plural e 3ª pessoa do singular no presente	
Se o substantivo ou verbo termina...	**Plural e 3psp**
em vogal, ditongo ou em consoante vozeada	Adicione z
em consoante desvozeada	Adicione s
em s ou z	Adicione ɪz

Sendo d uma consoante vozeada, a forma de plural e 3psp de palavras terminadas em d será z. No caso de t – que é uma consoante desvozeada –, a forma de plural e de 3psp de palavras terminadas em t será s. Os exemplos que seguem ilustram a aplicação desta regra. Escute e repita.

23td

	Som final	Plural e 3psp	Plural e/ou 3psp	
grades	d	z	greɪdz	greɪdz
s/he adds	d	z	ædz	ædz
facts	t	s	fækts	fækts
s/he gets	t	s	gɛts	gɛts

No exercício que segue, você deve indicar a forma de plural e de 3psp para os substantivos e verbos listados. Escreva a forma fonética de plural/3psp, para cada caso, como s ou z. Siga o exemplo.

Ex24

Exercício 24

Substantivo ou verbo	Som final	Plural e 3psp
(s/he) tastes	t	s
(s/he) decides	d	z
(s/he) gets		
(s/he) writes		
(s/he) ends		
(s/he) reads		
(s/he) waits		
sides		
(s/he) paints		
(s/he) protects		

Substantivo ou verbo	Som final	Plural e 3psp
(s/he) depends		
(s/he) quits		
(s/he) eats		
roads		
markets		
flats		
beds		
birds		
friends		
boats		

Unidade 10: *toe, dough* t d

107

Verifique a resposta para o exercício anterior. Acabamos de considerar a aplicação da regra de formação de **plural e de 3psp** para as formas regulares. A seguir, trataremos da regra de formação de **passado e particípio passado** para verbos regulares. Os sons t d são as consoantes envolvidas na formação da regra de passado e particípio passado, em inglês.

A regra de formação de **passado e particípio passado** para verbos regulares, em inglês, opera de maneira semelhante à regra de **formação de plural e 3psp**. Ou seja, nos dois casos, devemos considerar o vozeamento do último segmento (vogal ou consoante) da palavra sem flexionar. Se o verbo, sem flexionar, terminar em segmento desvozeado (exceto t) – ou seja, um dos segmentos s f p k já estudados –, a forma de passado e particípio passado será com o segmento desvozeado t. Se o verbo, sem flexionar, terminar em segmento vozeado (exceto d) – ou seja, um dos segmentos z v r b g já estudados –, ou se o segmento final da palavra for uma vogal longa ou ditongo (que também são segmentos vozeados), então a forma de passado e particípio passado será com o segmento vozeado d. Finalmente, quando o segmento final do verbo sem flexionar for t d, a forma de passado e particípio passado será ɪd. Essa regra é definitiva para formas regulares de passado e particípio passado.

Regra de formação de passado e particípio passado	
Se o verbo termina...	**Passado e particípio passado**
em vogal, ditongo ou em consoante vozeada (**exceto** d)	Adicione d
em consoante desvozeada (**exceto** t)	Adicione t
em t ou d	Adicione ɪd

Os exemplos que seguem são divididos em três grupos. O primeiro grupo ilustra casos em que o verbo termina em uma das consoantes desvozeadas já estudadas (exceto t) – s f p k – e a forma de passado e particípio é t. O segundo grupo ilustra casos em que o verbo termina em uma das consoantes vozeadas já estudadas (exceto d) – z v r b g –, ou o verbo termina em uma vogal longa ou ditongo – como, por exemplo, i:, oʊ, aɪ –, e a forma de passado e particípio é d. E o último grupo ilustra casos em que o verbo termina em t d e a forma de passado e particípio é ɪd. Escute e repita.

24td

	Som final	Forma passado	Passado ou particípio	Fonética
kiss	s	t	kissed	kɪst
brief	f	t	briefed	briːft
peep	p	t	peeped	piːpt
pack	k	t	packed	pækt
please	z	d	pleased	pliːzd
believe	v	d	believed	bi.ˈliːvd
shiver	r	d	shivered	ˈʃɪv.əd
grab	b	d	grabbed	græbd
beg	g	d	begged	bɛgd
free	vogal longa	d	freed	friːd
cry	ditongo	d	cried	kraɪd
fit	t	ɪd	fitted	ˈfɪt.ɪd
end	d	ɪd	ended	ˈɛnd.ɪd

O falante brasileiro de inglês tipicamente tende a inserir duas vogais nas formas de passado e particípio passado do inglês. Uma dessas vogais é pronunciada e ou i. Quando essa vogal ocorre, ela é, inadequadamente, inserida entre o som final do verbo sem flexionar e a marca de passado (correspondente à ortográfica -ed). Por exemplo, a vogal é, inadequadamente, inserida em (kɪsi-ed). A outra vogal inserida, geralmente, de maneira errônea, é pronunciada como i e ocorre após a marca de passado: (ˈkisidʒi). Tipicamente, para falantes brasileiros de inglês, o som dʒ é associado com a representação ortográfica da marca de passado e particípio passado regular -ed (embora tʃ ocorra em alguns casos em pronúncias de brasileiros). Veja que na pronúncia marcada de falantes brasileiros de inglês temos três sílabas – (ˈki.si.dʒi) –, ao passo que, em inglês, ocorre apenas uma única sílaba – kɪst.

Alguns falantes brasileiros de inglês omitem a vogal i final, mas inadequadamente pronunciam uma vogal i entre o final do verbo e a marca de passado e particípio: ˈki.sid, que apresenta duas sílabas enquanto que, em inglês, ocorre apenas uma única sílaba na forma de passado *kissed*: kɪst.

A regra de formação de passado e particípio que foi explicitada anteriormente tem por objetivo contribuir para que generalizações possam ser inferidas para a formação de passado e particípio. Tal regra se aplica para todos os verbos regulares da língua inglesa. Adicionalmente, verbos irregulares que estão se regularizando fazem uso da regra explicitada como, por exemplo, o verbo *creep*, que tem a forma de passado irregular sendo *crept*, mas que também pode ser atestado com a forma de passado *creeped*.

Unidade 10: *toe, dough* t d

No exercício que segue, você deve indicar a forma de passado e particípio passado para os verbos listados. As formas ortográficas em negrito indicam a pronúncia britânica, e as formas ortográficas em itálico indicam que a pronúncia é americana. Escreva a forma fonética de (passado/particípio passado) para cada caso, como t, d ou ɪd. Siga o exemplo.

Ex25

Verbos	Som final	Passado		Verbos	Som final	Passado
seated	t	ɪd	ˈsiːtɪd	**grabbed**	b	
freed	iː	d	friːd	*pleased*	z	
sided	d			**practised**	s	
arrived	v			*picked*	k	
crossed	s			**lived**	v	
sniffed	f			*laughed*	f	
helped	p			**robbed**	b	
shipped	p			*scared*	r	
paused	z			**caused**	z	
ended	d			*liked*	k	
waited	t			**wanted**	t	
decided	d			*tasted*	t	
numbered	r			**pretended**	d	
dragged	g			*repeated*	t	

Verifique sua resposta para o exercício anterior. No exercício que segue, você deve inserir nas lacunas um dos símbolos t, d ou ɪd para a forma de passado/particípio passado, ou um dos símbolos s, z ou ɪz para as formas de plural e 3psp. A transcrição em negrito corresponde à pronúncia do inglês britânico, e a transcrição em itálico corresponde à pronúncia do inglês americano.

Ex26

Exercício 26

1	He lives here.	hi: lɪv__ hɪə
2	She practices it well.	ʃi: 'præk.tɪs__ ɪt wɛl
3	He loves you.	hi: lʌv__ ju:
4	She drinks a lot.	ʃi: drɪŋk__ ə la:t
5	He writes well.	hi: raɪt__ wɛl
6	She keeps it.	ʃi: ki:p__ ɪt
7	He scores lots of goals.	hi: skɔ:__ lots ɔv goʊlz
8	She reads well.	ʃi: ri:d__ wɛl
9	It pleases her.	ɪt pli:z__ hɜ:
10	It ends here.	ɪt ɛnd__ hɪr
11	I practiced it a lot.	aɪ 'præk.tɪs__ ɪt ə lɔt
12	You stopped him!	ju: sta:p__ hɪm
13	She enjoyed it.	ʃi: ɪn.'dʒɔɪ__ ɪt
14	He walked his dog.	hi: wa:k__ hɪz da:g
15	He arrived in London.	hi: ə.'raɪv__ ɪn 'lʌn.dən
16	I wanted you.	aɪ 'wa:nt.__ ju:
17	I'm pleased.	aɪm pli:z__
18	She liked him.	ʃi: laɪk__ hɪm
19	Who caused it?	hu: kɔ:z__ ɪt
20	I helped them.	aɪ hɛlp__ ðɛm

Verifique a resposta para o exercício anterior. A seguir, trataremos de outro par de vogais longa/breve do inglês: ɔ: e ɔ.

Unidade 11

ɔː	ɔ
forks	*fox*
fɔːks	fɔks
Símbolos concorrentes encontrados em dicionários e livros	Símbolos concorrentes encontrados em dicionários e livros
ō	ɑː aː ɑ ɒ ŏ o

1
ɔːɔ

Observe abaixo as características articulatórias das vogais ɔː e ɔ, baseadas na pronúncia típica britânica. A vogal ɔː é longa, e a vogal ɔ é breve.

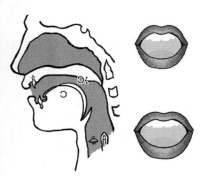

ɔː Língua em posição média-baixa e posterior
Lábios arredondados
Vogal longa

ɔ Língua em posição média-baixa e posterior
Lábios arredondados
Vogal breve

2
ɔːɔ

As características articulatórias de ɔː são bastante semelhantes às da vogal "ó" da palavra do português *dó* (exceto pela duração). A vogal ɔː, na palavra *door*, é uma vogal longa. Compare a pronúncia da palavra *dó* no português brasileiro e da palavra *door* no inglês britânico.

dó **door** dó **door**
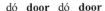

3
ɔːɔ

As vogais ɔː e ɔ podem ter os correlatos ortográficos indicados a seguir. Escute e repita cada um dos exemplos que seguem.

4
ɔ:ɔ

Correlatos ortográficos de ɔ:		
o	lord	lɔ:d
a	hall	hɔ:l
eo	George	dʒɔ:dʒ
au	taught	tɔ:t
ou	ought	ɔ:t
oo	floor	flɔ:
awe	awe	ɔ:
oa	abroad	ǝ.'brɔ:d
aw	saw	sɔ:

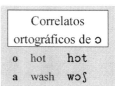

Correlatos ortográficos de ɒ		
o	hot	hɒt
a	wash	wɒʃ

Por ser longa, a vogal ɔ: pode ocorrer em final de palavra – como em *saw* sɔ: – e pode, também, ocorrer seguida de consoante – como em *taught* tɔ:t. Já a vogal breve ɒ ocorre sempre seguida de consoante – como em *hot* hɒt. Compare a qualidade vocálica da vogal longa ɔ: e da vogal breve ɒ no inglês britânico. Note que a falante feminina do sul da Inglaterra apresenta uma vogal longa ɔ: com qualidade vocálica diferente daquela observada pelo falante masculino que é do norte da Inglaterra. Escute e repita.

5
ɔ:ɒ

caught   cot   caught   cot   caught   cot

Em *caught*, ocorre a vogal ɔ: e, em *cot*, ocorre a vogal ɒ. Vimos que a vogal longa ɔ: apresenta caracterísiticas articulatórias próximas do som ɔ no português (como na palavra *dó*). Já a vogal breve ɒ, no inglês britânico, apresenta qualidade vocálica diferente da vogal "ó" no português. A vogal ɒ, no inglês britânico, é articulada com posição da língua mais baixa e mais recuada do que a vogal da palavra *dó* em português. Para articular a vogal ɒ, no inglês britânico, pronuncie a vogal como na palavra *dó* em português e abra mais a boca (assim, a língua assumirá uma posição mais baixa também). Escute o contraste entre a vogal ɔ na palavra *mole*, no português brasileiro, e a vogal ɒ na palavra *Molly*, em inglês britânico.

6
ɔ:ɒ

mole   Molly   mole   Molly

Os exemplos que seguem contrastam a vogal longa ɔ: e a vogal breve ɒ no inglês britânico. Escute e repita.

Unidade 11: forks, fox ɔː ɒ

	ɔː		ɒ
port	pɔːt	pot	pɒt
sports	spɔːts	spots	spɒts
cord	kɔːd	cod	kɒd
caught	kɔːt	cot	kɒt
short	ʃɔːt	shot	ʃɒt
water	ˈwɔːt.ə	what a	ˈwɒt.ə
talk	tɔːk	tock	tɒk
caller	ˈkɔː.lə	collar	ˈkɒl.ə

7
ɔːɒ

No exercício que segue, são apresentadas algumas palavras do inglês britânico que têm a vogal ɔː ou a vogal ɒ. Você deve identificar qual é o som da vogal em negrito na palavra. Coloque o som correspondente à vogal ɔː ou ɒ na coluna à esquerda de cada palavra. A pronúncia é do ingles britânico. Siga os exemplos.

Exercício 27

ɒ	God		what		more
ɔː	door		off		ought
	drop		of		four, for
	call		top		raw
	rock		snore		boss
	port		your		sort
	copy		models		socks
	hall		draw		box
	job		short		all

Ex27

Verifique a sua resposta para o exercício anterior. Escute os pares de sentenças que são apresentados a seguir. As sentenças de cada par diferem apenas quanto a palavra que contrasta a vogal longa ɔː e a vogal breve ɒ. As palavras em questão estão em negrito. Os exemplos são do inglês britânico. Escute e repita cada uma das sentenças, observando se a vogal é longa ou breve e observando, também, a qualidade da vogal.

1	a	What are those **sports**?	wɔt aː ðouz spɔːts
	b	What are those **spots**?	wɔt aː ðouz spots
2	a	Have you seen the **cord**?	hæv juː siːn ðə kɔːd
	b	Have you seen the **cod**?	hæv juː siːn ðə kod
3	a	Was she (**short**)?	wɔz ʃiː ʃɔːt
	b	Was she (**shot**)?	wɔz ʃiː ʃot
4	a	Is that the (**port**)?	ɪz ðæt ðə pɔːt
	b	Is that the (**pot**)?	ɪz ðæt ðə pot

Nas sentenças que seguem, qualquer uma das duas palavras entre parênteses pode ocorrer. A diferença é que a sentença terá significado diferente em um caso e no outro. As palavras em negrito se diferenciam apenas quanto à vogal, que pode ser ɔː e o. Os exemplos são do inglês britânico. Escute as sentenças e selecione a palavra que foi pronunciada.

> **Exercício 28**
> 1. What are those (**sports/spots**)?
> 2. Have you seen the (**cord/cod**)?
> 3 Is that the (**port/ pot**)?
> 4 Was she (**short/shot**)?

Verifique a resposta para o exercício anterior. É importante registrar que, geralmente, o falante brasileiro de inglês tende a pronunciar a vogal o – como em *vovô* – em palavras cognatas, quando a vogal que ocorre no inglês é, de fato, ɔː. Uma informação importante ao falante brasileiro de inglês é que em inglês a vogal o não ocorre sozinha. Contudo, a vogal o pode ocorrer em inglês como parte de um ditongo ouː, por exemplo, na palavra *go* do inglês gou. A generalização é que a vogal o não ocorre sozinha em inglês (mas pode ocorrer como parte do ditongo ou que é discutido na Unidade 17).

Considere os exemplos que se seguem. A pronúncia é do inglês britânico. Escute e repita, prestando atenção especial no som correspondente à vogal em negrito.

normal	ˈnɔː.məl	chaos	ˈkeɪ.os
positive	ˈpoz.ə.tɪv	solidarity	sol.ɪd.ˈær.ə.ti
hospital	ˈhos.pɪt.əl	costume	ˈkos.tjuːm
Portuguese	poː.tʃəˌgiːz	mortality	moː.ˈtæl.ə.ti
mosquito	mos.ˈkiː.tou	airport	ɛə.ˈpɔːt
contra	ˈkon.trə	moderate	ˈmod.ə.rət

Unidade 11: forks, fox ɔ: ɔ

A vogal longa ɔ: ocorre no inglês americano, sobretudo, quando seguida de som de r – em *cord* kɔ:rd, por exemplo. No inglês britânico, a vogal ɔ:, em *cord*, não é seguida de som de "r": kɔ:d (porque o "r" não é tipicamente pronunciado em fim de sílaba no inglês britânico). Escute e repita.

cord	kɔ:d	kɔ:rd
board	bɔ:d	bɔ:rd
pork	pɔ:k	pɔ:rk
store	stɔ:	stɔ:r
glory	'glɔ:.ri	'glɔ:.ri
four	fɔ:	fɔ:r
ignore	ɪg.'nɔ:	ɪg.'nɔ:r
port	pɔ:t	pɔ:rt

10
ɔ:ɔ

Quando a vogal longa ɔ: ocorre no inglês britânico sem ser seguida de "r" ortográfico, temos que, no inglês americano, ocorre a vogal a: ou ɔ:. Considere as características articulatórias das vogais ɔ: e a:.

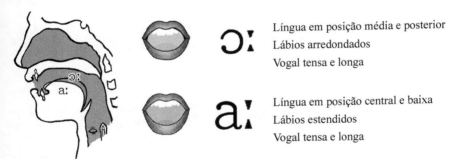

Língua em posição média e posterior
Lábios arredondados
Vogal tensa e longa

Língua em posição central e baixa
Lábios estendidos
Vogal tensa e longa

11
ɔ:ɔ

Escute e repita os exemplos que seguem.

caught	kɔ:t	ka:t
ball	bɔ:l	ba:l
dawn	dɔ:n	da:n
taught	tɔ:t	ta:t
all	ɔ:l	a:l
audience	'ɔ:.di.ənts	'a:.di.ənts
always	'ɔ:l.weɪz	'a:l.weɪz
awful	'ɔ:.fəl	'a:.fəl
walk	wɔ:k	wa:k

12
ɔ:ɔ

Vimos, anteriormente, a diferença de comportamento da vogal longa ɔ: no inglês britânico e no inglês americano. Consideremos, agora, a vogal breve ɔ, que ocorre apenas no inglês britânico. Onde ocorre a vogal breve ɔ no inglês britânico, ocorre a vogal longa aː no inglês americano. Compare a pronúncia do inglês britânico e do inglês americano nas palavras abaixo. Escute e repita.

13
ɔːɔ

God	gɔd	gaːd
body	'bɔd.i	'baːd̥.i
off	ɔf	aːf
got	gɔt	gaːt
office	'ɔf.ɪs	'aː.fɪs
job	dʒɔb	dʒaːb
wash	wɔʃ	waːʃ
bottle	bɔtl	baːt̥l
top	tɔp	taːp
hot	hɔt	haːt

Certas palavras do inglês britânico podem ser confundidas pelo falante brasileiro de inglês com palavras do inglês americano. Escute e repita.

14
ɔːɔ

guard	gaːd	God	gaːd
larks	laːks	locks	laːks
barks	baːks	box	baːks
last	laːst	lost	laːst
card	kaːd	cod	kaːd

No exercício que segue, são apresentadas algumas palavras do inglês que têm uma das vogais ɔː, ɔ, aː. Você deve identificar qual é o som da vogal em negrito na palavra. Coloque o som correspondente à vogal ɔː, ɔ ou aː na coluna à esquerda de cada palavra. Indique também se a palavra foi pronunciada por um falante do inglês britânico (**Br**) ou do inglês americano (*Am*). Siga os exemplos.

Ex29

Exercício 29

ɔ	Br	socks			lost
ɔː	Br	board			class
aː	Am	lock			God
ɔː	Am	store			port
		caught			cork
		rock			cot
		score			shock
		sort			top
		odd			cot
		call			bought
		cord			caller
		court			Paul

Unidade 11: forks, fox ɔ: ɒ

Verifique a sua resposta para o exercício anterior. No exercício que segue, você deve preencher as lacunas com um dos símbolos: ɔ:, ɒ, a:.

Ex30

Exercício 30

Good	things	come	in	small	packages
gʊd	θɪŋz	kʌm	ɪn	sm__l	'pæk.ɪdʒ.ɪz

The	pen	is	mightier	than the	sword
ðə	pɛn	ɪz	'maɪ.ṭi.ər	ðæn ðə	s__rd

Birds	of	a	feather	flock	together
bɜ:dz	__v	ə	'fɛð.ə	fl__k	tə.'gɛð.ə

Time	and	tide	wait	for	no	man
taɪm	ənd	taɪd	weɪt	f__r	noʊ	mæn

A vogal ɔ: pode ocorrer em final de palavra no inglês britânico (sendo que, no inglês americano, ocorre um r correspondente ao "r" ortográfico). Exemplos são: *oar* ɔ: (ou ɔ:r), *score* skɔ: (ou skɔ:r), *store* stɔ:(ou stɔ:r), *floor* flɔ: (ou flɔ:r). A vogal ɔ: pode ocorrer também em final de palavra no inglês britânico, sendo que, no inglês americano, há variação entre ɔ: ou a:: *saw* sɔ:, *law* lɔ:, *flaw* flɔ:. As formas que terminam na vogal ɔ: (ou em r, no inglês americano) têm a forma de plural-3psp em z, e a forma de particípio passado, em d (confira a tabela de formação de plural-3psp e pass-pp): *sawed* sɔ:d, *laws* lɔ:z, *flawed* flɔ:d, *oars* ɔ:z, *scored* skɔ:d, *stored* stɔ:d, *floors* flɔ:z. A seguir, vamos considerar o último par de vogal longa/ breve do inglês, que é u: e ʊ.

Unidade 12

1
uːʊ

Símbolo concorrente encontrado em dicionários e livros
uʷ

Símbolo concorrente encontrado em dicionários e livros
u

De maneira análoga aos pares de vogais longa/breve discutidos anteriormente, podemos observar que, no caso de uː e ʊ, a diferença em termos de duração, ou seja, se a vogal é longa ou breve, vem acompanhada de diferença em qualidade vocálica. A qualidade vocálica da vogal uː, no inglês, é bastante próxima à qualidade da vogal u em português. Sendo que a qualidade vocálica de u se aproxima muito no português e no inglês, resta ao falante brasileiro de inglês atentar para a duração da vogal – que é longa no inglês. Compare a pronúncia do inglês para a palavra *loo* luː e a pronúncia do português para *Lu* lu (apelido para *Luciana*). Observe a qualidade vocálica de uː e u.

2
uːʊ

    loo   Lu   **loo**   Lu

Já em relação à vogal ʊ, não temos uma vogal com características articulatórias muito próximas no português brasileiro. A vogal do português brasileiro que mais se aproxima às características articulatórias da vogal ʊ do inglês é a vogal *ô* – que ocorre na palavra *vovô*. O símbolo fonético que representa a vogal *ô* é o. Pronuncie a vogal – o o o – para se familiarizar com esse som. Compare o som da vogal o, na palavra *pôs* do português, e o som ʊ, na palavra *puss* do inglês.

3
uːʊ

    pôs   puss   **pôs**   puss

Certamente, há diferença de qualidade vocálica entre a vogal o do português e a vogal ʊ do inglês. O som ʊ do inglês é articulado com a língua em uma posição mais central e mais alta do que a vogal o do português. Para articular a vogal ʊ do inglês, os lábios devem estar em posição arredondada e com a abertura da boca em posição intermediária entre u e o. Observe a seguir as características articulatórias das vogais uː e ʊ.

Unidade 12: boot, book u: ʊ

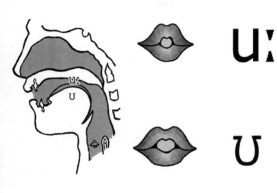

Língua em posição alta e posterior
Lábios arredondados
Vogal tensa e longa

Língua em posição média-alta e posterior
Lábios arredondados
Vogal frouxa (lax) e breve

4
u:ʊ

A vogal longa u: é tensa e pode ocorrer em final de palavra – como em *shoe* ʃu: – ou pode ser seguida de consoante – como em *boot* bu:t. Já a vogal breve ʊ é frouxa e sempre ocorre seguida de consoante – como em *book* bʊk. As vogais u: e ʊ podem ter os correlatos ortográficos indicados a seguir. Escute e repita cada um dos exemplos que seguem.

Correlatos ortográficos de u:				
oo	fool	fu:l	*fu:l*	
o	move	mu:v	*mu:v*	
u	rude	ru:d	*ru:d*	
ou	soup	su:p	*su:p*	
wo	two	tu:	*tu:*	
ui	suit	su:t	*su:t*	
oe	shoe	ʃu:	*ʃu:*	
ue	due	dju:	*du:*	
ew	chew	tʃu:	*tʃu:*	
eu	maneuver	mə.'nju:.və	*mə.'nu:.vər*	
ieu	lieu	lu:	*lju:*	
ioux	Sioux	sju:	*su:*	

5
u:ʊ

Correlatos ortográficos de ʊ			
oo	book	bʊk	*bʊk*
o	wolf	wʊlf	*wʊlf*
u	pull	pʊl	*pʊl*
oul	would	wʊd	*wʊd*

Observe o contraste entre as vogais u: e ʊ nos exemplos que seguem. Escute e repita.

6
uːʊ

fool	fuːl	full	fʊl
Luke	luːk	look	lʊk
wooed	wuːd	wood	wʊd
shoed	ʃuːd	should	ʃʊd

O falante brasileiro de inglês tem mais dificuldade em produzir e escutar a vogal ʊ do que a vogal uː. Escute e reproduza as palavras seguintes que têm o som ʊ.

7
uːʊ

look	lʊk	push	pʊʃ	cook	kʊk
cookie	ˈkʊk.i	good	gʊd	bull	bʊl
put	pʊt	could	kʊd	wolf	wʊlf
wood	wʊd	would	wʊd	pull	pʊl
book	bʊk	should	ʃʊd	took	tʊk

No exercício que segue, são apresentadas algumas palavras do inglês que têm a vogal uː ou a vogal ʊ. Você deve identificar qual é o som da vogal na palavra. Coloque o som correspondente à uː ou u na coluna à esquerda de cada palavra. Siga os exemplos.

Ex31

Exercício 31

ʊ	took		proof		foot
uː	tool		put		wolf
	good		bruise		sugar
	smooth		boot		fool
	full		woman		bush
	tool		cushion		approve

Verifique a sua resposta para o exercício anterior. Escute os pares de sentenças que são apresentados a seguir. Essas sentenças diferem apenas quanto à palavra que contrasta a vogal longa uː e a vogal breve ʊ. As palavras em questão estão em negrito. Escute e repita cada uma das sentenças, observando se a vogal é longa ou breve e observando, também, a qualidade da vogal.

Unidade 12: *boot, book* u: ʊ

1	a	Is it **fool**?	ɪz ɪt fu:l
	b	Is it **full**?	ɪz ɪt fʊl
2	a	He **would**.	hi: wʊd
	b	He **wood**.	hi: wu:d
3	a	I said **pool**.	aɪ sɛd pu:l
	b	I said **pull**.	aɪ sɛd pʊl
4	a	Now you say **cooed**.	naʊ ju: seɪ ku:d
	b	Now you say **could**.	naʊ ju: seɪ kʊd

8
u:ʊ

Nas sentenças que seguem, qualquer uma das duas palavras entre parênteses pode ocorrer. A diferença é que a sentença terá significado diferente em um caso e no outro. As palavras em negrito se diferenciam apenas quanto à vogal, que pode ser u: ou ʊ. Escute as sentenças e selecione a palavra que foi pronunciada.

Exercício 32
1. Is it (**fool/full**)?
2. I said (**pool/ pull**).
3. Now you say (**cooed/could**).
4. He (**wooed/would**).

Ex32

Verifique a resposta para o exercício anterior. Em posição átona em final de palavra (*into*) ou quando seguida de outra vogal (*cruel*), o som u: tende a ocorrer como u. Tal vogal tem as características articulatórias da vogal u: no inglês, mas é uma vogal breve (embora seja uma vogal tensa). Escute e repita os exemplos que seguem.

u em posição átona em final de palavra

into	ˈɪn.tu	guru	ˈgʊr.u

u seguido de outra vogal

cruel	ˈkru.əl	influence	ɪn.ˈflu.ents
ruin	ˈru.ɪn	bluish	ˈblu.ɪʃ
druid	ˈdru.ɪd	stewing	ˈstju.ɪŋ
individual	ɪn.dɪ.vɪd.ˈju.əl	doing	ˈdu.ɪŋ

9
u:ʊ

Quando uma palavra termina na vogal longa u: e a palavra seguinte se inicia com uma vogal, pode ocorrer um **som de ligação** (*linking sound*) w entre as duas vogais. Nos exemplos que seguem, o som w representa um *som de ligação*. Escute e repita.

two hours	tu: w aʊ.əz
you are	ju: w a:
blue and green	blu: w ænd gri:n
Sue and Anne	su: w ænd æn
true and false	tru: w ænd fɔls

A vogal u: pode ocorrer em final de palavra no inglês. Exemplos são: *shoe* ʃu:, *glue* glu:. As formas que terminam na vogal longa u: têm a forma de **plural** e **3psp** em z – como em *shoes* ʃu:z e (s/he) *glues* glu:z. A forma de **passado** e **particípio passado** para palavras terminadas em u: é d; como em *glued* glu:d.

O exercício que segue é dividido em duas partes. Na primeira parte, você deverá indicar a forma de plural e 3psp para cada item selecionando entre ɪz, z ou s. Na segunda parte, você deverá indicar a forma de particípio passado para cada item selecionando entre t, d ou ɪd. Exemplos do inglês britânico (em negrito) e do inglês americano (em itálico).

Exercício 33

Exemplo	Som final	Plural e 3psp
pieces	s	ɪz
(s/he) behaves	v	
(s/he) frees	i:	
(s/he) coughs	f	
babies	i	
shoes	u:	
(s/he) briefs	f	
cars	r	
(s/he) laughs	f	
bars	r	
(s/he) divorces	s	

Exemplo	Som final	Plural e 3psp
bears	ɛə	
(s/he) causes	z	
stars	a:	
(s/he) looses	s	
(s/he) cures	ʊə	
(s/he) ignores	r	
(s/he) reserves	v	
(s/he) agrees	i:	
(s/he) sniffs	f	
ladies	i	
laws	ɔ:	

Exemplo	Som final	Passado/ Particípio
laughed	f	t
behaved	v	
freed	i:	
coughed	f	
agreed	i:	
divorced	s	
behaved	v	

Exemplo	Som final	Passado/ Particípio
reserved	v	
caused	z	
started	t	
booked	k	
glued	u:	
cured	ʊə	
ignored	r	

Unidade 12: *boot, book* uː ʊ

Verifique a sua resposta para o exercício anterior. No próximo exercício, você deve inserir, nas lacunas, um dos símbolos vocálicos já estudados – iː, ɪ, i, aː, æ, ɛ, ɔː, ɔ, uː, ʊ. Escute e repita cada um dos provérbios e preencha as lacunas.

Ex34

Exercício 34							
Never ˈn__v.ər	judge dʒʌdʒ	a ə	book b__k	by baɪ	its __ts	cover ˈkʌv.ər	
A ə	miss m__s	is __z	as __z	good g__d	as __z	a ə	mile maɪl
Look l__k	before b__.ˈf__r		you j__	leap l__p			
All __l	good g__d	things θ__ŋz	come kʌm	to tə	those ðouz	who h__	wait weɪt

Verifique a resposta para o exercício anterior. A seguir, trataremos das consoantes fricativas θ e ð.

Unidade 13

1
θð

Não há símbolos concorrentes em dicionários e livros: sempre θ ð

As consoantes θ e ð são **fricativas**. Ou seja, durante a sua produção, ocorre fricção entre os articuladores. Na articulação de θ e ð, a fricção ocorre entre os dentes. Por isso as consoantes θ e ð são classificadas como interdentais. Observe a posição da língua entre os dentes na figura que segue.

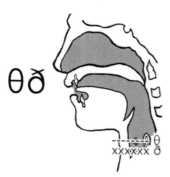

Fricativas interdentais
Articuladores: a ponta da língua encontra-se entre os dentes
θ desvozeado
ð parcialmente vozeado

Para articular θ e ð, coloque a língua entre os dentes. Para articular o som θ, você deve permanecer com a língua entre os dentes e imaginar que vai articular a consoante s. Você produzirá o som θ. Para articular o som ð, você deve permanecer com a língua entre os dentes e imaginar que vai articular a consoante z. Você produzirá o som ð. As consoantes θ e ð são denominadas consoantes interdentais por envolverem a fricção entre os dentes. Podemos, também, agrupar as consoantes quanto ao vozeamento. A consoante θ é desvozeada e a consoante ð é vozeada. Os sons θ e ð não ocorrem no português – exceto entre pessoas que falam os sons de "s" e "z" com a língua entre os dentes: *assim, sua, casa, azul*. Escute e repita.

2
θð

θ ð θ ð θ ð

Unidade 13: *ether, either* θ ð

Os sons θ e ð têm sempre "th" como correlatos ortográficos. Escute e repita cada um dos exemplos que seguem.

Correlatos ortográficos de θ			Correlatos ortográficos de ð			
th	three	θri:	th	either	'i:.ðə	ou 'aɪ.ðə

Como os sons θ e ð têm o mesmo correlato ortográfico – que é "th" –, é importante escutar *o som* que foi pronunciado para identificar se ocorre a fricativa interdental **desvozeada** θ ou se ocorre a fricativa interdental **vozeada** ð. Em inglês, os sons θ e ð podem ocorrer em início, meio ou fim de palavra. Os exemplos a seguir ilustram casos de θ e ð em início, em meio e em final de palavra. Escute e repita. Certifique-se de que a consoante é desvozeada θ ou vozeada ð.

Início de palavra

θ		ð	
thought	θɔ:t	they	ðeɪ
throat	θrout	this	ðɪs
through	θru:	these	ði:z

Meio de palavra

θ		ð	
ethic	'ɛθ.ɪk	together	tə.'gɛð.ə
anything	'ɛn.i.θɪŋ	rather	'ra:.ðə
mythic	'mɪθ.ɪk	weather	'wɛð.ə

Final de palavra

θ		ð	
health	hɛlθ	with	wɪð
faith	feɪθ	smooth	smu:ð
bath	ba:θ	bathe	beɪð

A consoante desvozeada θ pode ocorrer junto de outra consoante na mesma sílaba, em encontros consonantais tautossilábicos: *three* θri:, *through* θru:. Já a consoante ð não ocorre em encontros consonantais tautossilábicos. Isso quer dizer que, todas as vezes em que a sequência ortográfica "th" for seguida de "r", o som desvozeado θ corresponde ao dígrafo "th".

No exercício que segue, os exemplos ilustram palavras que têm o som θ ou ð. Você deve indicar na coluna da esquerda qual foi o som pronunciado – θ ou ð – que corresponde ao "th" ortográfico. Os exemplos em negrito correspondem à pronúncia britânica e os exemplos em itálico correspondem à pronúncia americana. Siga o exemplo.

Exercício 35

θ	both		mouth
ð	those		health
	through		breathe
	thick		think
	that		leather
	thought		with
	the		father
	mother		north
	something		this
	clothe		these
	wealth		feather
	booth		author
	thousand		bath
	smooth		bathe

Verifique sua resposta para o exercício anterior. É importante ter em mente a distinção entre consoantes **vozeadas** e **desvozeadas**. Vimos anteriormente que as vogais que precedem as consoantes vozeadas são mais alongadas do que as vogais que precedem consoantes desvozeadas. Observe que as vogais que precedem a consoante vozeada ð – coluna da direita – são mais alongadas do que as vogais que precedem a consoante desvozeada θ – coluna da esquerda. Escute e repita.

θ		ð	
tooth	tu:θ	smooth	smu:ð
both	bouθ	clothe	klouð
faith	feɪθ	bathe	beɪð

É comum entre falantes brasileiros de inglês ocorrer a substituição de θ ou ð por outros sons. Geralmente, substitui-se θ por s f ou t. Já a consoante ð tende a ser substituída por z ou d. Vale ressaltar que, ao substituir os sons θsft por ðzd, pode ocorrer troca de significado das palavras. Os exemplos que seguem ilustram a fricativa interdental desvozeada θ em contraste com os sons s, f e t. Escute e repita.

Unidade 13: *ether, either* θ ð

θ em contraste com s

path	pæθ	pass	pæs
thick	θɪk	sick	sɪk
faith	feɪθ	face	feɪs
thing	θɪŋ	sing	sɪŋ

θ em contraste com f

three	θri:	free	fri:
thin	θɪn	fin	fɪn
thought	θɔ:t	fought	fɔ:t
death	dɛθ	deaf	dɛf

θ em contraste com t

three	θri:	tree	tri:
thick	θɪk	tick	tɪk
thighs	θaɪz	ties	taɪz
thanks	θæŋks	tank	tæŋk

Vale dizer que, em alguns dialetos – como o de Londres, na Inglaterra, por exemplo –, alguns falantes substituem θ por f. Os exemplos ilustrados anteriormente para "θ em contraste com f" são pronunciados da mesma maneira para estes falantes. Ou seja, para alguns falantes da região de Londres, *three* e *free* são ambos pronunciados fri:, *thin* e *fin* são ambos pronunciados fɪn e assim por diante. Contudo, essa troca dos sons (θ e f) não ocorre para todos os falantes e também é restrita a certas áreas geográficas. A pronúncia padrão de "th", nestes casos, é sistematicamente θ.

Os exemplos que seguem ilustram a fricativa interdental vozeada ð em contraste com os sons z e d. Escute e repita.

ð em contraste com z

then	ðɛn	zen	zɛn
teeth	ti:θ	tease	ti:z
breathe	bri:ð	breeze	bri:z
clothe	kloʊð	close	kloʊz

ð em contraste com d

then	ðɛn	den	dɛn
there	ðɛr	dare	dɛr
they	ðeɪ	day	deɪ
though	ðoʊ	dough	doʊ

No exercício que segue, você deve preencher as lacunas com um dos sons θ ou ð. Escute cada sentença e indique o som adequado.

Ex36

Exercício 36

1 There is that to think about.
   __ɛər ɪz __æt tu: __ɪŋk ə.baʊt

2 Don't bother if the thing is not right.
   doʊnt 'bɑ:.__ər ɪf __ə __ɪŋ ɪz nɑ:t raɪt

3 I'll go together with them.
   aɪl goʊ tə.'gɛ__.ə wɪ__ __ɛm

4 That's more than they think it's worth.
   __æts mɔ:r __æn __eɪ __ɪŋk ɪts wɜ:r__

5 There isn't anything that pleases them.
   __ɛər ɪznt 'ɛn.i.__ɪŋ __æt 'pli:z.ɪz __ɛm

Verifique sua resposta para o exercício anterior. Escute os pares de sentenças que são apresentados a seguir. Estas sentenças diferem apenas quanto à palavra entre parênteses, que apresenta um dos sons θ s f t ou ð z d. Escute e repita.

8
θð

1	a	That is a (**thick**) man!	ðæt ɪz ə θɪk mæn
	b	That is a (**sick**) man!	ðæt ɪz ə sɪk mæn
2	a	What a strange (**thimble**)...	wɔt ə streɪndʒ θɪmbl
	b	What a strange (**symbol**)...	wɔt ə streɪndʒ sɪmbl
3	a	Look at those (**thighs**).	lʊk ət ðoʊz θaɪz
	b	Look at those (**ties**).	lʊk ət ðoʊz taɪz
4	a	I (**thought**) for the best.	aɪ θɔ:t fɔ:r ðə bɛst
	b	I (**fought**) for the best.	aɪ fɔ:t fɔ:r ðə bɛst
5	a	I'll (**think**) in my bath.	aɪl θɪŋk ɪn maɪ bɑ:θ
	b	I'll (**sink**) in my bath.	aɪl sɪŋk ɪn maɪ bɑ:θ
6	a	What a big (**mouth**)!	wɔt ə bɪg maʊθ
	b	What a big (**mouse**)!	wɔt ə bɪg maʊs

Unidade 13: *ether, either* θ ð

7	a	Why don't you (**clothe**) it?	waɪ dount juː klouð ɪt
	b	Why don't you (**close**) it?	waɪ dount juː klouz ɪt
8	a	Is that a (**path**)?	ɪz ðæt̬ ə pæθ
	b	Is that a (**pass**)?	ɪz ðæt̬ ə pæs
9	a	What a (**faith**)!	wɔt ə feɪθ
	b	What a (**face**)!	wɔt ə feɪs

Nas sentenças que seguem, qualquer uma das duas palavras entre parênteses pode ocorrer. A diferença é que a sentença terá significado diferente em um caso e no outro. As palavras em negrito se diferenciam apenas quanto aos sons θ ou ð. Escute as sentenças e selecione a palavra que foi pronunciada.

Exercício 37
1. What a (**face/faith**)!
2. Why don't you (**close/clothe**) it?
3. I (**fought/thought**) for the best.
4. Look at those (**ties/thighs**).

Ex37

Verifique sua resposta para o exercício anterior. Vimos que a fricativa interdental θ é desvozeada, e a fricativa interdental ð é vozeada. Considerando que os sons θ e ð ocorrem em final de palavra, devemos inferir a forma regular de plural e de 3psp para formas que terminem em θ e ð. O quadro que segue reapresenta a regra de formação de plural e 3psp.

Regra de formação de plural e 3ª pessoa do singular no presente	
Se o substantivo ou verbo termina...	**Plural e 3psp**
em vogal, ditongo ou em consoante vozeada (**exceto** z)	Adicione z
em consoante desvozeada (**exceto** s)	Adicione s
em s ou z	Adicione ɪz

Sendo θ uma consoante desvozeada, a forma de plural e 3psp será s. Para a consoante vozeada ð, a forma de plural e 3psp será z. Os exemplos que seguem ilustram a formação de plural e 3psp para formas terminadas em θ e ð.

θ		ð	
paths	paːθs	clothes	klouðz
(it) growths	grouθs	(s/he) smoothes	smuːðz

9
θð

No exercício seguinte, você deve indicar a forma de plural e de 3psp para os substantivos e verbos listados. Se for necessário, faça uso da tabela destacável para identificar se o som é vozeado ou desvozeado. As formas ortográficas em negrito indicam que a pronúncia é britânica, e as formas ortográficas em itálico indicam que a pronúncia é americana. A primeira pronúncia é do substantivo no singular ou do verbo sem flexionar. A segunda pronúncia é da forma de plural ou do verbo na 3psp. Escreva a forma de plural/3psp para cada caso, como s, z ou ɪz. Siga o exemplo.

Ex38

Exercício 38

Exemplo	Som final	Plural e 3psp
moths	θ	s
(s/he) misses	s	ɪz
deaths		
(s/he) raises		
ways		
photographs		

Exemplo	Som final	Plural e 3psp
(s/he) knows		
(s/he) forces		
(s/he) smooths		
keys		
(s/he) employs		
offices		

Verifique sua resposta para o exercício anterior. O quadro que se segue reapresenta a regra de formação de passado e particípio passado regulares.

Regra de formação de passado e particípio passado

Se o verbo termina em...   **Passado e particípio passado**
em vogal, ditongo ou em consoante vozeada (**exceto** d)   Adicione d
em consoante desvozeada (**exceto** t)   Adicione t
em t ou d   Adicione ɪd

Sendo θ uma consoante desvozeada, a forma de passado e particípio será s. Para a consoante vozeada ð, a forma de passado e particípio será z. Os exemplos que seguem ilustram a formação de passado e particípio para formas terminadas em θ e ð.

10
θð

    θ   ð
(s/he) unearthed   ʌn.ɜːθt   (s/he) smoothed   smuːðd

São poucos os verbos que terminam em θ e ð em inglês. A seguir, trataremos das fricativas ʃ e ʒ. Esses sons ocorrem no português e no inglês. O som ʃ ocorre, em português, na palavra *chuva* ˈʃuvɐ, e o som ʒ ocorre em português, na palavra *jato* ˈʒatu.

Unidade 14

ʃ *push* pu ʃ	ʒ *rouge* ru:ʒ	1ʃʒ
Símbolo concorrente encontrado em dicionários e livros š	Símbolo concorrente encontrado em dicionários e livros ž	

As consoantes ʃ e ʒ são **fricativas**. Durante a produção destas consoantes, ocorre fricção entre os articuladores. Na articulação de ʃ e ʒ, a fricção ocorre entre a parte média da língua e a parte superior da boca (região palatal). Por isso as consoantes ʃ e ʒ são classificadas como palatais. Podemos, também, agrupar as consoantes quanto ao vozeamento. A consoante ʃ é desvozeada e a consoante ʒ é vozeada. A figura abaixo ilustra a articulação dos sons ʃ e ʒ em inglês.

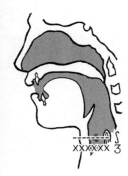

Fricativas alveopalatais
Articuladores: a parte média da língua vai em direção à região palatal
ʃ desvozeado
ʒ parcialmente vozeado

 2ʃʒ

Os sons ʃ e ʒ podem ter os correlatos ortográficos indicados a seguir. Escute e repita cada um dos exemplos que seguem.

Correlatos ortográficos de ʃ			
sh	shy	ʃaɪ	ʃaɪ
ss	pressure	'prɛʃ.ə	'prɛʃ.ər
ce	ocean	'oʊ.ʃən	'oʊ.ʃən
ch	chef	ʃɛf	ʃɛf
ti	action	'æk.ʃən	'æk.ʃən
ci	social	'soʊ.ʃəl	'soʊ.ʃəl
s	sugar	'ʃʊg.ə	'ʃʊg.ər
si	pension	'pɛnt.ʃən	'pɛnt.ʃən
chs	fuchsia	'fjuː.ʃə	'fjuː.ʃə

Correlatos ortográficos de ʒ			
z	azure	'eɪ.ʒə	'eɪ.ʒər
g	regime	rɛʒ.'iːm	rɛʒ.'iːm
ge	rouge	ruːʒ	ruːʒ
s	pleasure	'plɛʒ.ə	'plɛʒ.ər
si	vision	'vɪʒ.ən	'vɪʒ.ən

O som ʃ ocorre em início, meio ou final de palavra. O som ʒ tem ocorrência restrita e geralmente acontece entre vogais (geralmente, seguido de ə). Em final de palavra, ʒ ocorre em um número reduzido de casos (geralmente, em palavras de origem francesa). Os exemplos que seguem ilustram ʃ e ʒ. Escute e repita.

shine	ʃaɪn	pleasure	'plɛʒ.ə
show	ʃoʊ	measure	'mɛʒ.ər
machine	mə.'ʃiːn	invasion	ɪn.'veɪ.ʒən
mention	'mɛnt.ʃən	revision	ri.'vɪʒ.ən
wash	wɒʃ	rouge	ruːʒ
fish	fɪʃ	beige	beɪʒ

Nos casos em que ʃ (e ʒ, em apenas poucas palavras) ocorre em final de palavra, os falantes brasileiros de inglês tendem a inserir uma vogal i após a consoante final. Escute.

Exemplos	Inglês	Pronúncia típica brasileira
fish	fɪʃ	'fiʃi
wash	wɒʃ	'wɒʃi
rouge	ruːʒ	'huːʒi

Certifique-se de produzir a consoante no final da palavra SEM inserir a vogal i. No exercício que segue, os exemplos ilustram palavras que têm o som ʃ ou ʒ. Você deve indicar, na coluna da esquerda, qual foi o som pronunciado – ʃ ou ʒ. Os exemplos em negrito correspondem à pronúncia britânica e os exemplos em itálico correspondem à pronúncia americana. Siga o exemplo.

Unidade 14: *push, rouge* ʃ ʒ

Exercício 39

ʒ	explosion		usual
ʃ	push		shop
	shame		fresh
	revision		*invasion*

Ex39

Verifique a sua resposta para o exercício anterior. Nas sentenças que seguem, você deve preencher a lacuna com um dos sons: s z θ ð ʃ ou ʒ. Escute a senteça e escolha o som adequado.

Ex40

Exercício 40

1 The   collision   was   very   bad.
   __ə   kə.ˈlɪ__.ən   wɔ__   ˈvɛr.i   bæd

2 I'll   request   my   name's   inclusion   in   the   list.
   aɪl   ri.ˈkwɛ__t   maɪ   neɪm__   ɪŋ.ˈklu:.__ən   ɪn   __ə   lɪ__t

3 Don't   shout   too   loud.
   dount   __aut   tu: laʊd

4 She   measured   it   precisely.
   __i: ˈmɛ__.əd   ɪt   pri.ˈ__aɪ.__li

5 His   shoes   are   very   shiny.
   hɪ__   __u:__   a: ˈvɛr.i   ˈ__aɪ.ni

Vimos anteriormente que a fricativa ʃ é desvozeada e que a fricativa ʒ é vozeada. Considerando-se que os sons ʃ e ʒ ocorrem em final de palavra, devemos inferir a forma regular de plural e de 3psp para formas que terminam em ʃ e ʒ. A regra apresentada a seguir foi ampliada, sendo que substantivos e verbos que terminam em ʃ e ʒ têm a forma regular de plural e 3psp com ɪz.

Regra de formação de plural e 3ª pessoa singular presente

Se o substantivo ou verbo termina em...	Plural e 3psp
em vogal, ditongo ou em consoante vozeada (**exceto** z, ʒ)	Adicione z
em consoante desvozeada (**exceto** s, ʃ)	Adicione s
em s, z, ʃ ou ʒ	Adicione ɪz

De maneira análoga às consoantes fricativas alveolares s e z, as consoantes fricativas palatais ʃ e ʒ têm a sua forma de plural e 3psp com a adição de ɪz. O correlato ortográfico dessa forma de plural e 3psp é *es*: *bush/bushes*. O som ʒ tem ocorrência restrita em inglês e, como decorrência de termos poucas palavras com este som, não há forma verbal terminada em ʒ. Os exemplos que seguem ilustram a formação de plural e 3psp para formas terminadas em ʃ e ʒ.

ʃ		ʒ	
bushes	ˈbuʃ.ɪz	garages	ˈgær.aːdʒ.ɪz
(s/he) crashes	ˈkræʃ.ɪz	não há verbo terminado em ʒ	

No exercício que segue, você deve indicar a forma de plural e de 3psp para os substantivos e verbos listados. As formas ortográficas, em negrito, indicam que a pronúncia é britânica e as formas ortográficas, em itálico, indicam que a pronúncia é americana. Escreva a forma de plural/3psp para cada caso como s, z ou ɪz. Siga o exemplo.

Exercício 41

	Som final	Plural e 3psp		Som final	Plural e 3psp
pieces	s	ɪz	*(s/he) pushes*		
(s/he) passes			*(s/he) knees*		
ashes			*(s/he) causes*		
(s/he) uses			**prices**		
boys			*(s/he) crashes*		
nieces			**baths**		

Consideramos, a seguir, a formação regular de passado e particípio passado de formas terminadas em ʃ (porque ʒ não ocorre ao final de verbos). O quadro que segue reapresenta a regra de formação de passado e particípio passado.

Regra de formação de passado e particípio passado

Se o verbo termina... | **Passado e particípio passado**
em vogal, ditongo ou em consoante vozeada (**exceto** d) | Adicione d
em consoante desvozeada (**exceto** t) | Adicione t
em t ou d | Adicione ɪd

Sendo ʃ um segmento desvozeado, a forma regular de passado e particípio passado será t: *pushed* puʃt. Certifique-se de pronunciar uma sequência de consoantes ʃt sem inserir uma vogal i entre as duas consoantes.

No exercício que segue, você deve indicar a forma de passado e particípio passado para os verbos listados. As formas ortográficas, em negrito, indicam a pronúncia britânica, e as formas ortográficas, em itálico, indicam que a pronúncia

Unidade 14: *push, rouge* ʃ ʒ

é americana. Escreva a forma de passado/particípio passado para cada caso como t, d ou ɪd. Siga o exemplo.

Ex42

Exercício 42

Exemplo	Som final	Passado/ Particípio		Exemplo	Som final	Passado/ Particípio
kissed	s	t		laughed		
pleased				*passed*		
crossed				*caused*		
breathed				priced		
fished				*crashed*		
blessed				bathed		

A seguir, são consideradas as consoantes africadas tʃ e dʒ. Esses sons ocorrem em português e em inglês. Contudo, a distribuição deles é diferente nas duas línguas. Em português, os sons tʃ e dʒ são variantes de t e d, respectivamente, quando seguidos da vogal i. Nesse caso, a variação entre t/tʃ e d/dʒ não altera o significado das palavras, mas expressa apenas diferença ou variação dialetal. Por exemplo, em Recife, temos as pronúncias tia e dia, e, em Belo Horizonte, temos as pronúncias tʃia e dʒia, sendo que tanto em Recife quanto em Belo Horizonte o significado relacionado com essas pronúncias é *tia* e *dia*. Por outro lado, em inglês, os sons tʃ e dʒ bem como t e d são sons distintos, e a troca de um som pelo outro pode alterar o significado da palavra. Por exemplo, *tin* tɪn e *chin* tʃɪn ou *deep* diːp e *jeep* dʒiːp. Consideremos tais sons a seguir.

Unidade 15

1
tʃ dʒ

eɪtʃ
(ou heɪtʃ)

Símbolos concorrentes encontrados
em dicionários e livros
tš   č

dʒ
age
eɪdʒ

Símbolos concorrentes encontrados
em dicionários e livros
dž   ǰ

As consoantes tʃ e dʒ são **africadas**. Uma consoante africada combina a articulação de uma consoante oclusiva – no caso, t e d – com uma consoante fricativa – no caso, ʃ e ʒ. Durante a produção de uma consoante africada, ocorre primeiro uma oclusão (com t e d), que é imediatamente seguida de fricção (com ʃ e ʒ). Podemos, também, agrupar as consoantes quanto ao vozeamento. A consoante tʃ é desvozeada, e a consoante dʒ é vozeada. A figura abaixo ilustra a articulação dos sons tʃ e dʒ em inglês.

2
tʃ dʒ

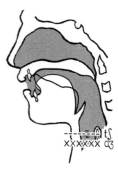

Africadas alveopalatais
Articuladores: a parte da frente da língua toca os alvéolos e se volta para a região palatal, causando fricção
tʃ desvozeado
dʒ parcialmente vozeado

Os sons tʃ e dʒ podem ter os correlatos ortográficos indicados a seguir. Escute e repita cada um dos exemplos que seguem.

Unidade 15: "h", age tʃ dʒ

	Correlatos ortográficos de tʃ		
ch	choice	tʃɔɪs	tʃɔɪs
tch	witch	wɪtʃ	wɪtʃ
c	cello	ˈtʃɛl.oʊ	ˈtʃɛl.oʊ
cz	czech	tʃɛk	tʃɛk
t	nature	ˈneɪ.tʃə	ˈneɪ.tʃər
te	righteous	ˈraɪ.tʃəs	ˈraɪ.tʃəs
ti	question	ˈkwɛs.tʃən	ˈkwɛs.tʃən

	Correlatos ortográficos de dʒ		
j	joy	dʒɔɪ	dʒɔɪ
g	gin	dʒɪn	dʒɪn
ge	cage	keɪdʒ	keɪdʒ
dj	adjective	ˈædʒ.ɛk.tɪv	ˈædʒ.ɛk.tɪv
gg	suggest	sə.ˈdʒɛst	sə.ˈdʒɛst
d	educate	ˈɛd.juk.eɪt	ˈɛd.juk.eɪt
dg	edge	ɛdʒ	ɛdʒ
di	soldier	ˈsoʊl.dʒə	ˈsoʊl.dʒər

3
tʃ dʒ

No capítulo "Noções gerais sobre a estrutura sonora", foi mencionado que as vogais que precedem as consoantes vozeadas são mais alongadas do que as vogais que precedem consoantes desvozeadas. Muitas vezes, o grau de vozeamento em inglês – vozeado ou desvozeado – é determinado pelo ouvinte a partir do grau de alongamento da vogal: vogal mais alongada é seguida de consoante vozeada e vogal menos alongada é seguida de consoante desvozeada. Temos que "uma vogal é alongada quando seguida de consoante vozeada". Compare os pares de palavras que seguem, observando que a vogal é mais alongada antes de dʒ do que antes de tʃ.

Vogal seguida de C vozeada		Vogal seguida de C desvozeada	
ridge	rɪdʒ	rich	rɪtʃ
cadge	kædʒ	catch	kætʃ

4
tʃ dʒ

O sons tʃ e dʒ ocorrem em algumas palavras do português brasileiro (em qualquer dialeto). Os exemplos que seguem ilustram essas palavras (muitas delas são recentes na língua).

| tchecoslováquia | tchau | tchurma | tcham |
| tchê | tchutchuca | pitchula | capuccino |

5
tʃ dʒ

Mencionamos anteriormente que, em alguns dialetos do português brasileiro, ocorre um processo denominado *palatalização de oclusivas*. Esse processo se aplica aos sons t e d, que passam a ser pronunciados como tʃ e dʒ, respectivamente. Nos exemplos que seguem, a coluna da esquerda representa exemplos de variedade palatalizantes do português brasileiro, e a coluna da direita representa exemplos de variedade não palatalizantes do português brasileiro.

tia	ˈtia	ˈtʃia
tipo	ˈtipo	ˈtʃipo
dia	ˈdia	ˈdʒia
dica	ˈdika	ˈdʒika
data	ˈdata	ˈdata
medo	ˈmedo	ˈmedo
tela	ˈtɛla	ˈtɛla
todo	ˈtodo	ˈtodo

Observe que, no português, em geral, os sons tʃ e dʒ ocorrem quando a vogal seguinte é i (exceções são palavras recentes e empréstimos no português: *tcham, tchurma* etc.). Quando a vogal é diferente de i (cf. *data, medo, tela, todo*), ocorrem t e d. Em resumo, podemos dizer que falantes do português brasileiro – dos dialetos com palatalização – vão tender a palatalizar – ou seja, pronunciar tʃ e dʒ – sempre que ocorrerem t e d seguidos de i. Isso é exatamente o que se observa entre falantes brasileiros de inglês. Observe os exemplos que seguem.

	Pronúncia do inglês	Pronúncia marcada do falante brasileiro de inglês
tea	tiː	tʃiː
notice	ˈnoʊ.tɪs	ˈnoʊ.tʃɪs
practice	ˈpræk.tɪs	ˈpræ.ki.tʃis
city	ˈsɪt.i	ˈsɪ.tʃi
difficult	ˈdɪf.ɪk.əlt	ˈdʒɪ.fi.kəl.tʃi
deal	diːl	dʒiw
body	ˈbɒd.i	ˈbɔ.dʒi
dinner	ˈdɪn.ə	ˈdʒɪ.nə

Os quatro primeiros exemplos – ou seja, *tea, notice, practice, city* – mostram que as sequências ti, tɪ, tiː são tipicamente pronunciadas como tʃi, tʃɪ, tʃiː (de fato, geralmente, opta-se por tʃi), por falantes do português brasileiro. O mesmo acontece com as sequências di, dɪ, diː, que são, tipicamente, pronunciadas como dʒi, dʒɪ, dʒiː (e mais frequentemente dʒi) por falantes brasileiros de inglês.

Vale ressaltar que t-tʃ e d-dʒ são sons distintos no inglês. Sendo assim, se trocarmos t por tʃ ou d por dʒ, podemos estar pronunciando uma outra palavra do inglês com significado diferente (ou uma palavra que não existe em inglês). Os exemplos a seguir ilustram o contraste entre t-tʃ e d-dʒ no inglês.

Unidade 15: "h", *age* tʃ dʒ

tip	tɪp	chip	tʃɪp
till	tɪl	chill	tʃɪl
tin	tɪn	chin	tʃɪn

8
tʃ dʒ

dean	di:n	Jeans	dʒi:nz
dill	dɪl	Gill	dʒɪl
deep	di:p	jeep	dʒi:p

Sabendo-se que t-tʃ e d-dʒ devem ser tratados como sons diferentes no inglês, os falantes brasileiros de inglês – cujos dialetos têm o *processo de palatalização* – devem estar atentos para não palatalizar t e d quando seguidos de i (pois, além de marcar a pronúncia típica do falante brasileiro, também há o risco de pronunciar uma palavra diferente).

Outro aspecto relevante a ser mencionado em relação à *palatalização de oclusivas alveolares* é a interferência da escrita na produção oral. Quando as letras "t, d" ocorrem em final de palavra em inglês, o falante brasileiro tende a inserir a vogal i no final da palavra e, consequentemente, ocorre a palatalização das oclusivas t e d (que são, então, pronunciadas tʃ e dʒ). Escute e repita os exemplos que seguem. Observe, especialmente, a consoante que ocorre no final de cada palavra.

difficult	ˈdɪf.ɪk.əlt	bleed	bli:d
assist	ə.ˈsɪst	glad	glæd

9
tʃ dʒ

teach	ti:tʃ	language	ˈlæŋ.gwɪdʒ
catch	kætʃ	village	ˈvɪl.ɪdʒ

A inserção da vogal i após t, d em final de palavra – com ou sem a produção da palatalização tipicamente produzida pelo falante brasileiro de inglês – contrasta os sons t, ti, tʃ e d, di, dʒ em inglês. Considere os exemplos que seguem.

bit	bɪt	red	rɛd
bitty	ˈbɪt.i	ready	ˈrɛd.i
bitch	bɪtʃ	ledge	lɛdʒ

10
tʃ dʒ

Observa-se, em inglês, um *processo de palatalização de oclusivas alveolares* parecido com o que ocorre em português. Contudo, a palatalização em inglês se aplica em duas circunstâncias diferentes do português. A primeira ilustra quando t e d são seguidos de ju: (cf. exemplos apresentados a seguir). Nesse caso, ambas as pronúncias – com tju:/tʃu: ou dju:/dʒu: – podem ocorrer. No inglês americano antes de td, tipicamente, não ocorre a aproximante j antes de u:, e pode ocorrer a pronúncia dos exemplos que seguem como tu: e du:, respectivamente (cf. exemplos em itálico).

Tuesday	'tjuːz.di	'tʃuːz.di	'tuːz.di
tune	tjuːn	tʃuːn	tuːn
duke	djuːk	dʒuːk	duːk
dune	djuːn	dʒuːn	duːn

Vale lembrar que nem todas as palavras que têm t e d seguidos de juː são pronunciadas como tjuː e djuː (ver a tabela de variação de formas com uː e juː tratadas na Unidade 3). Podemos dizer, então, que, no inglês, o processo de palatalização ilustrado com os exemplos precedentes não se aplica a *todas* as palavras. Portanto, você deve estar atento para as possibilidades de pronúncia que, de fato, ocorrem.

A segunda circunstância em que o *processo de palatalização de oclusivas alveolares* se aplica no inglês é quando t e d ocorrem em final de palavra, e a palavra seguinte começa com j. Nesse caso, t e d são tipicamente pronunciados tʃ e dʒ, respectivamente. Esse processo é opcional, ou seja, pode ou não ocorrer. Para facilitar a identificação dos casos em que tal fenômeno foi observado, nos exemplos a seguir indicamos com dois asteriscos (**) nas bordas as sentenças que tiveram a aplicação do fenômeno. Considere os exemplos ilustrados a seguir. A primeira sentença de cada par tem uma palavra que termina em t ou d, sendo que a palavra seguinte começa com o som j. Na segunda sentença de cada par, a palavra que termina em t e d não apresenta a palavra seguinte iniciada pelo som j (mas, sim, com outra consoante ou com uma vogal, no caso ilustrado ɪ, mas pode ser qualquer vogal). Nestes casos – quando uma palavra terminada em t ou d não é seguida do som j – a consoante final da primeira palavra continua a ser pronunciada como t e d. Esse processo é opcional.

1	Look at you.	lʊk æt juː	**lʊk ætʃ juː**
	Look at him.	lʊk æt hɪm	lʊk æt̬ ɪm
2	What a hot year.	wɒt ə hɒt jɪə	**waːt̬ ə haːtʃ jɪr**
	What a hot meal.	wɒt ə hɒt miːl	waːt̬ ə haːt miːr
3	I said "yes".	aɪ sɛd jɛs	aɪ sɛd jɛs
	I said "no".	aɪ sɛd noʊ	aɪ sɛd noʊ
4	Did you?	**dɪdʒ juː**	**dɪdʒ juː**
	Did he?	dɪd hiː	dɪd hiː

Observe que em inglês não ocorre o *processo de palatalização* se a palavra que segue t e d começa com iː ou ɪ. Este fato é exemplificado nos exemplos que seguem e são destacados em sublinhado.

Unidade 15: "h", age tʃ dʒ

Look at it.	(t+ɪ)	lʊk æt ɪt
Do not eat it.	(i:+t) e (t+ɪ)	du: nɔt i:t ɪt
I could eat it.	(d i:) e (t+ɪ)	aɪ kʊd i:t ɪt
Did it?	(d+ɪ)	dɪd ɪt

13
tʃ dʒ

Resumindo, podemos dizer que o *processo de palatalização* se aplica, no inglês, em dois casos: quando t e d são seguidos de j (*tune*, *dune*) ou quando, em juntura de palavras, a primeira palavra termina em t ou d, e a palavra seguinte começa com j (*at you* ou *did you*). Quando t e d são seguidos de i: ou ɪ, o *processo de palatalização* **não** ocorre em inglês.

É muito importante que o falante brasileiro de inglês esteja atento também ao correspondente sonoro da sequência ortográfica *ch*. No português, a sequência ortográfica *ch* é sempre pronunciada como ʃ: *chuva, chato, chinelo* etc. Ao pronunciar palavras do inglês que tenham a sequência ortográfica *ch*, os falantes brasileiros de inglês tendem a adotar o som ʃ. Dessa maneira, pronuncia-se uma outra palavra do inglês (ou uma palavra que não faz sentido naquela língua). Observe os exemplos que seguem.

cheap	tʃi:p	sheep	ʃi:p
cherry	'tʃɛr.i	sherry	'ʃɛr.i
chop	tʃɔp	shop	ʃɔp

14
tʃ dʒ

Portanto, é relevante diferenciar os sons tʃ e ʃ como sons distintos no inglês. Vale estar atento à sequência ortográfica *ch*, que, no inglês, é tipicamente pronunciada como tʃ. Note que o som ʃ, geralmente, tem *sh* como correlato ortográfico. Também ocorre interferência da escrita na produção oral da letra "j". No português, a letra "j" é sempre pronunciada como ʒ: *janela, julho, jogo* etc. Ao pronunciar palavras do inglês que tenham a letra "j", os falantes brasileiros de inglês tendem a adotar o som ʒ. Dessa maneira, pronuncia-se uma palavra que não faz sentido em inglês (pois, como vimos anteriormente, o som ʒ tem ocorrência restrita em inglês). Observe os exemplos que seguem, que são pronunciados com a africada dʒ e não com a fricativa ʒ.

joke	dʒoʊk
pigeon	'pɪdʒ.ən
juice	dʒu:s

15
tʃ dʒ

Note que a letra "j" é sempre pronunciada como dʒ no inglês (ao contrário do som ʒ, que tem vários correlatos ortográficos!). No exercício que segue, você deve indicar, na coluna da esquerda, se ocorre tʃ, ʃ, dʒ ou ʒ na palavra. Exemplos do inglês britânico aparecem em negrito e exemplos do inglês americano aparecem em itálico. Escute e repita. Siga os exemplos.

Ex43

ʃ	shop		shoulder
dʒ	edge		judge
	measure		chop
	pigeon		vision
	children		chin
	major		cheap
	March		kitchen
	choose		wish
	shoes		chicken

Exercício 43

Escute os pares de sentenças que são apresentados a seguir. Essas sentenças diferem apenas quanto à palavra entre parênteses, que apresenta um dos sons tʃ, ʃ, dʒ. Escute.

16
tʃ dʒ

1 a This is a very cheap (chop). ðɪs ɪz ə vɛri tʃiːp tʃaːp
  b This is a very cheap (shop). ðɪs ɪz ə vɛri tʃiːp ʃaːp

2 a Excuse me! This is my (chair)! ɪkskjuːz miː ðɪs ɪz maɪ tʃɛə
  b Excuse me! This is my (share)! ɪkskjuːz miː ðɪs ɪz maɪ ʃɛə

3 a They all (cheered). ðeɪ ɔːl tʃɪərd
  b They all (jeered). ðeɪ ɔːl dʒɪərd

4 a This is a nice (chest). ðɪs ɪz ə naɪs tʃɛst
  b This is a nice (jest). ðɪs ɪz ə naɪs dʒɛst

5 a Is she (choking)? ɪz ʃiː tʃoʊkɪŋ
  b Is she (joking)? ɪz ʃiː dʒoʊkɪŋ

6 a I love (chips)! aɪ lʌv tʃɪps
  b I love (ships)! aɪ lʌv ʃɪps

Nas sentenças que se seguem, qualquer uma das duas palavras entre parênteses pode ocorrer. A diferença é que a sentença terá significado diferente em um caso e no outro. As palavras em negrito diferenciam-se apenas quanto aos sons tʃ, ʃ, dʒ, ʒ. Escute as sentenças e selecione a palavra que foi pronunciada.

Ex44

Exercício 44
1. I love (**ships/chips**)!
2. Excuse me! This is my (**share/chair**)!
3. This is a very cheap (**shop/chop**).
4. Is she (**joking/choking**)?

Unidade 15: "h", age tʃ dʒ

Verifique sua resposta para o exercício anterior. Vimos que a africada tʃ é desvozeada, e a africada dʒ é vozeada. Considerando que os sons tʃ e dʒ ocorrem em final de palavra, devemos inferir a forma regular de plural e de 3psp para formas que terminam em tʃ e dʒ. A regra apresentada a seguir foi ampliada incorporando a forma de plural e 3psp de palavras que terminam em tʃ e dʒ. Esta é a forma definitiva da regra de formação regular de plural e 3psp.

Regra de formação de plural e 3ª pessoa do singular no presente

Se o substantivo ou verbo termina...	Plural e 3psp
em vogal, ditongo ou em consoante vozeada (exceto z, ʒ, dʒ)	Adicione z
em consoante desvozeada (exceto s, ʃ, tʃ)	Adicione s
em s, z, ʃ, ʒ, tʃ ou dʒ	Adicione ɪz

De maneira análoga às consoantes fricativas s, ʃ, z, ʒ, as consoantes africadas tʃ e dʒ têm a sua forma de plural e 3psp com a adição de ɪz. O correlato ortográfico dessa forma de plural e 3psp é *es*: watch/watch*es*. Os exemplos que seguem ilustram a formação de plural e 3psp para formas terminadas em tʃ e dʒ.

tʃ		dʒ	
witches	'wɪtʃ.ɪz	messages	'mɛs.ɪdʒ.ɪz
(s/he) watches	'wɑːtʃ.ɪz	(s/he) manages	'mæn.ɪdʒ.ɪz

17
tʃ dʒ

Em algumas variedades do português brasileiro que apresentam o processo de palatalização de oclusivas alveolares, observamos que as sequências sonoras átonas finais tʃɪs e dʒɪs ocorrem tipicamente como ts e ds, respectivamente: *parte* pahtʃɪs ou pahts e *tardes* tahdʒɪs ou tahds. Como decorrência, observamos que falantes brasileiros de inglês alternam as sequências sonoras: tʃɪs como tɪs e também dʒɪs como dɪs (sendo que o z final do inglês é tipicamente substituído pelo falante brasileiro de inglês por s).

	Inglês	**Português**
(s/he) watches	'wɒtʃ.ɪz	wots
messages	'mɛs.ɪdʒ.ɪz	mɛsɪds
notice	'nou.tɪs	nouts
practice	'præk.tɪs	prækts

18
tʃ dʒ

No exercício que segue, você deve indicar a forma de plural e de 3psp para os substantivos e verbos listados. Se necessário, faça uso da tabela fonética destacável para identificar se o som s, z, ʃ, ʒ, tʃ, dʒ é vozeado ou desvozeado. As formas ortográficas em **negrito** indicam que a pronúncia é britânica, e as formas ortográficas em *itálico* indicam que a pronúncia é americana. Escreva a forma de plural/3psp para cada caso como s, z ou ɪz. Siga o exemplo.

Ex45

Exercício 45

Exemplo	Som final	Plural e 3psp
wishes	ʃ	ɪz
(s/he) chooses		
watches		
(s/he) cashes		
bees		
edges		

Exemplo	Som final	Plural e 3psp
(s/he) catches		
(s/he) stars		
(s/he) pays		
skies		
(s/he) knows		
(s/he) blesses		

Verifique sua resposta para o exercício anterior. Consultando a regra de formação regular de passado e particípio passado, na tabela destacável, podemos inferir que a formação regular de passado e particípio passado no inglês para verbos terminados em tʃ será t (ambas consoantes desvozeadas) e para dʒ será d (ambas consoantes vozeadas): *scratched* skrætʃt e *edged* ɛdʒd.

No exercício que segue, você deve indicar a forma de passado e particípio passado para os verbos listados. Se necessário, faça uso de sua tabela fonética destacável para identificar se o som s, z, ʃ, ʒ, tʃ, dʒ é vozeado ou desvozeado. As formas ortográficas em negrito indicam que a pronúncia é britânica e as formas ortográficas em itálico indicam que a pronúncia é americana. Escreva a forma de passado e particípio passado para cada caso como t ou d. Siga o exemplo.

Ex46

Exercício 46

Exemplo	Som final	Passado/ Particípio
wished	ʃ	t
bewitched		
melted		
cashed		
invented		
edged		

Exemplo	Som final	Passado/ Particípio
brushed		
scared		
skied		
impressed		
watched		
blessed		

No exercício que segue, você deve preencher as lacunas com um dos sons s, z, ʃ, ʒ, tʃ, dʒ. Escute cada palavra e indique o som adequado.

Unidade 15: "h", age tʃ dʒ

Ex47

Exercício 47

shoe-shop	__u:__ɔp	action	ˈæk__ən
teacher	ˈti:__ər	student	ˈ__tu:dənt
jacket	ˈ__ækɪt	large	la:__
garage	gə.ˈra:__	brushed	brʌ__t
huge	hju:__	virgin	ˈvɜ:.__ɪn
race	reɪ__	washed	wa:__t
chase	tʃeɪ__	age	eɪ__
gorgeous	ˈgɔ:r.__ə__	gingerbread	ˈ__ɪn.__ər.brɛd

Verifique sua resposta para o exercício anterior. A seguir, trataremos dos ditongos decrescentes aɪ, eɪ, ɔɪ – que terminam em ɪ – e dos ditongos decrescentes aʊ, oʊ – que terminam em ʊ.

Unidade 16

1aɪ
eɪ ɔɪ

aɪ	eɪ	ɔɪ
eye	*tray*	*boy*
aɪ	treɪ	bɔɪ
Símbolos concorrentes encontrados em dicionários e livros ɑɪ ɑi	Símbolos concorrentes encontrados em dicionários e livros ei ey	Símbolos concorrentes encontrados em dicionários e livros ɔi oi

Consideremos os ditongos decrescentes em inglês. Ditongos podem ser entendidos como duas vogais que ocorrem na mesma sílaba. Uma das vogais na sequência recebe acento e a outra vogal não recebe acento. A vogal não acentuada no ditongo é denominada **glide** (lê-se *glaide*). Em um **ditongo decrescente**, a vogal decresce do *status* de vogal para o *status* de glide (que pode ser visto como um segmento, com *status* menor por ter que coocorrer com uma vogal e por não poder receber acento).

2aɪ
eɪ ɔɪ

Na palavra *pai*, do português, temos o ditongo *ai*, formado pela vogal a e pelo glide ɪ: paɪ. Note que esse ditongo se inicia na vogal a e decresce para o glide ɪ. Um ditongo do tipo (vogal + glide) é **denominado ditongo decrescente**. Podemos ter também **ditongos crescentes**. Nos ditongos crescentes, temos uma sequência de (glide + vogal), como em *estaciono* ɪsta'sɪonu. Nesse caso, o glide ɪ cresce para uma vogal plena o. É importante observar que, em ditongos, a sequência (vogal + glide) ou (glide + vogal) ocorre sempre na mesma sílaba. Quando duas vogais ocorrem em sílabas diferentes, temos um **hiato**: *país* pa.'is.

No inglês, ocorrem cinco ditongos decrescentes: aɪ, eɪ, ɔɪ, au, ou. Os ditongos aɪ, eɪ, ɔɪ terminam no glide ɪ, e os ditongos au, ou terminam no glide u. Esses ditongos decrescentes ocorrem tanto no português quanto no inglês, com pequenas diferenças articulatórias. Trataremos, inicialmente, dos ditongos aɪ, eɪ, ɔɪ que terminam no glide ɪ.

Na articulação de glides, a língua se movimenta contínua e ininterruptamente de uma determinada posição vocálica – por exemplo, de a – para uma outra posição vocálica – por exemplo, ɪ. A posição dos lábios também é alterada contínua e ininterruptamente. Essa mudança articulatória relacionada aos ditongos aɪ, eɪ, ɔɪ é ilustrada nas figuras que seguem para cada um desses ditongos. A linha contínua indica a posição da língua na articulação da vogal, e a linha pontilhada indica a posição da língua na articulação do glide. Observe a posição dos lábios.

Unidade 16: *eye, tray, boy* aɪ eɪ ɔɪ

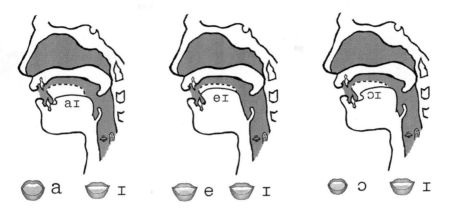

3aɪ
eɪ ɔɪ

Ao considerarmos a vogal ɪ – que ocorre, por exemplo, na palavra *miss* mɪs –, vimos que esta vogal tem características articulatórias bem próximas da vogal *ê*, em português, na palavra *mês*. Ao estudarmos os ditongos no inglês, observamos que o glide ɪ corresponde à vogal (não acentuada do glide) com as características articulatórias da vogal ɪ (que se assemelha ao som da vogal *ê*, em *mês*, em português). Já no português, o glide ɪ – como na palavra *pai* paɪ – tem as características articulatórias da vogal i, em *giz*. Essa é a principal diferença articulatória entre os ditongos decrescentes no português e no inglês. Compare a pronúncia das palavras que seguem, observando as características do glide no inglês e no português.

pai	paɪ	pie	paɪ
dei	deɪ	day	deɪ
vós	vɔɪs	voice	vɔɪs

4aɪ
eɪ ɔɪ

Os ditongos decrescentes terminados no glide ɪ – ou seja, aɪ, eɪ, ɔɪ – podem ter os correlatos ortográficos indicados a seguir. Escute e repita cada um dos exemplos que seguem.

Correlatos ortográficos de aɪ			
i	pie	paɪ	*paɪ*
ai	aisle	aɪl	*aɪl*
ae	maestro	ˈmaɪ.strou	*ˈmaɪ.strou*
y	style	staɪl	*staɪl*
uy	buy	baɪ	*baɪ*
ie	tried	traɪd	*traɪd*
ei	height	haɪt	*haɪt*
aye	aye-aye	aɪ.aɪ	*aɪ.aɪ*
ey	eye	aɪ	*aɪ*
i...e	side	saɪd	*saɪd*

Correlatos ortográficos de eɪ			
a	grade	greɪd	*greɪd*
ai	pain	peɪn	*peɪn*
ay	say	seɪ	*seɪ*
ea	great	greɪt	*greɪt*

5aɪ
eɪ ɔɪ

Correlatos ortográficos de ɔɪ			
oi	oil	ɔɪl	*ɔɪl*
oy	boy	bɔɪ	*bɔɪ*

De maneira análoga às vogais longas, os ditongos podem ocorrer em final de palavra – *pie* paɪ, *day* deɪ, *boy* bɔɪ – ou seguidos de consoantes – *side* saɪd, *grade* greɪd, *noise* nɔɪz. Os exemplos que seguem ilustram ditongos decrescentes que terminam no glide ɪ. Escute e repita.

6aɪ
eɪ ɔɪ

	Britânico	**Americano**
I	aɪ	aɪ
sigh	saɪ	saɪ
ride	raɪd	raɪd
like	laɪk	laɪk
say	seɪ	seɪ
face	feɪs	feɪs
wait	weɪt	weɪt
race	reɪs	reɪs
boy	bɔɪ	bɔɪ
oil	ɔɪl	ɔɪl
toy	tɔɪ	tɔɪ
annoy	ə.ˈnɔɪ	ə.ˈnɔɪ

Uma das marcas do inglês australiano e escocês é a pronúncia dos ditongos aɪ e eɪ. Os exemplos que seguem ilustram a pronúncia dos ditongos aɪ e eɪ no inglês britânico como referência.

7aɪ
eɪ ɔɪ

height	haɪt	hate	heɪt
sigh	saɪ	say	seɪ
line	laɪn	lane	leɪn
pies	paɪz	pays	peɪz

Consideremos, a seguir, os ditongos decrescentes aʊ e oʊ, que terminam no glide ʊ.

Unidade 17

aʊ	oʊ
house	*coat*
haʊs	koʊt
Símbolos concorrentes encontrados em dicionários e livros ɑː ɑ ā	Símbolo concorrente encontrado em dicionários e livros a

1aʊ oʊ

Observe que, em inglês, nos ditongos decrescentes terminados em ʊ, o glide (que é representado por ʊ) tem características articulatórias próximas da vogal *ô* no português (na palavra *vovô*). Já no português, nos ditongos terminados em ʊ, o glide tem características articulatórias mais próximas da vogal *u* em *tatu*. Compare a pronúncia das palavras que seguem, observando as características articulatórias do glide ʊ no inglês e no português. Escute e repita.

2aʊ oʊ

Português		Inglês	
sou	soʊ	so	soʊ
mau	maʊ	Mao	maʊ

Na articulação de glides, a língua se movimenta contínua e ininterruptamente de uma determinada posição vocálica – por exemplo, de a – para uma outra posição vocálica – por exemplo, ʊ. A posição dos lábios também é alterada contínua e ininterruptamente. Essa mudança articulatória relacionada aos ditongos aʊ oʊ é ilustrada nas figuras que seguem para cada um destes ditongos. A linha contínua indica a posição da língua na articulação da vogal, e a linha pontilhada indica a posição da língua na articulação do glide.

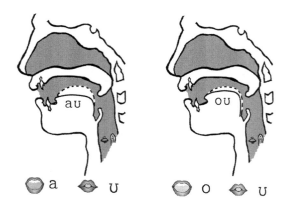

Os ditongos decrescentes terminados no glide ʊ – ou seja, aʊ, oʊ – podem ter os correlatos ortográficos indicados a seguir. Escute e repita cada um dos exemplos que seguem.

3aʊ oʊ

Correlatos ortográficos de aʊ					Correlatos ortográficos de oʊ			
ou	house	haʊs	*haʊs*	o	so	soʊ	*soʊ*
ow	now	naʊ	*naʊ*	oe	hoed	hoʊd	*hoʊd*
				oa	boat	boʊt	*boʊt*
				ow	show	ʃoʊ	*ʃoʊ*
				ao	croak	kroʊk	*kroʊk*

De maneira análoga às vogais longas, os ditongos decrescentes que terminam no glide ʊ podem ocorrem em final de palavra – *Mao* maʊ, *so* soʊ – ou seguidos de consoantes – *house* haʊs, *load* loʊd. Os exemplos que seguem ilustram ditongos decrescentes que terminam no glide ʊ. Escute e repita.

4aʊ oʊ

now	naʊ	*naʊ*	know	noʊ	*noʊ*
doubt	daʊt	*daʊt*	dote	doʊt	*doʊt*
loud	laʊd	*laʊd*	load	loʊd	*loʊd*
townz	taʊnz	*taʊnz*	tones	toʊnz	*toʊnz*

O ditongo oʊ apresenta algumas características articulatórias distintas nas variedades britânica, americana e canadense. Escute as pronúncias das seguintes palavras:

5aʊ oʊ

	Britânico	**Americano**	**Canadense**
know	noʊ	*noʊ*	noʊ
dote	doʊt	*doʊt*	doʊt
load	loʊd	*loʊd*	loʊd
tones	toʊnz	*toʊnz*	toʊnz

Unidade 17: *house, coat* aʊ oʊ

No exercício que segue, são apresentadas algumas palavras do inglês que têm ditongos decrescentes terminados nos glides ɪ e ʊ. Você deve identificar qual é o ditongo na palavra. Coloque o som correspondente ao ditongo aɪ, eɪ, ɔɪ, aʊ, oʊ na coluna à esquerda de cada palavra. As formas ortográficas em negrito indicam que a pronúncia é britânica e as formas ortográficas em itálico indicam que a pronúncia é americana. Siga os exemplos.

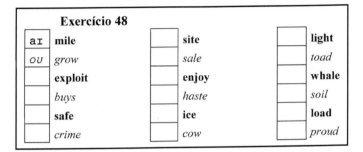

Ex48

Verifique sua resposta para o exercício anterior. Vimos que os ditongos podem ocorrer em final de palavra. Ditongos – como vogais – são segmentos vozeados. Podemos, então, inferir a forma de plural e de 3psp quando os ditongos ocorrem no final de palavra: z. Os exemplos que seguem ilustram a formação de plural e 3psp para formas terminadas em ditongos decrescentes. Veja a regra definitiva para a formação de plural, 3psp, passado e particípio na tabela destacável.

| cows | kaʊz | windows | ˈwɪn.doʊz |
| (s/he) rows (with him) | raʊz | (s/he) rows (a boat) | roʊz |

6aʊ oʊ

No exercício que segue, você deve indicar a forma de plural e de 3psp para os substantivos e verbos listados. Se necessário, faça uso da tabela fonética destacável para identificar se o som em questão é vozeado ou desvozeado. As formas ortográficas em negrito indicam que a pronúncia é britânica e as formas ortográficas em itálico indicam a pronúncia é americana. Escreva a forma de plural/3psp para cada caso como s, z ou ɪz. Siga o exemplo.

Ex49

Exercício 49

	Som final	Plural e 3psp
brushes	ʃ	ɪz
(s/he) colours		
ties		
(s/he) enjoys		
toes		
cows		
(it) slows		
bras		
(s/he) rows		
(s/he) goes		
vases		
(s/he) leaves		
stories		
shoes		

	Som final	Plural e 3psp
bridges		
(s/he) likes		
(s/he) grows		
rainbows		
(s/he) envies		
(s/he) greets		
(s/he) pays		
keys		
(s/he) buys		
(s/he) knows		
races		
wars		
prices		
faces		

Verifique sua resposta para o exercício anterior. De maneira análoga às vogais, os ditongos são segmentos vozeados e, portanto, podemos inferir que a formação regular de passado e particípio passado no inglês para verbos terminados em ditongos decrescentes – ou seja aɪ, eɪ, ɔɪ, aʊ, oʊ – será d. No exercício que segue, você deve indicar a forma de passado e particípio passado para os verbos listados. Se necessário, faça uso da tabela fonética destacável para identificar se o som é vozeado ou desvozeado. As formas ortográficas em negrito indicam que a pronúncia é britânica e as formas ortográficas em itálico indicam que a pronúncia é americana. Escreva a forma de passado e particípio passado para cada caso como t, d ou ɪd. Siga o exemplo.

Ex50

Exercício 50

	Som final	Plural e 3psp
brushed	ʃ	t
coloured		
tied		
enjoyed		
crossed		
employed		

	Som final	Plural e 3psp
spied		
decided		
wanted		
watched		
bathed		
typed		

Unidade 17: *house, coat* aʊ oʊ

Verifique sua resposta para o exercício anterior. No exercício que segue, você deve preencher as lacunas com uma das vogais iː, ɪ, i, ɑː, æ, ɛ, ɔː, ɒ, uː, ʊ ou um dos ditongos decrescentes aɪ, eɪ, ɔɪ, aʊ, oʊ. Escute o texto que segue e preencha as lacunas com o som adequado (O'Connor, 1980).

Exercício 51

You	must	hear	English.	But	just	hearing	it	is	not	enough;
j__	mʌst	hɪr	'__ŋ.gl__ʃ	bʌt	dʒʌst	'hɪr.__ŋ	__t	__z	n__t	__n.'ʌf

you	must	listen	to	it	and	you	must	listen	to	it	not	for
j__	mʌst	l__sn	t__	__t	__nd	j__	mʌst	l__sn	t__	__t	n__t	f__r

the	meaning	but	for	the	sound	of	it.	Obviously,	when	you	are
ðə	'm__.n__ŋ	bʌt	f__r	ðə	s__nd	__v	__t	'__b.v__.ə.sl__	w__n	j__	__r

listening	to	a	radio	programme	you	will	be	trying	to
'l__sn.__ŋ	t__	ə	'r__.d__	'pr__.gr__m	j__	w__l	b__	'tr__.__ŋ	t__

understand	it,	trying	to	get	the	meaning	from	it;
ʌn.dər.'st__nd	__t	'tr__.__ŋ	t__	g__t	ðə	'm__.n.__ŋ	fr__m	__t

but	you	must	try	also	for	at	least	a	short	part
bʌt	j__	mʌst	tr__	'__l.s__	f__r	__t	l__st	ə	ʃ__rt	p__rt

of	the	time	to	forget	about	what	the	words
__v	ðə	t__m	t__	fər.'g__t	ə.'b__t	w__t	ðə	wɜːrdz

mean	and	to	listen	to	them	simply	as	sounds.
m__n	__nd	t__	l__sn	t__	ð__m	's__m.pl__	__z	s__ndz

Verifique sua resposta para o exercício anterior. A seguir, tratamos da consoante l em inglês. Há dois tipos de sons de "l" em inglês. Um é denominado l-claro (*clear l*) e o outro é denominado l-escuro (*dark l*).

Unidade 18

goal
`goul`

Não há símbolo concorrente em dicionários e livros: sempre l

O som l é classificado como uma consoante **lateral**. Na articulação de uma consoante lateral, o ar escapa pelos lados da boca. Pronuncie continuamente a consoante l e, ao mesmo tempo, coloque suas mãos próximas da sua boca. Você deverá observar que o ar escapa pelos lados (tendo, portanto, vazão lateral da corrente de ar). No inglês, a consoante lateral é articulada na região alveolar. Ou seja, a parte da frente da língua toca os alvéolos (i.e., a parte localizada imediatamente atrás dos dentes superiores). O som l é um segmento vozeado. Em inglês, ocorrem dois tipos de "l": claro (*clear l*) e escuro (*dark l*). Esses dois tipos de sons de l são laterais, alveolares e vozeados. As particularidades articulatórias de cada caso serão explicitadas ao longo do texto. Consideramos, inicialmente, o l-claro. Observe, na figura que segue, as características articulatórias do l-claro (*clear l*).

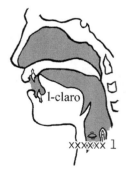

Lateral alveolar vozeada
Articuladores: ponta da língua toca os alvéolos e há vazão lateral da corrente de ar

O som l pode ter os correlatos ortográficos indicados a seguir. Escute e repita cada um dos exemplos que seguem.

Correlatos ortográficos de l			
I	lice	laɪs	laɪs
II	belly	ˈbɛl.i	ˈbɛl.i

O l-claro ocorre, em inglês: no início de palavra (*lice* laɪs), seguindo s em início de palavra (*slow* sloʊ), no meio de palavra entre vogais (*belly* ˈbɛl.i) ou no meio de palavra precedido de outra consoante na sílaba anterior (*islam* ˈɪz.læm). O l-claro tem as propriedades articulatórias do l em início de sílaba no português brasileiro. Alguns exemplos são apresentados a seguir. Escute e repita.

slice	slaɪs	*slaɪs*	slave	sleɪv	*sleɪv*
low	loʊ	*loʊ*	olives	ˈɔl.ɪvz	ˈaːl.ɪvz
jelly	ˈdʒɛl.i	*ˈdʒɛl.i*	silly	ˈsɪl.i	ˈsɪl.i
light	laɪt	*laɪt*	sleep	sliːp	*sliːp*
slow	sloʊ	*sloʊ*	left	lɛft	*lɛft*
sly	slaɪ	*slaɪ*	lie	laɪ	*laɪ*

O l-claro pode ocorrer seguindo outra consoante na mesma sílaba, formando um encontro consonantal tautossilábico. Em um encontro consonantal tautossilábico, duas consoantes ocorrem na mesma sílaba: (consoante + l).[1] Alguns exemplos são apresentados a seguir. Escute e repita.

play	*pleɪ*	clay	kleɪ
blow	*bloʊ*	glass	glaːs
clock	*klaːk*	glory	gloː.ri
please	*pliːz*	black	blæk

Consideramos a seguir o l-escuro (*dark l*). Tanto o l-claro quanto o l-escuro são consoantes laterais. Contudo, na articulação do l-claro, a ponta da língua toca os alvéolos, enquanto na articulação do l-escuro, o ápice da língua toca os alvéolos. A figura que segue indica a localização da ponta da língua e do ápice da língua.

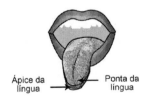

Ápice da língua — Ponta da língua

Na articulação do l-escuro, o ápice da língua toca os alvéolos (i.e., a parte localizada imediatamente atrás dos dentes superiores) e, ao mesmo tempo, a língua é direcionada para a parte posterior da boca. O l-escuro é também denominado l-velarizado. O diagrama a seguir ilustra as características articulatórias do l-escuro.

---

[1] tl não é um encontro consonantal tautossilábico em inglês. Note que a divisão de sílabas na palavra *Atlantic* é ət.ˈlæn.tɪk (em que o ponto final marca a divisão de sílabas). Em *Atlantic*, t e l estão em sílabas diferentes (e não na mesma sílaba, como em encontros consonantais tautossilábicos). O mesmo ocorre em outras palavras que, aparentemente, têm sequências tl em inglês: *atlas, little, bottle*. São poucas as palavras que apresentam a sequência tl em inglês.

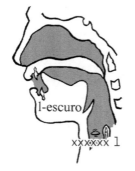

Lateral alveolar velarizada vozeada
Articuladores: o ápice da língua vai em direção aos alvéolos e a parte posterior da língua se levanta em direção à região velar. Ocorre a vazão lateral da corrente de ar

O l-escuro ocorre, tipicamente, em posição **final de sílaba** em inglês. Alguns falantes fazem sempre uso do l-claro, mas esse não é o padrão mais recorrente em inglês (O'Connor, 1980: 55). Contudo, em alguns dialetos – como o da região de Newcastle-upon-Tyne, na Inglaterra –, ocorre, tipicamente, o l-claro em final de sílaba e nos demais contextos. Os exemplos que seguem ilustram casos de l-escuro. Note que, em todos os exemplos apresentados, o l-escuro ocorre em posição de **final de sílaba**. Nos exemplos da coluna da esquerda, o l-escuro ocorre em final de sílaba, que coincide com final de palavra e, nos exemplos da coluna da direita, o l-escuro ocorre em posição pós-vocálica, em meio de palavra. Escute e repita. Certifique-se de articular o 1 ao tocar a região atrás dos dentes com a ponta da língua.

all	ɔːl	rolled	roʊld
bill	bɪl	field	fiːld
owl	aʊl	cold	koʊld
pile	paɪl	milk	mɪlk
feel	fiːl	belt	bɛlt
call	kɔːl	miles	maɪlz
sell	sɛl	always	ˈɔːl.weɪz
oil	ɔɪl	myself	maɪ.ˈsɛlf

Os exemplos que seguem ilustram a pronúncia do l-escuro e do l-claro em final de sílaba. A pronúncia em itálico é do inglês americano e a pronúncia em negrito é da variedade de Newcastle-upon-Tyne, na Inglaterra.

Unidade 18: goal 1

	Americano	Newcastle		Americano	Newcastle
all	a:l	ɔ:l	rolled	roʊld	roʊld
bill	bɪl	bɪl	field	fi:ld	fi:ld
owl	aʊl	aʊl	cold	koʊld	koʊld
pile	paɪl	paɪl	milk	mɪlk	mɪlk
feel	fi:l	fi:l	belt	bɛlt	bɛlt
call	ka:l	kɔ:l	miles	maɪlz	maɪlz
sell	sɛl	sɛl	always	a:l.weɪz	'ɔ:l.weɪz
oil	ɔɪl	ɔɪl	myself	maɪ.sɛlf	maɪ.'sɛlf

81

O símbolo fonético ɫ pode ser utilizado para indicar que o l é velarizado (ou seja, que, durante a articulação do l, a língua é direcionada para a região velar). Contudo, como há variação dialetal e o contexto em que o l-velarizado ou l-escuro ocorre é bastante específico – em final de sílaba –, opto por não fazer uso de um símbolo adicional. O contexto de final de sílaba deve ser tomado como referência da manifestação do l-escuro.

Os exemplos discutidos até aqui ilustram casos em que o l-escuro ocorre em posição final de sílaba (que pode ou não coincidir com final de palavra). O l-escuro ocorre também no contexto de final palavra quando precedido por outra consoante que ocorre na mesma sílaba. Nesses casos, o l é tipicamente silábico, pois ocupa sozinho uma sílaba. O símbolo l̩ pode ser utilizado para marcar que o l é silábico. Contudo, como o contexto é bastante específico – final de palavra precedido de consoante –, opto por não fazer uso de um símbolo adicional neste livro, exceto nos exemplos a seguir, quando destaco o l silábico.

table	teɪ.bl̩	beautiful	'bju:.tɪf.l̩
bottle	ba:t̬.l̩	awful	a:f.l̩
middle	mɪd.l̩	little	lɪt̬.l̩
travel	træv.l̩	whistle	wɪs.l̩
channel	tʃæn.l̩	bible	baɪ.bl̩

91

Retomemos agora os casos em que o l-escuro ocorre em posição pós-vocálica – como em *field* fi:ld –, que pode também coincidir com final de palavra – como em *feel* fi:l. Em algumas variedades do inglês britânico, americano e australiano, o l-escuro, quando ocorre em final de sílaba, é pronunciado como w. Esse tipo de fenômeno é denominado de *processo de vocalização do* "l". Assim, uma palavra que é tipicamente pronunciada em inglês com um l-escuro em final de sílaba – como *feel* fi:l –, é pronunciada como fi:w nos dialetos que têm a *vocalização do* "l".

O português brasileiro é uma língua que também apresenta o processo de *vocalização do* "l". Por essa razão, uma palavra como *mil* é, tipicamente, pronunciada como miw no português brasileiro. A grande diferença do processo de *vocalização do* "l", no português e no inglês, é quanto à recorrência. Enquanto, no português brasileiro, é mais comum vocalizar o l – e pronunciar *mil* miw –, observamos que, no inglês, é mais comum pronunciar o l em final de sílaba, e temos tipicamente fi:l *feel*. Os exemplos que seguem ilustram a pronúncia típica britânica (em negrito) e a pronúncia em que se vocaliza o l em final de sílaba (em itálico com negrito).

101

	Sem vocalização do l	Com vocalização do l
goal	goul	*gouw*
smell	smɛl	*smɛw*
bill	bɪl	*bɪw*
full	fʊl	*fʊw*
tool	tu:l	*tu:w*
hold	hould	*houwd*
Charles	tʃa:lz	*tʃa:wz*
fault	fɔ:lt	*fɔ:wt*
told	tould	*touwd*

O "l" ortográfico no **final da sílaba** é uma pista para que o falante brasileiro de inglês pronuncie o som l: *always* 'ɔ:l.weɪz ou *goal* goul. Contudo, esteja atento para a pronúncia da palavra – ou seja, se o l é ou não pronunciado –, pois há casos em que o "l" ocorre na escrita, mas não é pronunciado. De maneira geral, o "l" ortográfico tende a ser pronunciado. São esporádicos os casos em que ocorre um "l" ortográfico no final da sílaba sem ter corrrespondência sonora, mas muitas destas formas ocorrem com bastante frequência na língua. Alguns desses exemplos são apresentados a seguir (ou seja, casos em que ocorre um "l" ortográfico em final de sílaba, mas não ocorre l na pronúncia).

111

could	kʊd	calm	ka:m
should	ʃʊd	balm	ba:m
would	wʊd	folk	fouk
walk	wɔ:k	chalk	tʃɔ:k
talk	tɔ:k	salmon	'sæm.ən

Os exemplos que seguem mostram pares de palavras que, tipicamente, têm pronúncias distintas em inglês. Falantes brasileiros de inglês tendem a pronunciar cada um destes pares de palavras de maneira idêntica (devido à interferência do processo de *vocalização do* "l"). Observe que, nas palavras da coluna da esquerda, não ocorre l e, nas palavras da coluna da direita, ocorre l no final de sílaba. Escute e repita.

Unidade 18: goal 1   159

go	goʊ	goal	goʊl
dough	doʊ	dole	doʊl
row	roʊ	role	roʊl
bow	boʊ	bowl	boʊl
toad	toʊd	told	toʊld
code	koʊd	cold	koʊld
coat	koʊt	colt	koʊlt
road	roʊd	rolled	roʊld

121

No exercício que segue, você deve indicar a forma ortográfica da palavra que foi pronunciada. Siga o exemplo.

Exercício 52

1. **row**	4.	7.	10.
2. *told*	5.	8.	11.
3.	6	9.	12

Ex52

Verifique sua resposta para o exercício anterior. Escute os pares de sentenças que são apresentados a seguir. Essas sentenças diferem apenas quanto à palavra que contrasta oʊ ou oʊl. As palavras em questão estão em negrito. Os exemplos em negrito são do inglês britânico e os exemplos em itálico são do inglês americano. Escute e repita.

| 1 | a | Is that a (**hoe**)? | ɪz ðæt ə hoʊ |
| | b | Is that a (**hole**)? | ɪz ðæt ə hoʊl |

131

| 2 | a | I like this (**bow**) a lot! | *aɪ laɪk ðɪs boʊ ə laːt* |
| | b | I like this (**bowl**) a lot! | *aɪ laɪk ðɪs boʊl ə laːt* |

| 3 | a | What a silly (**foe**). | wɒt ə sɪli foʊ |
| | b | What a silly (**foal**). | wɒt ə sɪli foʊl |

| 4 | a | This is a very old (**boat**).| ðɪs ɪz ə vɛri oʊld boʊt |
| | b | This is a very old (**bolt**).| ðɪs ɪz ə vɛri oʊld boʊlt |

| 5 | a | What a (**mode**)! | wɒt ə moʊd |
| | b | What a (**mold**)! | wɒt ə moʊld |

Nas sentenças que seguem, qualquer uma das duas palavras entre parênteses pode ocorrer. A diferença é que a sentença terá significado diferente em um caso e no outro. As palavras em negrito se diferenciam apenas quanto à sequência oʊ ou oʊl. Escute as sentenças e selecione a palavra que foi pronunciada.

Exercício 53
What a silly (**foe/ foal**).
This is a very old (**boat/ bolt**).
Is that a (**hoe/ hole**)?
I like this (**bow/ bowl**) a lot!

Verifique a sua resposta para o exercício anterior. Ainda, em relação à vocalização do "l", vale mencionar os casos em que ocorrem as sequências (consoante + j + uː) em contraste com os casos em que ocorrem as sequências (ɪ + l). Observe a seguir que, nos exemplos da coluna da esquerda, o último som da palavra é uː, e que, no exemplo da coluna da direita, o último som da palavra é l. Escute e reproduza:

few	fjuː	fill	fɪl
new	njuː	nill	nɪl
chew	tʃuː	chill	tʃɪl
hew	hjuː	hill	hɪl

Escute os pares de sentenças que são apresentados a seguir. Essas sentenças diferem apenas quanto à palavra, cujo último som contrasta a sequência juː com a sequência ɪl. As palavras em questão estão em negrito. As transcrições em negrito são do inglês britânico e as transcrições em itálico são do inglês americano. Escute e repita.

1	a	Is that (**new**)?	ɪz ðæt njuː
	b	Is that (**nil**)?	ɪz ðæt nɪl
2	a	Do not (**chew**) it.	*duː naːt tʃuː ɪt*
	b	Do not (**chill**) it.	*duː naːt tʃɪl ɪt*
3	a	What does (**dew**) mean?	wɔt dez djuː miːn
	b	What does (**dill**) mean?	wɔt dez dɪl miːn

Nas sentenças que seguem, qualquer uma das duas palavras entre parênteses pode ocorrer. A diferença é que a sentença terá significado diferente em um caso e no outro. As palavras em negrito se diferenciam apenas quanto à sequência que ocorre em final de palavra: juː e ɪl. Escute as sentenças e selecione a palavra que foi pronunciada.

Unidade 18: goal

> **Exercício 54**
> Is that (**new**/ *nil*)?
> Please do not (**chew**/ *chill*) it.
> What does (**dew**/ *dill*) mean?

A seguir, vamos avaliar a manifestação sonora do plural e de 3psp das formas que terminam em l. Sabendo-se que l é uma consoante vozeada, podemos inferir que o plural e a 3psp devem ser em z (se necessário, consulte as informações referentes à formação de plural e 3psp na tabela destacável). Assim, temos *(s/he) feels* fiːlz e *balls* bɔːlz. No exercício que segue, você deve indicar o som que corresponde à marca de plural ou de terceira pessoa de singular no presente para os substantivos e verbos listados. Em primeiro lugar, verifique qual é o último som que ocorre na forma do substantivo singular ou do verbo sem flexionar. Se necessário, consulte a tabela destacável. As formas ortográficas em negrito indicam que a pronúncia é britânica e as formas ortográficas em itálico indicam que a pronúncia é americana. Escreva a forma de plural/3psp para cada caso como s, z ou ɪz. Siga o exemplo.

Exercício 55

	Som final	Plural e 3psp		Som final	Plural e 3psp
(s/he) forces	s	ɪz	*(s/he) sells*		
(s/he) grabs			**sieves**		
nails			**(s/he) likes**		
(s/he) begs			*(s/he) calls*		
(s/he) passes			*cliffs*		
(s/he) fears			*(s/he) falls*		
(s/he) brief			**miles**		
laughs			*(s/he) pulls*		
waves			**bells**		
(s/he) bathes			*(s/he) proves*		
(s/he) pushes			*(s/he) snores*		
(s/he) fills			*dogs*		
(s/he) lays			**(s/he) flies**		
cats			*(s/he) enjoys*		
(s/he) bets			**(s/he) yells**		

Consideremos, a seguir, a manifestação sonora do passado e particípio passado de formas que terminam em l. Sabendo-se que l é uma consoante vozeada, podemos inferir que o passado e o particípio passado regulares devem ser formados em d. Assim, temos as formas *billed* bɪld e *called* kɔːld.

No exercício que segue, você deve indicar o som que corresponde à marca de passado e particípio passado dos verbos listados. Em primeiro lugar, verifique qual o último som que ocorre na forma do verbo sem flexionar. Se necessário, consulte a tabela destacável. As formas ortográficas em negrito indicam que a pronúncia é britânica e as formas ortográficas em itálico indicam que a pronúncia é americana. Escreva a forma de passado e particípio passado, para cada caso, como t, d ou ɪd. Siga o exemplo.

Exercício 56

	Som final	Plural e 3psp		Som final	Plural e 3psp
owed	oʊ	d	**suggested**		
forced			*liked*		
grabbed			**typed**		
nailed			*called*		
begged			**painted**		
passed			*corrected*		
feared			**talked**		
packed			*pulled*		
waved			**chilled**		
bathed			*proved*		
pushed			**snored**		
filled			*forced*		
prayed			**slowed**		
robbed			*enjoyed*		
fried			**yelled**		

Verifique sua resposta para o exercício anterior. No exercício que segue, você deve inserir, nas lacunas, um dos seguintes símbolos fonéticos consonantais: θ ð v ʃ s z l. Se necessário, consulte a tabela destacável. O mesmo provérbio é pronunciado no inglês britânico (em negrito) e no inglês americano (em itálico).

Unidade 18: goal 1

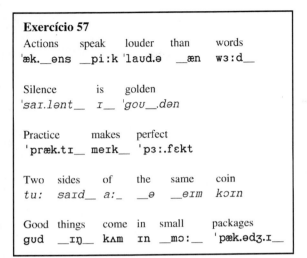

Exercício 57

Actions	speak	louder	than	words
'æk.__əns	__pi:k	'laʊd.ə	__æn	wɜ:d__

Silence	is	golden
'saɪ.lənt__	ɪ__	'goʊ__.dən

Practice	makes	perfect
'præk.tɪ__	meɪk__	'pɜ:.fɛkt

Two	sides	of	the	same	coin
tu:	saɪd__	ɑ:__	__ə	__eɪm	kɔɪn

Good	things	come	in	small	packages
gʊd	__ɪŋ__	kʌm	ɪn	__mɔ:__	'pæk.ədʒ.ɪ__

Verifique a resposta do exercício anterior. Vimos que o processo de vocalização do "l" faz com que uma consoante l, em final de sílaba, seja, tipicamente, pronunciada como w, por falantes brasileiros de inglês. O som w é uma das consoantes do inglês e será tratado na próxima seção.

Unidade 19

1w

w
whale
weɪl

Não há símbolo concorrente em dicionários e livros: sempre w

O som w apresenta as mesmas características articulatórias – quanto a posição da língua e dos lábios – da vogal u. A figura que segue ilustra as características articulatórias de w (que são idênticas às características articulatórias indicadas para a vogal u ː).

2w

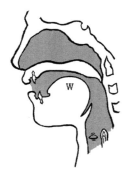

Aproximante posterior vozeada
Articulador ativo: parte posterior da língua curvada para trás em direção à região velar

O que distingue os segmentos u e w é que o primeiro som – u – se comporta como uma vogal e pode ser centro de sílaba (e, portanto, pode receber acento). Já o som w se comporta como um som consonantal, e não pode ser centro de sílaba (e, portanto, não pode receber acento). Em inglês, o som w ocorre sempre ao lado de uma vogal, sendo pronunciado em continuidade com tal vogal sem haver divisão de sílabas.

Pode-se encontrar referência ao som w como uma consoante classificada de **aproximante**, **glide** ou **semivogal**. Optamos por classificar w como uma consoante aproximante vozeada. O som w tem as mesmas características articulatórias do segmento ʊ – em ditongos: como oʊ em *no* ou aʊ em *how*. A diferença entre os sons w e ʊ é que o som w precede um segmento vocálico na mesma sílaba

Unidade 19: whale w

(*water* 'wɔːtər) e o som ʊ segue um segmento vocálico na mesma sílaba (*toe* toʊ). Concluímos que os sons w e ʊ – em ditongo – são glides e a distinção e classificação destes segmentos está relacionada ao comportamento dos mesmos na estrutura sonora.

O som w pode ter os correlatos ortográficos indicados a seguir. Escute e repita cada um dos exemplos abaixo. Certifique-se de produzir o som w na mesma sílaba da vogal que o segue.

Correlatos ortográficos de w				
w	well	wɛl	wɛl
wh	why	waɪ	waɪ
(q)u	quit	kwɪt	kwɪt
(g)u	language	'læŋ.gwɪdʒ	'læŋ.gwɪdʒ
o	one	wʌn	wʌn

Foi afirmado anteriormente que a aproximante w se comporta como uma consoante. Além de não poder receber acento, que é uma propriedade típica de consoantes, a aproximante w se comporta na estrutura sonora como outras consoantes do inglês. Evidência de que w se comporta como outras consoantes do inglês decorre, por exemplo, do comportamento do artigo indefinido em inglês. Observe os exemplos que seguem.

a. an apple   ən æpl̩
b. a cat   ə kæt
c. a whale   ə weɪl

Em (a), observamos que a forma do artigo indefinido é *an* quando a palavra que o segue começa com uma vogal: *apple*. Em (b), observamos que a forma do artigo definido é *a* quando a palavra que o segue começa com uma consoante: *cat*. O que nos interessa é o caso de (c). Isso porque a palavra *whale* se inicia com o som w. Observamos que, para a palavra *whale*, a forma do artigo indefinido é *a*, ou seja, é selecionada a forma adotada para os casos em que o substantivo começa com consoante (cf. (b)). Concluímos, então, que w, em inglês, se comporta como uma consoante. Se w se comportasse como uma vogal, deveríamos ter o artigo indefinido *an*: *an waterfall*, e esse não é o caso. O mesmo comportamento de consoante atestado para a aproximante w pode ser observado para a aproximante j (*a year:* ə jɪə, ver Unidade 3).

A aproximante w é tipicamente seguida de uma vogal e se comporta como um som consonantal. No português brasileiro, o som correspondente a w se comporta como uma vogal (que é seguida de outra vogal em ditongo). Avaliemos o comportamento de w na palavra *waimiri-atroari*. Considere os exemplos do dialeto carioca que são apresentados a seguir.

a. os patos	uʃ patuʃ
b. os gatos	uʒ gatuʃ
c. os amigos	uz amiguʃ
d. os waimiri-atroari	uz waɪmiɾiatɾoaɾi

Observamos que o som correspondente ao *s* do plural é pronunciado como ʃ ou ʒ quando é seguido de consoantes: *os patos* e *os gatos* (cf. (a,b)). Quando o *s* do plural é seguido de vogal, este é pronunciado como z (veja (c): *os amigos*). Finalmente, observamos em (d) que, quando o *s* de plural é seguido de w – *os waimiri-atroari* –, este é pronunciado como z – de maneira análoga ao comportamento das vogais (cf. (c)). Concluímos assim que o som w se comporta como vogal em português. O comportamento diferente de w no português e no inglês está relacionado à interpretação do som no sistema sonoro da língua.

Generalizando, podemos afirmar que, em inglês, o som w ocorre seguido de vogal e é um segmento que não alterna com a vogal ʊ (como em português em que w pode alternar com ʊ na palavra *waimiri:* **wa**imiri ou **ʊa**imiri) e, por ser um segmento assilábico, não pode receber acento. Poderíamos questionar por que os ditongos decrescentes, aʊ e oʊ, não são transcritos como aw ow. A trancrição dos ditongos decrescentes com as duas unidades representadas por um segmento vocálico, ou seja, aʊ e oʊ, expressa que os ditongos se comportam como unidades vocálicas (e não como uma sequência de (vogal + consoante-w)). De fato, os ditongos decrescentes em inglês se comportam como os segmentos vocálicos longos e, por essa razão, podem ocorrer em final de palavra e são elementos significativos na atribuição do acento tônico. Ou seja, de maneira análoga às vogais longas podemos observar que os ditongos decrescentes tendem a capturar o acento tônico. Quanto a casos da consoante w, sabemos que esta se comporta como consoante em inglês. Os exemplos que seguem ilustram casos em que o som w ocorre em início de palavra. Escute e repita os exemplos que seguem:

water	wɔːtə	waːtər	will	wɪl	wɪl
well	wɛl	wɛl	white	waɪt	waɪt
wheel	wiːl	wiːl	walk	wɔːk	waːk
whales	weɪlz	weɪlz	wash	wɔʃ	waːʃ

O som w pode ocorrer, também, na mesma sílaba junto à outra consoante. Os exemplos que seguem ilustram esse caso. Escute e repita.

Unidade 19: *whale* w

twice	twaɪs	queen	kwi:n
dwell	dwɛl	language	ˈlæŋ.gwɪdʒ
twenty	twɛn.ti	twin	twɪn
quite	kwaɪt	quiet	kwaɪ.ət
quick	kwɪk	twelve	twɛlv

O som w pode ocorrer, também, após s em início de palavra. Escute e repita os exemplos que seguem. Certifique-se de que o som inicial que você pronunciou foi s (seguido de w).

sweet	swi:t	swear	swɛr
swim	swɪm	switched	swɪtʃt

Nos exemplos que seguem, o w ocorre entre vogais ou próximo de uma consoante: Escute e repita:

reward	ri.ˈwɔːd	ri.ˈwɔːrd	away	ə.ˈweɪ	ə.ˈweɪ
highway	ˈhaɪ.weɪ	ˈhaɪ.weɪ	always	ˈɔːl.weɪz	ˈaːl.weɪz
forward	ˈfɔː.wəd	ˈfɔːr.wərd	between	bi.ˈtwi:n	bi.ˈtwi:n

O som w pode ocorrer como um *linking sound* ou **som de ligação**, quando uma palavra termina com a vogal u: e a palavra seguinte começa com uma outra vogal qualquer. Ou seja, temos o seguinte contexto: (u: em final de palavra + w + palavra começando em vogal). Nos exemplos que seguem, o som w representa um som de ligação. Escute e repita.

two		apples
tu:	w	æplz

you	and	Anne
ju: w	ænd	æn

blue		armchair
blu:	w	aːm.tʃɛə

As palavras que formam as *wh questions* ocorrem, tipicamente, no inglês britânico com o som inicial w e, no inglês americano, ocorre a seguinte sequência inicial: hw. Os exemplos que seguem ilustram esse caso.

what	wɔt	hwaːt
when	wɛn	hwɛn
which	wɪtʃ	hwɪtʃ
why	waɪ	hwaɪ
where	wɛə	hwɛr

No exercício que segue, você deve inserir nas lacunas um dos símbolos fonéticos já estudados. Se necessário, consulte a tabela destacável. A piada é pronunciada no inglês britânico.

Exercício 58

Girl: I'll have to give you your engagement ring back.
aɪl hæ__ tuː gɪ__ __uː jɔː__ ɪŋ.'geɪ__.mɛnt __ɪŋ bæk

I can't marry you. I love someone else.
aɪ __ænt 'mær.i __uː aɪ lʌ__ 'sʌm.__ʌn ɛ__s

Boy: Who is he?
huː ɪ__ __iː

Girl: Why? Are you going to beat him up?
__aɪ aː __uː 'goʊ.ɪŋ tuː __iːt __ɪm ʌ__

Boy: No, I'm going to sell him an engagement ring
noʊ aɪm 'goʊ.ɪŋ __uː sɛ__ hɪm ən ɪŋ.'__eɪ__.mɛnt __ɪŋ

very cheaply.
'vɛ__.i '__iː.p__i

Verifique a resposta do exercício anterior. A seguir, trataremos da vogal ʌ.

Unidade 20

love
lʌv

1ʌ

Não há símbolo concorrente em dicionários e livros: sempre ʌ

A vogal ʌ é articulada com a língua em posição central, com altura média, e é produzida sem o arredondamento dos lábios. Essa vogal é breve e frouxa. Para articular essa vogal, tome como referência a vogal ɔ (como na palavra *pó* do português). Mantenha a pronúncia contínua da vogal ɔ e movimente um pouco a sua língua, em direção à parte central da boca. Ao mesmo tempo, desarredonde os lábios – que devem ficar estendidos. O diagrama abaixo contrasta a articulação de ɔ e ʌ.

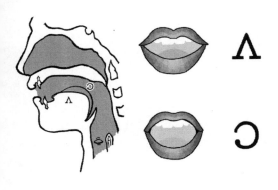

Língua em posição média-baixa e central
Lábios estendidos
Vogal frouxa e breve

Língua em posição média-baixa e posterior
Lábios arredondados
Vogal frouxa e breve

Contraste os sons ɔ e ʌ.

2ʌ

A vogal ʌ pode ter os correlatos ortográficos indicados a seguir. Escute e repita cada um dos exemplos que seguem.

Correlatos ortográficos de ʌ
u	cut	kʌt	kʌt
o	love	lʌv	lʌv
oo	flood	flʌd	flʌd
oe	does	dʌz	dʌz
ou	double	dʌbl	dʌbl

Como decorrência de proximidade articulatória entre ʌ e ɔ, os falantes brasileiros de inglês tendem a pronunciar a vogal ɔ ou o em substituição da vogal ʌ, sobretudo, nos casos em que o correlato ortográfico de ʌ é a letra "o". Os exemplos que são apresentados a seguir ilustram este caso. Escute e repita as palavras que seguem.

love	lʌv
cover	'kʌv.ər
cousin	'kʌz.ən
worry	'wʌr.i

A seguir são apresentados alguns exemplos com a vogal ʌ. Escute e repita.

bus	bʌs	cup	kʌp
suffer	'sʌf.ə	up	ʌp
duck	dʌk	hug	hʌg
just	dʒʌst	ugly	'ʌg.li
rough	rʌf	brush	brʌʃ
bug	bʌg	much	mʌtʃ
must	mʌst	mud	mʌd
shut up	'ʃʌt.ʌp	nut	nʌt

É possível encontrar pronúncias alternativas para os exemplos apresentados acima. No norte da Inglaterra, por exemplo, pronuncia-se uma vogal central com qualidade vocálica um pouco diferente de ʌ (mas que é tipicamente transcrita como ʌ). Considere os exemplos que são apresentados a seguir.

	Norte Inglaterra	Sudeste Inglaterra
bus	bʌs	bʌs
cup	kʌp	kʌp
up	ʌp	ʌp
ugly	'ʌg.li	'ʌg.li
hug	hʌg	hʌg
just	dʒʌst	dʒʌst

Unidade 20: *love* ʌ

A vogal ʌ ocorre entre alguns falantes do português brasileiro. Quando a vogal ʌ ocorre em português, ela está em concorrência com a vogal ã nasalizada. Retomaremos essa questão quando tratarmos das consoantes nasais. Os exemplos que seguem apresentam alguns exemplos em caráter ilustrativo.

cama	'kãma	'kʌma
trama	'trãma	'trʌma
camelo	'kãmelʊ	'kʌmelʊ
banana	'bãnãna	'bʌnʌna

7ʌ

A vogal ʌ é uma vogal breve e, portanto, não pode ocorrer em final de palavra. Lembre-se de que as vogais breves sempre ocorrem em sílabas travadas por uma consoante. Observe em todos os exemplos apresentados anteriormente que a vogal ʌ é sempre seguida de uma consoante que trava a sílaba. Uma vez que a vogal ʌ não ocorre em final de palavra, não se faz, portanto, pertinente investigar as formas de plural/3psp e passado/particípio nesse caso. No exercício que segue, você deve inserir nas lacunas, um dos símbolos fonéticos vocálicos já estudados. Se necessário, consulte a tabela destacável (Blundell, 1980: 26).

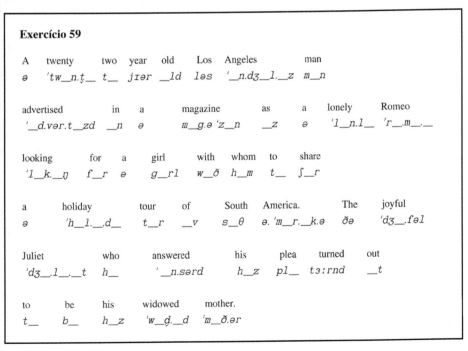

Ex59

Exercício 59

A	twenty	two	year	old	Los	Angeles		man
ə	'tw__n.t__	t__	jɪər	__ld	ləs	'__n.dʒ__l.__z		m__n

advertised	in	a	magazine	as	a	lonely	Romeo
'__d.vər.t__zd	__n	ə	m__g.ə'z__n	__z	ə	'l__n.l__	'r__.m__.__

looking	for	a	girl	with	whom	to	share
'l__k.__ŋ	f__r	ə	g__rl	w__ð	h__m	t__	ʃ__r

a	holiday	tour	of	South	America.	The	joyful
ə	'h__l.__d__	t__r	__v	s__θ	ə.'m__r.__k.ə	ðə	'dʒ__.fəl

Juliet	who	answered	his	plea	turned	out
'dʒ__.l__.__t	h__	'__n.sərd	h__z	pl__	tɜːrnd	__t

to	be	his	widowed	mother.
t__	b__	h__z	'w__d.__d	'm__ð.ər

Verifique a resposta do exercício anterior. A seguir trataremos da vogal longa ɜː.

Unidade 21

|ɜː

Não há símbolo concorrente em dicionários e livros: sempre ɜː

A vogal ɜː é produzida com a língua em posição central, alta e com os lábios estendidos (sem arredondamento). O diagrama apresentado a seguir indica as características articulatórias da vogal ɜː. Se comparada à vogal ʌ, podemos afirmar que, na articulação de ɜː, a língua se encontra em posição mais alta. Tanto ʌ quanto ɜː são vogais não arredondadas e centrais, sendo que ʌ é mais baixa do que ɜː. Além de a língua na articulação de ʌ estar em uma posição mais baixa do que na articulação de ɜː, há o fato importante de ɜː ser uma vogal longa, e de ʌ ser uma vogal breve. O diagrama abaixo contrasta a articulação de ʌ e ɜː.

2ɜː

Língua em posição alta e central
Lábios estendidos
Vogal tensa e longa

Língua em posição média-baixa e central
Lábios estendidos
Vogal frouxa e breve

A vogal ɜː pode ter os correlatos ortográficos indicados a seguir. Escute e repita cada um dos exemplos que seguem.

Unidade 21: *nurse* ɜː

3ɜː

Correlatos ortográficos de ɜː				
i(r)	first	fɜːst	fɜːrst
u(r)	fur	fɜː	fɜːr
o(r)	word	wɜːd	wɜːrd
ea(r)	learn	lɜːn	lɜːrn
e(r)	perk	pɜːk	pɜːrk
y(r)	myrtle	mɜːtl	mɜːrt̬l

A vogal longa ɜː é tipicamente denominada uma *r-vowel*. Essa terminologia decorre do fato da letra correspondente a esta vogal ser sempre seguida de um "r" ortográfico.[1] Dizemos que o "r" ocorre em posição pós-vocálica (ou seja, após a vogal). No inglês britânico, a letra "r" pós-vocálica não é pronunciada em final de sílaba. Já no inglês americano, o "r" pós-vocálico é pronunciado. Compare a pronúncia da vogal ɜː no inglês britânico e no inglês americano. Escute e repita.

4ɜː

sir	sɜː	sɜːr
early	'ɜː.li	'ɜːr.li
were	wɜː	wɜːr
Thursday	'θɜːz.deɪ	'θɜːrz.deɪ
word	wɜːd	wɜːrd
dirty	'dɜː.ti	'dɜːr.t̬i
world	wɜːld	wɜːrld
skirt	skɜːt	skɜːrt
bird	bɜːd	bɜːrd
thirsty	'θɜːs.ti	'θɜːrs.ti
earth	ɜːθ	ɜːrθ

No inglês britânico, a vogal longa ɜː pode ocorrer em final de palavra *Sir* sɜː ou seguida de consoante(s) *shirt* ʃɜːt ou *first* fɜːst. Embora as vogais ɜː e ʌ tenham características articulatórias e auditivas muito próximas, podemos utilizar o critério de distribuição para determinar quando ocorre ɜː ou ʌ. A vogal ɜː pode ocorrer em final de palavra (no inglês britânico) ou seguida de "r". Já a vogal ʌ ocorre sempre seguida de consoante diferente de "r". Resumindo, podemos dizer que a vogal ʌ não ocorre seguida de "r" pós-vocálico e que a vogal ɜː ocorre

---

[1] O único exemplo em que atestei uma vogal com som de ɜː sem ser seguida de "r" ortográfico pós-vocálico foi na palavra *colonel*: 'kɜːnəl e 'kɜːrnəl. Note que na pronúncia americana (em itálico) é pronunciado um "r" pós-vocálico após a vogal ɜː, embora ortograficamente nenhum "r" ocorra nesta palavra.

sistematicamente seguida de "r" pós-vocálico (que pode ou não ser pronunciado dependendo do dialeto). Os exemplos que seguem mostram o contraste entre as vogais ʌ e ɜ: no inglês britânico (sendo que o "r" pós-vocálico não é pronunciado). Escute e repita.

5ɜ:

shut	ʃʌt	shirt	ʃɜ:t
gull	gʌl	girl	gɜ:l
hut	hʌt	hurt	hɜ:t
bun	bʌn	burn	bɜ:n
bud	bʌd	bird	bɜ:d
cub	kʌb	curb	kɜ:b
luck	lʌk	lurk	lɜ:k
cud	kʌd	curd	kɜ:d

No exercício que segue, você deve identificar qual é a vogal da palavra. Coloque o som correspondente a ɜ: ou ʌ na coluna à esquerda de cada palavra. Indique a forma ortográfica da palavra que você escutou. Siga os exemplos.

Ex60

Exercício 60

ɜ:	her		
ʌ	*hut*		

Verifique a sua resposta para o exercício anterior. Nos exemplos que seguem, o contraste é ilustrado entre a: e ɜ:. Os exemplos são do inglês britânico. No inglês americano também ocorre a mesma vogal ɜ: ou a: (sendo que se pronuncia o "r" pós-vocálico).[2] Escute e repita.

6ɜ:

pass	pa:s	purse	pɜ:s
hard	ha:d	heard	hɜ:d
farm	fa:m	firm	fɜ:m
barn	ba:n	burn	bɜ:n

Nos exemplos que seguem, o contraste é ilustrado entre ɔ: e ɜ:, no inglês britânico. A pronúncia da vogal é a mesma no inglês americano: ɜ: ou ɔ: (sendo que, no inglês americano, pronuncia-se o "r" pós-vocálico). Escute e repita.

---

[2] A palavra *clerk* é pronunciada kla:k no inglês britânico e é pronunciada klɜ:rk no inglês americano.

Unidade 21: *nurse* ɜ:

walk	wɔ:k	work	wɜ:k
ward	wɔ:d	word	wɜ:d
cord	kɔ:d	curd	kɜ:d
warm	wɔ:m	worm	wɜ:m

7ɜ:

Escute os pares de sentenças que são apresentados a seguir. Essas sentenças diferem apenas quanto à palavra que contrasta as vogais longas a:, ɔ:, ɜ: e a vogal breve ʌ. As palavras em questão estão em negrito e entre parênteses. Os exemplos são do inglês britânico. Escute e repita.

1 a Is that a (**bird**)?   ɪz ðæt ə bɜ:d
  b Is that a (**bud**)?   ɪz ðæt ə bʌd

8ɜ:

2 a I'll (**work**) now then!!!   aɪl wɜ:k naʊ ðɛn
  b I'll (**walk**) now then!!!   aɪl wɔ:k naʊ ðɛn

3 a I'll check this (**word**)!   aɪl tʃɛk ðɪz wɜ:d
  b I'll check this (**ward**)!   aɪl tʃɛk ðɪz wɔ:d

4 a I said (**purse**).   aɪ sɛd pɜ:s
  b I said (**pass**).   aɪ sɛd pa:s

Nas sentenças que seguem, qualquer uma das duas palavras entre parênteses pode ocorrer. A diferença é que a sentença terá significado diferente em um caso e no outro. As palavras em negrito se diferenciam apenas quanto a vogal, que pode ser a:, ɔ:, ɜ:, ʌ. Escute as sentenças e selecione a palavra que foi pronunciada.

> **Exercício 61**
> I'll (**walk/work**) now then!!!
> I'll check this (**ward/word**)!
> I said (**purse/pass**).
> Is that a (**bud/bird**)?

Ex61

Verifique a resposta para o exercício anterior. A vogal ɜ: ocorre em final de palavra no inglês britânico (quando o "r" pós-vocálico não é pronunciado). Quando ɜ: ocorre em final de palavra – como em *Sir* sɜ: –, as formas de plural e 3psp têm a realização sonora de z (que é a forma de plural e 3psp para vogais): *Sirs* sɜ:z. A forma de passado e particípio passado tem a realização sonora d (que é a marca de passado e particípio passado para vogais): *furred* fɜ:d.

9ɜ:

No exercício que segue, você deve inserir um dos símbolos vocálicos – a:, ɔ:, ɜ:, ʌ – nas lacunas (Jones, 1973: 3).

Ex62

Exercício 62

No	two	people	pronounce	exactly	alike.	The	differences
n__ t__	'p__p.l	prə.'n__nts	__g.'z__kt.l__	ə.'l__k	ðə	'd__f.ər.ənts.__z

arise	from	a	variety	of	causes,	such	as
ə.'r__z	fr__m	ə	və.'r__ə.t__	__v	'k__z.__z	s__tʃ	__z

locality,	early	influences	and	social	surroundings;
lə.'k__l.ə.t__	'__.l__	'__.n.fl__.ənts.__z	__nd	s__.ʃəl	sə.'r__nd.__ŋz

there	are	also	individual	peculiarities
ðɛər	__r	__l.s__	__n.d__.'v__d.j__.əl	p__.kj__.l__.'__r.ə.t__z

for	which	it	is	difficult	or	impossible	to	account.
f__	w__tʃ	__t	__z	'd__f.__.kəlt	__r	__m.'p__s.__.bl	t__	w ə.'k__nt

Verifique a resposta para o exercício anterior. A seguir trataremos das consoantes nasais m e n.

Unidade 22

1mn

Não há símbolos concorrentes em dicionários e livros: sempre m n

As consoantes m e n são denominadas **nasais**. Durante a produção dessas consoantes, a corrente de ar passa concomitantemente pela cavidade oral e pela cavidade nasal. As consoantes mn também ocorrem em português (cf. *mata* e *nata*) e apresentam as mesmas características articulatórias de mn em inglês. As consoantes nasais mn têm as mesmas propriedades articulatórias das oclusivas orais vozeadas bd – exceto pelo grau de nasalização: bd são **oclusivas orais** e mn são **oclusivas nasais**. Contudo, geralmente nos referimos a bd como consoantes oclusivas (e isso implica que são orais) e nos referimos a mn como nasais (e isso implica que são oclusivas). Portanto, tanto na articulação das oclusivas quanto na articulação das nasais, ocorre a obstrução completa da passagem da corrente de ar. No caso de bm, a obstrução ocorre entre os lábios e, por essa razão, essas consoantes são denominadas **bilabiais**. No caso de dn, a obstrução ocorre entre a ponta da língua e os alvéolos (que se localizam imediatamente atrás dos dentes incisivos superiores). As consoantes dn são denominadas **alveolares**. Pronuncie alternadamente bm e depois dn (somente as consoantes!). Pronuncie m continuamente. Observe que na produção de m o ar sai pelas narinas (coloque a sua mão na frente das narinas e você perceberá a saída do ar). Faça o mesmo com n. As figuras que seguem ilustram as características articulatórias dos sons mn. Observe que o ar passa pelas cavidades oral e nasal e escapa pela boca e pelas narinas.

2mn

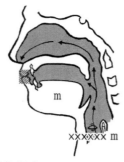

Nasal bilabial vozeada
Articuladores: o lábio inferior vai de encontro ao lábio superior

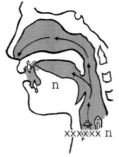

Nasal alveolar vozeada
Articuladores: a ponta da língua vai de encontro aos alvéolos (atrás dos dentes superiores)

3mn

Os sons mn podem ter os correlatos ortográficos indicados a seguir. Escute e repita cada um dos exemplos que seguem.

Correlatos ortográficos de m			
m	me	miː	miː
mm	hammer	ˈhæm.ə	ˈhæm.ɚ
me	some	sʌm	sʌm
mn	solemn	ˈsɔl.əm	ˈsaːl.əm
mb	climb	klaɪm	klaɪm
gm	phlegm	flɛm	flɛm
lm	calm	kaːm	kaːm

Correlatos ortográficos de n			
n	no	noʊ	noʊ
nn	dinner	ˈdɪn.ə	ˈdɪn.ɚ
ne	lane	leɪn	leɪn
kn	knee	niː	niː
gn	gnome	noʊm	noʊm
pn	pneumonia	njuː.ˈmoʊ.ni.ə	nuː.ˈmoʊ.ni.ə
mn	mnemonic	ni.ˈmɔn.ɪk	ni.ˈmaː.nɪk
dn	Wednesday	ˈwɛnz.deɪ	ˈwɛnz.deɪ

Quando ocorrem em início de palavra, as nasais mn são percebidas e produzidas por falantes brasileiros de inglês sem problemas. Os exemplos que seguem ilustram esse caso.

4mn

meat	miːt	never	ˈnɛv.ɚ
market	ˈmaːr.kɪt	now	naʊ
maybe	ˈmeɪ.bi	nose	noʊz
mail	meɪl	night	naɪt
mile	maɪl	north	nɔːrθ
middle	ˈmɪd.l̩	note	noʊt

Os sons mn também não representam um problema em posição intervocálica, em inglês, quando o som seguinte é um ditongo – aɪ, ɔɪ, oʊ, eɪ, aʊ – ou uma das vogais – iː, ɪ, uː, ʊ. Exemplos são apresentados a seguir.

Unidade 22: *mummy, money* m n

aɪ	China	'tʃaɪ.nə	iː	dreamer	'driː.mə
ɔɪ	joiner	'dʒɔɪ.nə	ɪ	finish	'fɪn.ɪʃ
oʊ	owner	'oʊ.nə	uː	sooner	'suː.nə
eɪ	grainy	'greɪ.ni	ʊ	woman	'wʊm.ən
aʊ	brownie	'braʊ.ni			

5mn

Contudo, quando as demais vogais – ɜː, aː, ɔː, æ, ɒ, ɛ, ʌ, ə – são seguidas de consoantes nasais, observa-se que o falante brasileiro de inglês altera a qualidade da vogal em questão. O falante brasileiro de inglês tende a nasalizar a vogal que precede a consoante nasal: *promise* ou *penny* são tipicamente pronunciadas por falantes brasileiros de inglês inadequadamente como: 'prõmɪs e 'pẽni.

Isso decorre do fato de que, na maioria dos dialetos do português brasileiro, uma vogal é pronunciada como nasalizada quando seguida de consoante nasal – sobretudo, se a vogal for tônica. Veja, por exemplo: *cama* 'kãmə, *sono* 'sõnʊ etc. Essa regra – que determina que uma vogal seja nasalizada quando seguida de consoante nasal – não se aplica ao inglês. Ou seja, no inglês, a vogal é tipicamente oral quando seguida de consoante nasal (embora em algumas variedades do inglês, ocorram vogais nasalizadas seguidas de consoantes nasais).

Nos casos em que as vogais longas – ɜː, aː, ɔː – ocorrem seguidas de mn entre vogais, os falantes brasileiros de inglês podem ou não nasalizar a vogal que precede mn e tendem a inserir um i após a consoante nasal. O som de r tende a ser pronunciado como h. Nos exemplos que seguem, é indicada a pronúncia típica do falante brasileiro de inglês e a pronúncia do inglês.

ɜː	burn	'bʌhni	bɜːn
aː	barn	'bahni	baːn
ɔː	corn	'kɔhni	kɔːn

6mn

Nos casos em que as demais vogais – ɔ, ɛ, æ, ʌ, ə – ocorrem seguidas de mn (e entre vogais), os falantes brasileiros de inglês tendem a nasalizar a vogal que precede a consoante nasal. Nos exemplos que seguem, é indicada a pronúncia típica do falante brasileiro de inglês e a pronúncia do inglês.

ɔ	promise	'prõmɪs	'prɒm.ɪs	'praː.mɪs
ɛ	penny	'pẽni	'pɛn.i	'pɛn.i
æ	family	'fẽməli	'fæm.ə.li	'fæm.ə.li
ʌ	mummy	'mãmi	'mʌm.i	'mʌm.i
ə	annoy	ã'nɔɪ	ə.'nɔɪ	ə.'nɔɪ

7mn

Observe que, em inglês, as vogais ɔ e ɛ, quando seguidas de consoante nasal, mantêm a pronúncia aberta em inglês: ɔ em prɒm.ɪs *promise* e ɛ em pɛn.i *penny*. Falantes brasileiros de inglês, mesmo que não nasalizem as vogais ɔ e ɛ, tendem a pronunciá-las inadequadamente como as vogais fechadas e nasalizadas õ em ˈprõmɪs promisse e ẽ em ˈpẽni. Pratique nos exemplos que seguem.

general	ˈdʒɛn.ər.əl	comics	ˈkɔm.ɪks
blemish	ˈblɛm.ɪʃ	bonny	ˈbɔn.i
any	ˈɛn.i	gastronomic	gæs.trən.ˈɔm.ɪk

Observe que falantes brasileiros de inglês tendem a associar o mesmo som para as vogais ɛ e æ, seguidas de consoante nasal intervocálica. Isso ocorre, sobretudo, para o inglês americano, porque, nessa variedade do inglês, a qualidade vocálica das vogais ɛ e æ é bastante próxima. No inglês britânico, a qualidade vocálica das vogais ɛ e æ é bastante distinta e não causa dificuldades ao falante brasileiro de inglês. Escute e repita.

| Sammy | ˈsæm.i | semi | ˈsɛm.i |
| canny | ˈkæn.i | Kenny | ˈkɛn.i |

| Sammy | ˈsæm.i | semi | ˈsɛm.i |
| canny | ˈkæn.i | Kenny | ˈkɛn.i |

A diferença perceptual entre ɛ e æ é mais bem percebida por falantes brasileiros quando uma consoante oral segue ɛ e æ. Os exemplos são do inglês americano, pois é nessa variedade que se observa dificuldade perceptual e de produção entre ɛ e æ, para os falantes brasileiros de inglês. Escute e repita.

x	ɛks	axe	æks
said	sɛd	sad	sæd
beg	bɛg	bag	bæg

Há outro par de vogais, em inglês, que causa problemas perceptuais e de produção aos falantes de inglês: æ e ʌ. Falantes do português associam æ e ʌ à vogal a do português. Ou seja, os falantes brasileiros de inglês tratam as vogais a, æ e ʌ como pertencendo a um mesmo grupo, quando seguidas de consoante nasal intervocálica.

A associação dessas vogais pelo falante brasileiro de inglês como pertencendo a um mesmo grupo decorre do fato de que, quando a vogal ʌ ocorre em português, ela está em concorrência com a vogal a – que pode ser nasalizada. Escute os exemplos que seguem, que são do português brasileiro.

janela	ʒaˈnɛla	ʒãˈnɛla	ʒʌˈnɛla
camelo	kaˈmelʊ	kãˈmelʊ	kʌˈmelʊ
mania	maˈnia	mãˈnia	mʌˈnia

Unidade 22: *mummy, money* m n

Sabemos que falantes brasileiros de inglês tendem a associar a vogal æ do inglês com a vogal a do português. Podemos, então, explicar por que os falantes brasileiros de inglês interpretam as vogais æ e ʌ do inglês como pertencendo ao mesmo grupo (quando seguidas de consoante nasal). Ou seja: para falantes brasileiros de inglês, **æ-a** são tratadas como semelhantes (veja que a palavra *cat* kæt é tipicamente pronunciada como kat, pelo falante brasileiro de inglês) e, ao mesmo tempo, **a-ʌ** são tratadas como semelhantes (veja que a palavra *janela* é tipicamente pronunciada como ʒaˈnɛla ou ʒʌˈnɛla pelo falante brasileiro de inglês). Temos, portanto, associações distintas nas duas línguas. Em português, os sons **æ-a-ʌ** são categorizados como pertencendo a um mesmo grupo (categoria de sons orais e nasais relacionados com a letra "a"): ʒaˈnɛla, ʒãˈnɛla ou ʒʌˈnɛla *janela*. Em inglês, os sons **æ-a-ʌ** são categorizados como distintos: kæt *cat*, kaːrt *cart* e kʌt *cut*, pertencendo a categorias diferentes. Assim, o falante brasileiro de inglês tende a relacionar **æ-a-ʌ** como sons equivalentes, e não como sons distintos, como é o caso em inglês. Há necessidade, portanto, do falante brasileiro de inglês reorganizar as categorias associadas aos sons **æ-a-ʌ** em inglês.

Quanto à relação entre as vogais a, æ e ʌ por falantes brasileiros de inglês, podemos dizer que: a vogal a, quando ocorre em inglês, é uma vogal longa e oral (*park*); a vogal æ é sempre uma vogal breve e oral em inglês (*cat*); e a vogal ʌ é sempre uma vogal breve e oral em inglês. Falantes brasileiros de inglês tendem a trocar um som pelo outro – a, æ e ʌ – e essa troca pode causar mudança de significado, e consequentemente prejudica a comunicação. Escute e repita:

Contraste entre æ e ʌ

| Manny | ˈmæn.i | money | ˈmʌn.i |
| Tammy | ˈtæm.i | tummy | ˈtʌm.i |

| Manny | ˈmæn.i | money | ˈmʌn.i |
| Tammy | ˈtæm.i | tummy | ˈtʌm.i |

Contraste entre aː e ʌ

| Barney | ˈbaːr.ni | bunny | ˈbʌn.i |
| farney | ˈfaːr.ni | funny | ˈfʌn.i |

| Barney | ˈbaː.ni | bunny | ˈbʌn.i |
| farney | ˈfaː.ni | funny | ˈfʌn.i |

12mn

Nos exemplos anteriores, pode-se observar que, para o falante brasileiro de inglês, há maior semelhança entre as vogais æ e ʌ seguidas de consoante nasal intervocálica no inglês britânico do que no inglês americano. Observe que, se as vogais æ e ʌ são seguidas de consoantes orais, o falante brasileiro de inglês identifica cada vogal como pertencendo a um grupo distinto. Os exemplos são do inglês britânico, pois é nesta variedade que se observam dificuldades perceptual e de produção entre æ e ʌ, para os falantes brasileiros de inglês. Escute e repita:

13mn

carry	ˈkær.i	curry	ˈkʌr.i
sack	sæk	suck	sʌk
bag	bæg	bug	bʌg
hat	hæt	hut	hʌt

No exercício que segue, você deve identificar qual é o segmento vocálico que precede a consoante m ou n. Você deve utilizar um dos símbolos ɪ, ɛ, ɔ, æ, ʌ, ɜː, aɪ, oʊ.

Ex63

Exercício 63

promise	ɔ	common	
final	aɪ	general	
many		comma	
tunnel		coma	
fennel		enough	
funny		manner	
turn		money	
newcomer		summer	
mamma (seio)		mamma (mãe)	

Verifique sua resposta para o exercício anterior. As consoantes nasais m n ocorrem também em final de sílaba sendo seguidas de outra consoante. Nesse caso, a consoante m é seguida de p ou b, e a consoante n é seguida tipicamente de t, d ou s. Os exemplos que seguem ilustram esse caso. Note que a consoante é articulada – em m com os lábios se tocando e em n com a língua tocando atrás dos dentes.

14mn

complain	kəm.ˈpleɪn	canteen	kæn.ˈtiːn
samba	ˈsæm.bə	sender	ˈsɛn.də
example	ɪg.ˈzaːm.pl	sincere	sɪn.ˈtsɪə

Falantes brasileiros de inglês tendem a nasalizar a vogal que precede as consoantes nasais "**m**" e "**n**" e tendem a omitir a pronúncia das consoantes nasais m e n. Os exemplos abaixo ilustram a pronúncia marcada do falante brasileiro de inglês e a pronúncia no inglês. Escute e compare a pronúncia:

15mn

	Português	Inglês		Português	Inglês
complain	kõˈplẽɪ	kəm.ˈpleɪn	canteen	kãˈtĩ	kæn.ˈtiːn
samba	ˈsãbə	ˈsæm.bə	sender	ˈsẽdeh	ˈsɛn.də
example	ɪˈzãpol	ɪg.ˈzaːm.pl	sincere	sĩˈsɪə	sɪnt.ˈsɪə

Unidade 22: *mummy, money* m n

Nos exemplos que seguem, uma das consoantes nasais m n ocorre seguida de outra consoante. Pratique. Certifique-se de pronunciar a consoante nasal. Ou seja, de que o m seja articulado com o encontro dos lábios, e que o n seja articulado com a língua tocando atrás dos dentes (região alveolar).

16mn

complete	kəm.ˈpliːt	twenty	ˈtwɛn.ti
remember	ri.ˈmɛm.bə	different	ˈdɪf.ər.ənt
simple	ˈsɪm.pl̩	Sunday	ˈsʌn.deɪ
number	ˈnʌm.bə	inside	ɪnt.ˈsaɪd
Cambridge	ˈkeɪm.brɪdʒ	invasion	ɪn.ˈveɪ.ʒən
apartment	ə.ˈpɑːt.mənt	mention	ˈmɛn.tʃən
jump	dʒʌmp	hundred	ˈhʌn.drəd
complain	kəm.ˈpleɪn	agency	ˈeɪ.dʒen.tsi
September	ˈsɛp.tɛm.bə	month	mʌnθ
answer	ˈɑːn.tsə	London	ˈlʌn.dən
behind	bi.ˈhaɪnd	consonant	ˈkɔn.sə.nənt
since	sɪnts	ant	ænt
husband	ˈhʌz.bənd	central	ˈsɛn.trəl

Note que em alguns exemplos anteriores – como em *answer, since, inside, agency, consonant* – ocorre um som t entre as consoantes n e s. Ou seja, temos uma sequência nts. Nesses casos o som t é breve e reflete a transição de uma consoante nasal para uma consoante fricativa, sendo alveolares todas as consoantes envolvidas. Neste livro optei por transcrever a sequência nts em palavras como *answer, since, inside, agency, consonant* com o objetivo de contribuir para que o falante brasileiro de inglês articule a nasal em posição final de sílaba.

Note também que, quando os sons ɔ e ɛ são seguidos de consoante nasal – tanto intervocálica quanto seguida de consoante na sílaba seguinte –, eles mantêm a mesma pronúncia aberta: ɔ e ɛ. Falantes brasileiros de inglês, mesmo que não nasalizem as vogais ɔ e ɛ, tendem a pronunciá-las como as vogais fechadas o e e. Conforme já foi dito anteriormente, os sons o e e somente ocorrem em inglês como parte dos ditongos oʊ e eɪ. Ou seja, os sons o e e não ocorrem sozinhos em inglês. Pratique nos exemplos que seguem a pronuncia das vogais ɔ e ɛ seguidas de consoante nasal.

September	ˈsɛp.tɛm.bə	consonant	ˈkɔn.sə.nənt
remember	ri.ˈmɛm.bə	pond	pɔnd
twenty	ˈtwɛn.ti	pompous	ˈpɔm.pəs
central	ˈsɛn.trəl	combat	ˈkɔm.bæt

17mn

Nos casos em que a vogal ʌ ocorre seguida de consoante nasal (seja intervocálica ou seguida de consoante na sílaba seguinte), ocorre interferência da ortografia, e o falante brasileiro de inglês tende a utilizar a vogal nasalizada õ (no lugar de ʌ). As vogais o e ʌ são vogais médias e há também semelhança articulatória entre elas. Contudo, a vogal o somente ocorre, em inglês, como parte do ditongo oʊ (como em *toe*), mas não ocorre sozinha.

18mn

London	ˈlʌn.dən	some	sʌm
company	ˈkʌm.pə.ni	done	dʌn
honey	ˈhʌn.i	ton	tʌn
month	mʌntθ	once	wʌnts

As consoantes m n também ocorrem em inglês, em final de palavra. Nesses casos, os falantes brasileiros de inglês tendem a utilizar duas estratégias. Uma dessas é nasalizar a vogal que precede a consoante nasal e não articular a consoante nasal como, por exemplo, em *him* hɪm que o falante brasileiro de inglês tende a pronunciar como hĩ. A outra estratégia do falante brasileiro de inglês é inserir i após a consoante nasal e, neste caso, há, certamente, interferência ortográfica. Ou seja, quando o falante brasileiro de inglês insere uma vogal i após a consoante nasal, observamos que a palavra em questão termina com a letra "e" na ortografia: *name* neɪm que é pronunciada pelo falante brasileiro de inglês como neɪmi.

Em inglês, as consoantes m n ocorrem em final de sílaba e devem ser obrigatoriamente pronunciadas (sem serem seguidas de vogal): m é articulada com os lábios se encontrando, e n é articulada com a ponta da língua tocando a parte de trás dos dentes superiores (região alveolar). Os exemplos em cinza ilustram a pronúncia marcada do falante brasileiro de inglês. Escute e compare a pronúncia marcada do falante brasileiro de inglês com a pronúncia do inglês.

19mn

him	hĩ	hɪm	name	neɪmi	neɪm
green	grĩ	griːn	home	hoʊmi	hoʊm
soon	sũ	suːn	mine	maɪni	maɪn
win	wĩ	wɪn	cone	koʊni	koʊn

O "m" e "n" ortográfico no **final da palavra** são uma pista para que o falante brasileiro de inglês pronuncie o som de m e n: *him* hɪm ou *green* griːn. Contudo, esteja atento para a pronúncia de algumas palavras que terminam com a sequência ortográfica "mb", mas cuja pronúncia termina com o som de m: *lamb* læm, *womb* wuːm, *comb* koʊm, *tomb* tuːm, *limb* lɪm. Ou seja, há casos em que o "b" ocorre na escrita no final de palavra, mas não é pronunciado. De maneira geral, o "b" ortográfico tende a não ser pronunciado quando precedido de "m" em final de palavra.

Pratique a produção das consoantes m n em final de palavra. Certifique-se de articular as consoantes – m com o encontro dos lábios e n com a ponta da língua tocando atrás dos dentes superiores. Certifique-se, também, de que a vogal que precede m n seja uma vogal oral. Escute e repita.

Unidade 22: *mummy, money* m n

name	neɪm	one	wʌn
comb	koʊm	commom	ˈkʌm.ən
lamb	læm	mine	maɪn
gym	dʒɪm	woman	ˈwʊm.ən
time	taɪm	women	ˈwɪm.ɪn
man	mæn	down	daʊn
men	mɛn	green	griːn
home	hoʊm	in	ɪn
am	æm	on	aːn
come	kʌm	soon	suːn
fun	fʌn	then	ðɛn
room	ruːm	than	ðæn

20mn

Vimos que os pares de vogais ɛ-æ e æ-ʌ são perceptualmente difíceis para o falante brasileiro de inglês, quando seguidos de consoantes nasais intervocálicas (cf. *sammy/semi* e *tammy/tummy*). Esses mesmos pares de sons ocorrem seguidos de m n em final de palavra. Nos exemplos que seguem, os pares de vogais ɛ-æ e æ-ʌ ocorrem seguidos de m n em final de palavra. O contraste entre ɛ-æ é apresentado para o inglês americano, e o contraste entre æ-ʌ é apresentado para o inglês britânico, pois, nestas variedades, ocorrem dificuldades perceptuais para o falante brasileiro de inglês. Pratique. Certifique-se de que a vogal não seja nasalizada e de que a consoante seja produzida (m, com o encontro dos lábios, e n, com a ponta da língua tocando atrás dos dentes superiores). Escute e repita.

Contraste ɛ e æ seguidos de consoante nasal

then	ðɛn	than	ðæn
pen	pɛn	pan	pæn
ten	tɛn	tan	tæn
Ben	bɛn	ban	bæn
den	dɛn	Dan	dæn

21mn

Contraste æ e ʌ seguidos de consoante nasal

tan	tæn	ton	tʌn
ran	ræn	run	rʌn
ram	ræm	rum	rʌm
ban	bæn	bun	bʌn
Sam	sæm	sum	sʌm
pan	pæn	pun	pʌn

22mn

No exercício que segue, você deve identificar qual das vogais ɛ, æ, ʌ ocorre na palavra. Indique, também, a forma ortográfica da palavra. Siga o exemplo.

Exercício 64

1	pen	ɛ	5		9		13	
2.	sum	ʌ	6		10		14	
3			7		11		15	
4			8		12		16	

Verifique a sua resposta para o exercício anterior. Em posição final de palavra, a consoante nasal n pode ser silábica. Nesse caso, n ocupa o centro da sílaba. Geralmente, a forma com a nasal silábica tem outra pronúncia alternativa, em que o *schwa* precede a consoante nasal: *action* ˈæk.ʃn̩ ou ˈæk.ʃən. O símbolo n̩ pode ser utilizado para marcar que o n é silábico. Contudo, como o contexto é bastante específico – final de palavra precedido de consoante –, opto por não fazer uso de um símbolo adicional neste livro, exceto nos exemplos abaixo quando destaco o n silábico. Escute e pratique.

23mn

action	ˈæk.ʃn̩	kitchen	ˈkɪtʃ.n̩
reason	ˈriː.zn̩	often	ˈɔf.n̩
vision	ˈvɪʒ.n̩	even	ˈiːv.n̩
person	ˈpɜː.sn̩	fashion	ˈfæʃ.n̩

Escute os pares de sentenças que são apresentados a seguir. Essas sentenças diferem apenas quanto à palavra entre parênteses, que apresenta um dos sons m ou n. Escute e repita.

24mn

1	a	Can I have (**some**) flowers please?	kæn aɪ hæv sʌm flaʊəz pliːz
	b	Can I have (**sun**) flowers please?	kæn aɪ hæv sʌn flaʊəz pliːz
2	a	Where is my (**comb**)?	wɛr ɪz maɪ koʊm
	b	Where is my (**cone**)?	wɛr ɪz maɪ koʊn
3	a	I'll (**warm**) them	aɪl wɔːm ðɛm
	b	I'll (**warn**) them	aɪl wɔːn ðɛm
4	a	I'll go to get my (**money**) now	aɪl goʊ tuː gɛt maɪ mʌni naʊ
	b	I'll go to get my (**Mummy**) now	aɪl goʊ tuː gɛt maɪ mʌmi naʊ
5	a	Can I have my (**comb**) please?	kæn aɪ hæv maɪ koʊm pliːz
	b	Can I have my (**cone**) please?	kæn aɪ hæv maɪ koʊn pliːz

Nas sentenças que seguem, qualquer uma das duas palavras entre parênteses pode ocorrer. A diferença é que a sentença terá significado diferente em um caso

Unidade 22: *mummy, money* m n

e no outro. As palavras entre parênteses se diferenciam apenas quanto aos sons m ou n. Escute as sentenças e selecione a palavra que foi pronunciada.

> **Exercício 65**
> Can I have my (**comb/cone**) please?
> I'll (**warm/warn**) them
> I'll go to get my (**money/mummy**) now
> Can I have (**some/sun**) flowers please?
> Where is my (**comb/cone**)?

Ex65

Verifique sua resposta para o exercício anterior. Considerando que os sons m e n são sons que ocorrem em final de palavra, devemos inferir a forma regular de plural e de 3psp e a forma de passado para formas que terminem em m e n (se necessário, consulte na tabela destacável as regras de formação de plural-3psp e passado-particípio passado). Sendo que m n são consoantes vozeadas, temos que a forma de plural e 3psp será z e a forma de passado será d. Os exemplos que seguem ilustram a formação de plural-3psp e de passado para formas terminadas em m e n.

m			n		
lambs	læmz	*læmz*	plans	plænz	*plænz*
games	geɪmz	*geɪmz*	sons	sʌnz	*sʌnz*
climbed	klaɪmd	*klaɪmd*	signed	saɪnd	*saɪnd*
formed	fɔːmd	*fɔːrmd*	joined	dʒɔɪnd	*dʒɔɪnd*

25mn

No exercício que segue, você deve indicar a forma de plural e de 3psp para os substantivos e verbos listados. Se necessário, faça uso de sua tabela destacável para identificar se o som é vozeado ou desvozeado. As formas ortográficas em negrito indicam que a pronúncia é britânica e as formas ortográficas em itálico indicam que a pronúncia é americana. Escreva a forma de plural/3psp, para cada caso, como s, z ou ɪz. Siga o exemplo.

Ex66

Exercício 66

	Som final	Plural e 3psp
moths	θ	s
(s/he) stops		
(s/he) runs		
clocks		
(s/he) knows		
(s/he) smooths		
seems		
drops		
forms		
jobs		
(s/he helps)		

	Som final	Plural e 3psp
bags		
lakes		
(s/he) sleeps		
farms		
flags		
dogs		
learns		
(s/he) misses		
joins		
(s/he) forces		
(s/he) begs		

Verifique a resposta para o exercício anterior. No exercício que segue, você deve indicar a forma de passado e de particípio passado para os verbos listados. As formas ortográficas em negrito indicam que a pronúncia é britânica e as formas ortográficas em itálico indicam que a pronúncia é americana. Escreva a forma de passado e de particípio passado para cada caso como t, d ou ɪd. Siga o exemplo.

Ex67

Exercício 67

	Som final	Passado/Particípio	
learned	n	d	lɜːnd
missed	s	t	mɪst
aimed			
decided			
wanted			
smoothed			
seemed			
dropped			
formed			
tried			
helped			

	Som final	Passado/Particípio	
looked			
liked			
prayed			
snowed			
flagged			
stared			
forced			
opened			
joined			
closed			
begged			

Verifique sua resposta para o exercício anterior. No exercício que segue, você deve inserir um dos símbolos consonantais – m, n, s, z, t, d – nas lacunas (Blundel, 1980: 23).

Unidade 22: *mummy, money* m n

Ex68

Exercício 68

Soon	after	his	election,	American	President	Calvin
suː__	ˈæf.tər	hɪ__	ɪl.ˈɛk.ʃən	ə.ˈmɛr.ik.ə__	ˈprɛz.ɪd.ənt	ˈkæl.vɪ__

Coolidge	invited	a	party	of	country	friends	to
ˈkuː.lɪdʒ	ɪn.ˈvaɪ.t̬ɪ__	ə	ˈpaːr.t̬i	aːv	ˈkʌn.tri	frɛnd__tuː

dine	at	the	White	House.	Feeling	rather	self-conscious	in
daɪn	æt	ðə	waɪ__	haʊs	ˈfiː.lɪŋ	ˈræð.ər	ˈsɛlf.kaːn.tʃə__	ɪn

such	opulent	surroundings,	they	copied	Coolidge's	every
sʌtʃ	ˈaː.pjuː.lə__t	sə.ˈraʊ.__dɪŋz	ðeɪ	ˈkaː.pi__	ˈkuː.lɪdʒɪz	ˈɛv.ri

move.	As	the	President	poured	half	his	coffee	into	his
muːv	æz	ðə	ˈprɛz.ɪd.ən__	pɔːrd	hæf	hɪz	ˈkaː.fi	ˈɪ__.tuː	hɪ__

saucer,	so	did	they.	He	added	cream	and	sugar,
ˈsaː.sər	soʊ	__ɪd	ðeɪ	hiː	ˈæd̬.ɪ__	kriː__	ə__d	ˈʃʊg.ər

and	they	did	likewise.	The	President	then	laid	his
ə__d	ðeɪ	dɪd	ˈlaɪk.waɪ__	ðə	ˈprɛz.ɪd.ə__t	ðɛ__	leɪd	hɪz

saucer	on	the	floor	for	his	cat.
ˈsaː.sər	aː__	ðə	flɔːr	fɔːr	hɪz	kæt

Verifique sua resposta para o exercício anterior. Nesta seção, tratamos das consoantes nasais m n. Na próxima seção será considerada a nasal velar ŋ. Essa última consoante – ŋ – é tratada separadamente, por apresentar especificidades perceptuais e de produção para o falante brasileiro de inglês.

Unidade 23

1ŋ

king
kiŋ

Não há símbolo concorrente em dicionários e livros: sempre ŋ

A consoante ŋ é nasal vozeada e velar. Como as demais consoantes nasais, ocorre o abaixamento do véu palatino durante a sua articulação, e o ar que vem dos pulmões sai pela narina e pela boca. Durante a produção desta consoante, ocorre a vibração das cordas vocais e essa é, portanto, uma consoante vozeada. A parte posterior do corpo da língua se levanta em direção à região velar, ocorrendo a obstrução da passagem da corrente de ar. A figura que segue ilustra as características articulatórias do som ŋ.

2ŋ

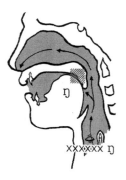

Nasal velar vozeada
Articulador ativo: parte posterior da língua
Articulador passivo: região velar

O som ŋ pode ter os correlatos ortográficos indicados a seguir. Escute e repita cada um dos exemplos.

3ŋ

Correlatos ortográficos de ŋ			
ng	song	sɔŋ	saːŋ
n(c)	uncle	ˈʌŋ.kl	ˈʌŋ.kl
n(k)	drink	drɪŋk	drɪŋk
n(g)	hungry	ˈhʌŋ.gri	ˈhʌŋ.gri

Unidade 23: *king* ŋ

O som ŋ tem as mesmas características articulatórias do som g, exceto pelo fato de que, na articulação de g, a úvula se encontra levantada – porque g é um som oral. Já na articulação de ŋ, a úvula se encontra abaixada, pois ŋ é um som nasal. Portanto, para produzir o som ŋ, você deve pronunciar o som g com a úvula abaixada. Pronuncie algumas vezes o som g, observando a posição da língua em relação ao palato mole (ou região velar). Certifique-se de produzir somente a consoante.

g   g   g

Compare a articulação de g com a articulação de ŋ, produzindo estas consoantes alternadamente.

g   ŋ   g   ŋ   g   ŋ

Possivelmente, essa é a consoante da língua inglesa mais difícil de ser produzida pelo falante brasileiro de inglês. Certifique-se de produzir o som ŋ. Considere as características articulatórias desta consoante. Se necessário, pratique algumas vezes a sequência de g ŋ considerada anteriormente. Considere os exemplos que seguem. Esses exemplos ilustram casos em que ŋ ocorre em final de palavra. Falantes brasileiros de inglês tendem a inserir um som g nessa posição. Note que, de fato, ocorre a consoante nasal ŋ (e não o som g) no final da palavra. Escute e repita.

king	kıŋ	kıŋ	spring	sprıŋ	sprıŋ
ring	rıŋ	rıŋ	evening	'i:v.nıŋ	'i:vn.ıŋ
song	soŋ	sa:ŋ	strong	stroŋ	stra:ŋ
wrong	roŋ	ra:ŋ	string	strıŋ	strıŋ
long	loŋ	la:ŋ	young	jʌŋ	jʌŋ
bring	brıŋ	brıŋ	something	'sʌmp.θıŋ	'sʌmp.θıŋ
thing	θıŋ	θıŋ	anything	'ɛn.i.θıŋ	'ɛn.i.θıŋ

Observe que a terminação **-ing** tem como pronúncia ıŋ. Certifique-se de não pronunciar um som g no final da palavra. Escute e repita.

reading	'ri:.dıŋ	'ri:d̬.ıŋ	talking	'to:k.ıŋ	'ta:k.ıŋ
writing	'raı.tıŋ	'raıt̬.ıŋ	speaking	'spi:k.ıŋ	'spi:k.ıŋ
dancing	'dænt.sıŋ	'dænts.ıŋ	doing	'du.ıŋ	'du.ıŋ
putting	'put.ıŋ	'put̬.ıŋ	sleeping	'sli:p.ıŋ	'sli:p.ıŋ

Quando um verbo termina na vogal longa i: ou nos ditongos terminados em ı – aı, eı, ɔı – e, observamos que, na forma de gerúndio deste verbo, ocorre uma sequência de vogais com qualidades vocálicas semelhantes (i:- ı, como em *being* bi.ıŋ) ou vogais idênticas (ı - ı, como em *crying* kraı.ıŋ). Falantes brasileiros de inglês tendem a não pronunciar a sequência de vogais e pronunciam somente uma vogal. Por ser seguida de outra vogal, observamos que a vogal longa iː tende a ser pronunciada como i. Nos exemplos que seguem, o ponto final indica o limite entre as duas sílabas com as vogais semelhantes ou idênticas. Escute e repita.

8ŋ

being	ˈbi.ɪŋ	ˈbi.ɪŋ
seeing	ˈsi.ɪŋ	ˈsi.ɪŋ
fleeing	ˈfli.ɪŋ	ˈfli.ɪŋ
freeing	ˈfri.ɪŋ	ˈfri.ɪŋ
frying	ˈfraɪ.ɪŋ	ˈfraɪ.ɪŋ
crying	ˈkraɪ.ɪŋ	ˈkraɪ.ɪŋ
praying	ˈpreɪ.ɪŋ	ˈpreɪ.ɪŋ
staying	ˈsteɪ.ɪŋ	ˈsteɪ.ɪŋ
enjoying	ɪnˈdʒɔɪ.ɪŋ	ɪnˈdʒɔɪ.ɪŋ
employing	ɪmˈplɔɪ.ɪŋ	ɪmˈplɔɪ.ɪŋ

Quando consideramos as consoantes nasais m e n vimos que, antes de p e b, se pronuncia m (e os lábios devem se encontrar para produzir a consoante nasal m), e que se pronuncia n antes de t d s (e a língua toca a região alveolar, produzindo o som n). Quando uma consoante nasal precede as oclusivas velares k g, essa consoante nasal será ŋ. Considere os exemplos que seguem, em que a nasal velar ŋ precede a oclusiva velar k.

9ŋ

sink	sɪŋk	sɪŋk	thanks	θæŋks	θæŋks
bank	bæŋk	bæŋk	bonkers	ˈbɒŋk.əz	ˈbaːŋ.kərz
pink	pɪŋk	pɪŋk	wink	wɪŋk	wɪŋk
anxious	ˈæŋk.ʃəs	ˈæŋk.ʃəs	drink	drɪŋk	drɪŋk
think	θɪŋk	θɪŋk	conquer	ˈkɒŋ.kə	ˈkaːŋ.kər

Nos exemplos que seguem, a nasal velar ŋ precede a oclusiva velar g. Escute e repita.

10ŋ

language	ˈlæŋ.gwɪdʒ	ˈlæŋ.gwɪdʒ	hunger	ˈhʌŋ.gə	ˈhʌŋ.gər
hungry	ˈhʌŋ.gri	ˈhʌŋ.gri	anger	ˈæŋ.gə	ˈæŋ.gər
finger	ˈfɪŋ.gə	ˈfɪŋ.gər	Hungary	ˈhʌŋ.gər.i	ˈhʌŋ.gər.i

Nos casos apresentados em (10), temos a sequência sonora ŋg ocorrendo em meio de palavra. Contudo, há casos em que, embora tenhamos "ng" na ortografia, pronuncia-se ŋg em um grupo de palavras (por exemplo, *finger* ˈfɪŋ.gə) e se pronuncia somente a nasal ŋ em outro grupo de palavras (por exemplo, *singer* ˈsɪŋ.ə). Uma regra de formação de palavras que pode ser útil nesses casos estabelece que, se a palavra for formada a partir de um verbo, ocorre somente o

Unidade 23: *king* ŋ

som nasal ŋ. Em outros casos, ocorre a sequência ŋg. Exemplos são ilustrados a seguir.

Palavras formadas a partir de um verbo

singer	ˈsɪŋ.ə	ˈsɪŋ.ər	formada a partir de *to sing*
hanger	ˈhæŋ.ə	ˈhæŋ.ər	formada a partir de *to hang*
bringing	ˈbrɪŋ.ɪŋ	ˈbrɪŋ.ɪŋ	formada a partir de *to bring*
longing	ˈlɔŋ.ɪŋ	ˈlaːŋ.ɪŋ	formada a partir de *to long*

11ŋ

Palavras formadas a partir de não verbos ou outros casos

stronger	ˈstrɔŋ.gə	ˈstraːŋ.gər	formada a partir do adjetivo *strong*
anger	ˈæŋ.gə	ˈæŋ.gər	não é formada a partir de outra palavra
finger	ˈfɪŋ.gə	ˈfɪŋ.gər	não é formada a partir de outra palavra
longer	ˈlɔŋ.gə	ˈlaːŋ.gər	formada a partir do adjetivo *long*

A pronúncia da nasal velar ŋ, em posição intervocálica, é particularmente difícil para o falante brasileiro de inglês: *singer* ˈsɪŋ.ə. Contudo, é importante observar que a ocorrência de ŋ entre vogais é bastante frequente, se considerarmos as formas de gerúndio e os casos em que duas palavras ocorrem juntas. Exemplos são apresentados a seguir. Escute e repita.

singing	ˈsɪŋ.ɪŋ	sing a song	ˈsɪŋ ə sɔŋ
hanging	ˈhæŋ.ɪŋ	hang on	ˈhæŋ ɔn
bringing	ˈbrɪŋ.ɪŋ	bring up	ˈbrɪŋ ʌp
ringing	ˈrɪŋ.ɪŋ	sing it	ˈsɪŋ ɪt
morning after	ˈmɔːn.ɪŋ aːf.tə	rung a lot	ˈrʌŋ ə lɒt
strong action	ˈstrɔŋ æk.ʃən	bring a toy	ˈbrɪŋ ə tɔɪ

12ŋ

Os exemplos que seguem ilustram sequências de palavras, sendo que a primeira palavra termina na consoante nasal velar ŋ e a palavra seguinte começa com uma consoante. Escute e repita.

strong boy	ˈstrɔŋ bɔɪ	something has	ˈsʌmpθɪŋ hæz
ping pong	ˈpɪŋ pɔŋ	hang clothes	ˈhæŋ klouðz
bring them	ˈbrɪŋ ðɛm	rung Mum	ˈrʌŋ mʌm

13ŋ

As vogais æ e ʌ são, perceptualmente, difíceis para o falante brasileiro de inglês, quando seguidas de consoantes nasais. Nos exemplos que seguem, cada par de palavras contrasta as vogais æ e ʌ seguidas da consoante nasal velar ŋ. Pratique. Certifique-se de que a vogal não seja nasalizada e de que a consoante ŋ seja produzida (com a parte de trás da língua tocando a região velar). Escute e repita.

14ŋ

Contraste æ e ʌ seguidos de consoante nasal ŋ

rang	ræŋ	rung	rʌŋ
sprang	spræŋ	sprung	sprʌŋ
bang	bæŋ	bung	bʌŋ
hang	hæŋ	hung	hʌŋ
drank	dræŋk	drunk	drʌŋk
bank	bæŋk	bunk	bʌŋk

No exercício que segue, você deve identificar qual das vogais æ e ʌ ocorre na palavra. Indique também a forma ortográfica da palavra.

Ex69

Exercício 69

rang	æ						
hung	ʌ						

Verifique a resposta para o exercício anterior. Escute os pares de sentenças que são apresentados a seguir. Essas sentenças diferem apenas quanto à palavra entre parênteses, que apresenta um dos sons ŋ ou n. Escute e repita.

15ŋ

1	a	He is the best (**kin**) for everyone.	hi ɪz ðə bɛst kɪn fɔːr ɛv.ri.wʌn
	b	He is the best (**king**) for everyone.	hi ɪz ðə bɛst kɪŋ fɔːr ɛv.ri.wʌn
2	a	I'll (**ban**) it.	aɪl bæn ɪt
	b	I'll (**bang**) it.	aɪl bæŋ ɪt
3	a	Is that a (**ton**)?	ɪz ðæt ə tʌn
	b	Is that a (**tongue**)?	ɪz ðæt ə tʌŋ
4	a	Where are the (**buns**)?	wɛə aː ðə bʌnz
	b	Where are the (**bungs**)?	wɛə aː ðə bʌŋz

Nas sentenças que seguem, qualquer uma das duas palavras entre parênteses pode ocorrer. A diferença é que a sentença terá significado diferente em um caso e no outro. As palavras em negrito se diferenciam apenas quanto aos sons ŋ ou n. Escute as sentenças e selecione a palavra que foi pronunciada.

Ex70

Exercício 70

He is the best (**kin/king**) for everyone.
I'll (**ban/bang**) it.
Is that a (**ton/tongue**)?
Where are the (**buns/bungs**)?

Unidade 23: *king* ŋ

Verifique a resposta para o exercício anterior. Considerando que a consoante nasal velar ŋ ocorre em final de palavra, devemos inferir a forma regular de plural e de 3psp e a forma de passado-particípio passado para formas que terminem em ŋ. Se necessário, consulte na tabela destacável as regras de formação de plural-3psp e passado-particípio passado. Sendo que ŋ é uma consoante vozeada, temos que a forma de plural e 3psp será z, e a forma de passado será d. Os exemplos que seguem ilustram a formação de plural-3psp e de passado-particípio passado para formas terminadas em ŋ.

16ŋ

Plural/presente		**Passado/particípio**	
tongues	tʌŋz	banged	bæŋd
bangs	bæŋz	hanged	hæŋd

No exercício que segue, você deve indicar a forma de plural e de 3psp para os substantivos e verbos listados (geralmente, os verbos que terminam em ŋ têm formação irregular de passado/particípio passado e, portanto, o exercício não apresenta formas para esta categoria). As formas ortográficas em negrito indicam que a pronúncia é britânica, e as formas ortográficas em itálico indicam que a pronúncia é americana. Siga o exemplo.

Ex71

Exercício 71			
(s/he) brings	z	*crowns*	
windows		**strings**	
(s/he) rings		*(it) stings*	
(s/he) writes		**prices**	
(s/he) likes		*things*	
songs		**tables**	

Verifique a sua resposta para o exercício anterior. No exercício que segue, você deve inserir um símbolo consonantal nas lacunas.

Exercício 72

Remember	last	year	when	I	was	broke	and	you	helped
ri.'mɛ__.bə	la:__t	__ɪə	wɛ__	aɪ	wɔ__	brou__	æ__d	ju:	hɛ__p__

me	and	I	said	I'd	never	forget	you?
mi:	æ__d	aɪ	sɛ__	aɪ__	'nɛ__.ə	fə.'__ɛ__	__u:

Yes, I remember.
__ɛ__ aɪ ri.'mɛ__:bə

Well, I'm broke again.
wɛ__ aɪ__ brou__ ə.'geɪ__

You must be kidding...
__u: mʌ__t bi: 'kɪ__.ɪ__

Verifique a sua resposta para o exercício anterior. Há uma vogal no inglês – que é tipicamente denominada *schwa* – que ocorre **somente** em posição não acentuada. Essa é uma vogal **breve** que, excepcionalmente, ocorre em final de sílaba e de palavra em inglês. O *schwa* será considerado a seguir.

Unidade 24

pizza
ˈpiːt.sə

1ə

Não tem símbolos concorrentes em dicionários e livros: sempre ə

A vogal ə é, tipicamente, denominada **schwa**. Essa é uma vogal central, média-alta e produzida sem o arredondamento dos lábios. O *schwa* é uma vogal breve que tem a duração bastante pequena. Por isso, é também denominada vogal reduzida. O *schwa* ocorre, *exclusivamente*, em posição não acentuada. Isso é equivalente a dizer que o *schwa* não ocorre em sílaba tônica.

Afirmamos, ao longo deste livro, que as vogais breves não ocorrem em final de sílabas (e palavras), em inglês. As exceções a essa generalização são as vogais i e u – veja Unidades 2 e 12 deste livro – e o *schwa*. Ou seja, o *schwa* é uma vogal breve que, excepcionalmente, ocorre em final de sílaba e final de palavra em inglês (essas informações constam na tabela destacável).

O *schwa* tem características articulatórias bem próximas às da vogal ɜː. A principal diferença entre ɜː e ə é o fato de que o *schwa* somente ocorre em sílaba não acentuada. Ou seja, enquanto ɜː é uma vogal que, tipicamente, ocorre em posição acentuada, o *schwa* sempre ocorre em posição não acentuada. Ou seja, o *schwa* ə nunca recebe acento. O diagrama apresentado a seguir indica as características articulatórias das vogais ə e ɜː.

ɜː Língua em posição alta e central
Lábios estendidos
Vogal tensa e longa

2ə

ə Língua em posição média-alta e central
Lábios estendidos
Vogal frouxa e curta

A vogal ə desempenha um papel muito importante na construção do ritmo e da entonação no inglês. O *schwa* é tipicamente analisado como uma vogal reduzida. Um tratamento detalhado do *schwa* nos levaria muito além do propósito deste livro (ver Marusso, 2003 para uma análise detalhada do *schwa* em português e em inglês). Nas próximas páginas, trataremos do *schwa* dando ênfase à sua distribuição nas sílabas átonas e à sua ocorrência nas formas plenas e reduzidas (*strong* and *weak forms*, respectivamente).

A vogal ə pode ter os correlatos ortográficos indicados a seguir. Escute e repita cada um dos exemplos.

3ə

Correlatos ortográficos de ə			
a	about	ə.'baut	ə.'baut
ai	villain	'vɪl.ən	'vɪl.ən
ia	parliament	'pa:.lə.mənt	'pa:r.lə.mənt
o	correct	kə.'rɛkt	kə.'rɛkt
ou	marvelous	'ma:.və.ləs	'ma:r.və.ləs
oi	porpoise	'pɔ:.pəs	'pɔ:r.pəs
io	action	'æk.ʃən	'æk.ʃən
e	operate	'ɔp.ər.eɪt	'a:.pə.reɪt
eo	surgeon	'sɜ:.dʒən	'sɜ:r.dʒən

O *schwa* tem características articulatórias bem próximas ao **a** átono final do português brasileiro – como na vogal final da palavra *pizza*. No português brasileiro, o *schwa* tende a ocorrer sempre em posição postônica, ou seja, após a vogal tônica, e sempre se relaciona a um "a" ortográfico. No inglês, o *schwa* pode ocorrer em posição postônica ou pretônica (mas nunca em posição tônica, pois o *schwa* ocorre **sempre** em posição não acentuada). Os exemplos que seguem ilustram o *schwa* em posição postônica em final de palavra, em inglês (note que este contexto é o mesmo em que o *schwa* ocorre em português). Ou seja, em posição postônica tendo como correlato ortográfico a vogal "a".

4ə

Schwa em final de palavra

America	ə.'mɛr.ɪ kə	ə.'mɛr.ɪ kə	China	'tʃaɪ.nə	'tʃaɪ.nə
Canada	'kæn.ə.də	'kæn.ə.də	comma	'kɔm.ə	'ka:.mə
saga	'sa:.gə	'sa:.gə	coma	'kou.mə	'kou.mə
sofa	'sou.fə	'sou.fə	Africa	'æf.rɪk.ə	'æf.rɪk.ə

Considere os exemplos que seguem. Estes exemplos ilustram o *schwa* ocorrendo em final de palavra no inglês britânico, sendo que, no inglês americano, o *schwa* ocorre seguido de r.

Unidade 24: *pizza* ə

Schwa em final de palavra alternando com (schwa+r)

cover	ˈkʌv.ə	ˈkʌv.ər	winner	ˈwɪn.ə	ˈwɪn.ər
actor	ˈæk.tə	ˈæk.tər	cursor	ˈkɜː.sə	ˈkɜːr.sər
picture	ˈpɪk.tʃə	ˈpɪk.tʃər	colour	ˈkʌl.ə	ˈkʌl.ər
Arthur	ˈaː.θə	ˈaːr.θər	lunar	ˈluː.nə	ˈluː.nər

5ə

Os exemplos ilustrados anteriormente mostram que o *schwa* ocorre em final de palavra, no inglês britânico. Contudo, esse resultado não seria esperado. Isso porque, em inglês, ocorrem somente vogais longas, ditongos ou consoantes em final de palavra. Ou seja, as vogais breves não ocorrem em final de palavra. Sendo o *schwa* uma vogal breve, esta não deveria ocorrer em final de palavra. Esse comportamento do *schwa* – de poder ocorrer em final de palavra – o distingue das demais vogais breves. As demais vogais breves contrastam com uma vogal longa (exceto ʌ e ɛ). Observe a vogal que ocorre em posição acentuada, em cada um dos seguintes pares: *Mars* maːz *-mass* mæs, *seat* siːt *-sit* sɪt, *caught* kɔːt *-cot* kɔt, *boot* buːt *-book* bʊk. Potencialmente, o *schwa* poderia contrastar com a vogal longa ɜː, mas o fato de o *schwa* ocorrer somente em sílabas átonas exclui essa possibilidade (pois a vogal longa ɜː ocorre, tipicamente, em posição acentuada). O *schwa* ocorre também em início de palavra em inglês.[1] Considere alguns exemplos. Escute e repita.

Schwa em início de palavra

obbey	ə.ˈbeɪ	amount	ə.ˈmaʊnt
allow	ə.ˈlaʊ	observe	əb.ˈzɜːv
agree	ə.ˈgriː	annoy	ə.ˈnɔɪ
achieve	ə.ˈtʃiːv	obstruct	əbs.ˈtrʌkt
aquatic	ə.ˈkwæt.ɪk	occurs	ə.ˈkɜːz
Atlantic	ət.ˈlæn.ɪk	objective	əb.ˈdʒɛk.tɪv

6ə

Os exemplos que seguem ilustram o *schwa* ocorrendo em meio de palavra.

Schwa em meio de palavra

perhaps	pə.ˈhæps	pər.ˈhæps	possible	ˈpɔs.ə.bl	ˈpaːs.ə.bl
ignorant	ˈɪg.nər.ənt	ˈɪg.nər.ənt	necessary	ˈnɛ.sə.sɛr.i	ˈnɛ.sə.sɛr.i
pilot	ˈpaɪ.lət	ˈpaɪ.lət	envelope	ˈɛn.və.loʊp	ˈɛn.və.loʊp
characters	ˈkær.ɪk.təz	ˈkɛr.ɪk.tərz	tomato	tə.ˈmaː.toʊ	tə.ˈmeɪ.toʊ
understand	ʌn.də.ˈstænd	ʌn.dər.ˈstænd	hundred	ˈhʌn.drəd	ˈhʌn.drəd
contain	kən.ˈteɪn	kən.ˈteɪn	secretary	ˈsɛk.rə.tɛ.ri	ˈsɛk.rə.tɛ.ri

7ə

Pode-se observar, com frequência, que o falante brasileiro de inglês tem dificuldades em identificar o som correspondente ao *schwa*, sobretudo, em posições

---

[1] No português, o *schwa* pode ocorrer em início de palavra, em posição não acentuada: *abacaxi, aparecida* etc.

antes do acento tônico. Nesses casos, ocorre sistematicamente a interferência da ortografia. O exercício que segue tem por objetivo que o estudante identifique o *schwa*.

Exercício 73
Marque nas palavras abaixo a(s) letra(s) que esta(ão) associada(s) à vogal que é pronunciada como *schwa*. Sublinhe a letra, circule-a ou use marcador de texto.

salad	understand	answer	woman
command	Brazil	photograph	tomorrow
camera	envelope	breakfast	caravan
suppose	hundred	cupboard	brazilian
elephant	ignorant	comfortable	hospital
Barbara	address	afternoon	covered

Verifique a resposta para o exercício anterior. O *schwa* ocorre também nas chamadas **formas fracas** (*weak forms*). As formas fracas estão relacionadas às **formas fortes** (*strong forms*). As formas fortes apresentam uma vogal plena, que pode ser qualquer uma das outras vogais do inglês (diferente do *schwa*). Nas formas fracas, as vogais plenas são reduzidas ao *schwa*, ou seja, ə. O quadro que segue lista formas fortes e formas fracas do inglês.

Unidade 24: *pizza* ə

Formas fortes e fracas

Exemplo	Forma forte	Forma fraca	Observação sobre as formas fracas
a	eɪ	ə	antes de consoantes
am	æm	m	após *I (am)*
		əm	nos outros casos
an	æn	ən	antes de vogais
and	ænd	ən	
are	ɑː	ə	antes de consoantes
		ər	antes de vogais
as	æz	əz	
at	æt	ət	
be	biː	bi	
but	bʌt	bət	
can	kæn	kən	
do	duː	də	də é usado antes de consoantes. A forma duː é usada antes de vogais
does	dʌz	dəz	
for	fɔː	fə	antes de consoantes
		fər	antes de vogais
from	frɔm	frəm	
has	hæz	əz	após s z ʃ ʒ tʃ dʒ
		s	após p t k f θ
		z	nos demais casos
have	hæv	v	após *I, we, you, they*. Somente quando verbo auxiliar.
		əv	nos outros casos
had	hæd	d	após *I, we, she, we, you, they*. Somente quando verbo auxiliar.
		əd	nos outros casos
her	hɜː	əː	
him	hɪm	ɪm	
his	hɪz	ɪz	
is	ɪz	s	após p t k f θ
		z	após vogais e consoantes vozeadas, exceto z, ʒ, dʒ. Após s z ʃ ʒ tʃ dʒ a forma forte é sempre usada
must	mʌst	məst	
of	ɔv	əv	
shall	ʃæl	ʃl̩	
should	ʃud	ʃəd	
some	svm	səm	quando *some* quer dizer "uma certa quantidade" ocorre a forma forte.
than	ðæn	ðən	
that	ðæt	ðət	quando indica, especificamente, algo usa-se a forma forte
the	ðiː	ðə	antes de consoantes. Antes de vogais, tende ocorrer a forma forte
them	ðɛm	ðəm	
to	tuː	tə	antes de consoantes. Antes de vogais, tende ocorrer a forma forte
us	ʌz	s, əs	somente em *"Let's"*
was	wɔz	wəz	
were	wɜː	wə	
Will	wɪl	l	após *I, he, she, we, you, they*
		l̩	após consoantes exceto *l*
		əl	após vogais e *l*
Would	wud	d	após *I, he, she, we, you, they*
		əd	nos outros casos
you	juː	jə	
your	jɔː	jə	

No inglês britânico, o *schwa* ocorre em final de palavra. Devemos, então, inferir a forma regular de plural e 3psp e também as formas de passado e particípio passado. Sendo o *schwa* um segmento vozeado – como as demais vogais –, podemos afirmar que o plural e a 3psp serão indicados por z e o passado e o particípio serão indicados por d.

No exercício que segue, você deve indicar a forma de plural e de 3psp para os substantivos e verbos listados. As formas ortográficas em negrito indicam que a pronúncia é britânica e as formas ortográficas em itálico indicam que a pronúncia é americana. Siga o exemplo.

Exercício 74

(s/he) borrows	z	*sofas*	
(s/he) covers		**(s/he) arrives**	
(s/he) brings		*pizzas*	
(s/he) colours		**actors**	
(s/he) cleans		*colours*	
pictures		**writes**	

Verifique sua resposta para o exercício anterior. No exercício que segue, você deve indicar a forma de passado para os verbos listados. As formas ortográficas em negrito indicam que a pronúncia é britânica e as formas ortográficas em itálico indicam que a pronúncia é americana. Escreva a forma de passado, para cada caso, como t ou d. Siga o exemplo.

Exercício 75

	Som final	Passado/ Particípio
improved	v	d
suggested		
compared		
switched		
breathed		
imported		
entered		
interested		
suffered		

	Som final	Passado/ Particípio
loved		
walked		
begged		
watched		
coloured		
tried		
covered		
impressed		
acted		

Unidade 24: pizza ə

Ex76

Verifique a sua resposta para o exercício anterior. Marque, no texto abaixo, a(s) letra(s) que esta(ão) associada(s) à vogal que é pronunciada como *schwa* (sublinhe-a, circule-a ou use marcador de texto). Siga o exemplo.

Exercício 76 – Texto 1

Lady Astor once told Sir Winston Churchill: "if I were your wife, I'd put poison in your coffee". Churchill replied: "and if I were your husband, I'd drink it".

Exercício 76 - Texto 2

In Georgian days a Member of Parliament indignantly broke off from his speech in the House of Commons and said: "The Prime Minister is asleep". Lord North opened one eye and said: "I wish to God I was".

Ex77

Verifique a sua resposta para o exercício anterior. No exercício que segue você deve inserir um dos símbolos vocálicos – aː, æ, ɛ, iː, ɪ, ɔː, ɔ, uː, ʊ, ʌ, ɜː, ə, aɪ, eɪ, ɔɪ, aʊ, oʊ – nas lacunas (Blundel, 1980: 115).

Exercício 77 – Texto 1

Lady   Astor   once   told   Sir   Winston   Churchill:
'l__d.__   '__s.t__r   w__nts   t__ld   s__r   'w__n.st__n   'tʃ__r.tʃ__l

"if   I   were   your   wife,   I'd   put   poison
__f   __   w__r   j__r   w__f   __d   p__t   'p__z.ən

in   your   coffee."   Churchill   replied:
__n   j__r   'k__f.i   'tʃ__rtʃ.__l   r__.'pl__d

"and   if   I   were   your   husband,   I'd   drink   it".
__nd   __f   __   w__r   j__r   'h__z.b__nd   __d   dr__ŋk   __t

Ex77

Exercício 77 – Texto 2

In	Georgian	days	a	Member	of	Parliament
_n	ˈdʒ__dʒ._n	d_z	_	ˈm__m.b_r	_v	ˈp__.lɪ.m__nt

indignantly	broke	off	from	his
_n.ˈd__g.n__nt.l_	br_k	_v	fr_m	h_z

speech	in	the	House	of	Commons
sp_tʃ	_n	ð_	h_s	_f	ˈk_m._nz

and	said:	"The	Prime	Minister	is	asleep".
_nd	s_d	ð_	pr_m	ˈm_n.__.st_r	_z	_.ˈsl_p

Lord	North	opened	one	eye	and	said:
l_d	n_θ	_.pənd	w_n	_	_nd	s_d

"I	wish	to	God	I	was."
_	w_ʃ	t_	g_d	_	w_z

Verifique a resposta para o exercício anterior. O estudo das formas fortes e fracas está intimamente relacionado à estrutura acentual e ao ritmo. Esses tópicos merecem uma atenção especial que não é possível ser dispensada neste livro. Do ponto de vista da estrutura sonora, o falante brasileiro de inglês deve estar ciente de que o *schwa* é uma vogal breve, que é **sempre** não acentuada e que pode ocorrer em sílabas abertas ou em sílabas fechadas.

O *schwa* também pode formar ditongos. Esses ditongos são denominados ditongos centralizados e marcam variação dialetal entre o inglês britânico e o inglês americano. Os ditongos centralizados são o tópico da próxima seção.

Unidade 25

ɪə	ɛə	ʊə
beer	*bear*	*tourist*
bɪə	bɛə	ˈtʊə.rɪs
Símbolos concorrentes encontrados em dicionários e livros	Símbolos concorrentes encontrados em dicionários e livros	Símbolos concorrentes encontrados em dicionários e livros
ɪr	ɛr, eə, er	ʊr, ɔːr

lɪə
ɛə ʊə

Os ditongos ɪə, ɛə e ʊə ocorrem somente no inglês britânico. No inglês americano, ocorre, tipicamente, o som de r no lugar do *schwa*. Os ditongos centralizados ɪə, ɛə e ʊə são sempre seguidos de "r" ortográfico. Na articulação de ditongos, a língua se movimenta contínua e ininterruptamente de uma determinada posição vocálica – por exemplo, de ɪ – para uma outra posição vocálica – neste caso, ə. Essa mudança articulatória relacionada aos ditongos ɪə, ɛə e ʊə é ilustrada nas figuras que seguem para cada um desses ditongos.

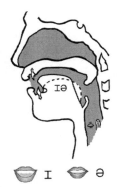 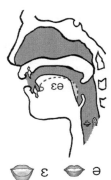 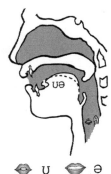

Os ditongos ɪə, ɛə e ʊə podem ter os correlatos ortográficos indicados a seguir. Escute e repita cada um dos exemplos.

2ɪə
ɛə ʊə

Correlatos ortográficos de ɪə		
ie(r)	pier	pɪə
ee(r)	deer	dɪə
ea(r)	really	'rɪə.li
e(r)	hero	'hɪə.rəʊ

Correlatos ortográficos de ʊə		
ou(r)	tourist	'tʊə.rɪst
oo(r)	poor	pʊə
u(r)	sure	ʃʊə

Correlatos ortográficos de ɛə		
ea(r)	bear	bɛə
a(r)	vary	'vɛə.ri
ai(r)	hair	hɛə

3ɪə
ɛə ʊə

Os exemplos que seguem contrastam os ditongos ɪə, ɛə e ʊə no inglês britânico com a pronúncia do inglês americano, em que o r ocorre no lugar do *schwa*.

Ditongo ɪə				**Ditongo ɛə**				**Ditongo ʊə**		
fear	fɪə	fɪr	fair	fɛə	fɛr	cure	kjʊə	kjʊr
beard	bɪəd	bɪrd	stair	stɛə	stɛr	sure	ʃʊə	ʃʊr
appear	ə.'pɪə	ə.'pɪr	aware	ə.wɛə	ə.wɛr	secure	si.'kjʊə	si.'kjʊr
really	'rɪə.li	'riː.ə.li	canary	kən.'ɛər.i	kən.'ɛr.i	Europe	'jʊə.rəp	'jʊr
year	jɪə	jɪr	chair	tʃɛə	tʃɛr	mature	mə.'tjʊə	mə.

Há variação no inglês britânico quanto à pronúncia do ditongo ʊə. Esse ditongo pode, alternativamente, ocorrer como ɔː em algumas palavras. Dentre essas palavras O'Connor (1981) cita, por exemplo, *poor, surely, furious, pure, sure, curiosity*. Segue a sugestão de se estar sempre atento para pronúncias diferentes. No exercício que segue, você deve indicar qual dos ditongos ɪə, ɛə e ʊə ou sequências de (vogal + r) – como ɪr, ɛr ou ʊr – ocorrem nas palavras. Siga os exemplos.

Ex78

Exercício 78

ɪə	beer		easier
ʊr	insurance		furious
	curiosity		compare
	year		clear
	dare		dare
	dear		ear
	there		sure

Unidade 25: *beer, bear, tourist* ɪə ɛə ʊə

Verifique sua resposta para o exercício anterior. Observe que os ditongos ɪə, ɛə e ʊə e as sequências (vogal + r) como ɪr, ɛr ou ʊr ocorrem em final de palavra. Portanto, devemos identificar qual será a forma de plural e de 3psp e também a forma de passado e particípio para formas terminadas nesses sons. Todos os sons ɪə, ɛə, ʊə, ɪr, ɛr e ʊr terminam em segmentos vozeados. Isso porque o ə e o r são segmentos vozeados. Sendo assim, concluímos que a formação de plural e de 3psp de formas terminadas em ɪə, ɛə, ʊə, ɪr, ɛr e ʊr será z e a formação de passado e particípio passado será d.

No exercício que segue, você deve indicar a forma de plural e de 3psp ou as formas de passado e particípio passado para os substantivos e verbos listados. Se necessário, consulte a tabela destacável. As formas ortográficas em negrito indicam que a pronúncia é britânica e as formas ortográficas em itálico indicam que a pronúncia é americana. Siga o exemplo.

Exercício 79

	Som final	Plural e 3psp
(s/he) pleases	z	ɪz
stars	r	z
(s/he) drives		
flowers		
prices		
ideas		
(s/he) bathes		
heros		
(s/he) cries		
it matures		
(s/he) scares		
(s/he) spares		

	Som final	Plural e 3psp
pleased		
stared		
distracted		
flowered		
priced		
entered		
bathed		
stormed		
collected		
cried		
scared		
spared		

Ex79

Verifique sua resposta para o exercício anterior. A seguir, temos alguns exemplos do inglês em que se observam sequências de vogais (ou vogais e ditongos). Esses exemplos são apresentados em dois grupos. No primeiro grupo, o *schwa* é sempre a segunda vogal na sequência, sendo precedido de um ditongo decrescente. Temos sequências como (ditongo + ə). No segundo grupo, ocorrem sequências do tipo (vogal + vogal) ou (ditongo + vogal). A pronúncia britânica (em negrito) difere da pronúncia americana (em itálico). Escute e repita.

Sequências de vogais: (ditongo + ə)

tower	ˈtaʊ.ə	ˈtaʊ.ər	quiet	ˈkwaɪ.ət	ˈkwaɪ.ət	
tired	ˈtaɪ.əd	ˈtaɪr.d	player	ˈpleɪ.ər	ˈpleɪ.ər	
power	ˈpaʊ.ə	ˈpaʊ.ər	lawyers	ˈlɔɪ.əz	ˈlɔɪ.ərz	
flower	ˈfla.ʊə	ˈflaʊ.ər	royal	ˈrɔɪ.əl	ˈrɔɪ.əl	
riot	ˈraɪ.ət	ˈraɪ.ət	followers	ˈfɒl.oʊ.əz	ˈfɒl.oʊ.ərz	
showery	ˈʃaʊ.ə.ri	ˈʃaʊ.ə.ri	ours	ˈaʊ.əz	ˈaʊrz	
iron	ˈaɪ.ən	ˈaɪrn	buyer	ˈbaɪ.ə	ˈbaɪ.ər	
narrower	ˈnær.oʊ.ə	ˈnær.oʊə.r	coward	ˈkaʊ.əd	ˈkaʊ.ərd	

4ɪə
εə ʊə

Sequências de vogais: (vogal + vogal) ou (ditongo + vogal)

chaos	ˈkeɪ.ɒz	ˈkeɪ.aːz	bluish	ˈblu.ɪʃ	ˈblu.ɪʃ
react	ri.ˈækt	ri.ˈækt	beyond	bi.ˈɒnd	bi.ˈaːnd

No exercício que segue, você deve transcrever foneticamente o texto apresentado (O'Connor, 1980: 7). Consulte a tabela destacável. O mesmo texto é pronunciado no inglês britânico – 1ª gravação – e no inglês americano – 2ª gravação. Empenhe-se!

Ex80

Exercício 80

Letters are written, sounds are spoken. It is very useful to have written letters to remind us of corresponding sounds, but this is all they do; they cannot make us pronounce sounds which we do not already know; they simply remind us. In ordinary English spelling it is not always easy to know what sounds the letters stand for; for example, in the words *city, busy, women, pretty, village* the letters *i, y, u, o, e* and *a* all stand for the same vowel sound, the one which occurs in *sit*.

Respostas

Os exemplos em negrito são do inglês britânico e exemplos em itálico são do inglês americano. As respostas pretendem ser ilustrativas e não exaustivas.

Exercício 1

1. **(Leave)** it!   2. **(it)**?   3. What happens if we **(slip)**?   4. Whose **(sheep)** is that?   5. What a big **(piece)**!

Exercício 2

ɪ	ɪf	if
i:	pli:z	please
ɪ	ɪt	it
ɪ	ɪz	is
i:	li:st	least
i:	bi.'li:v	believe

ɪ	kɪs	kiss
ɪ	ðɪs	this
i:	ði:z	these
ɪ	tʃɪk	chick
i:	bi:nz	beans
i:	pɔ:.tʃə.'gi:z	Portuguese

ɪ	'ɪŋ.glɪʃ	English
ɪ	brə.'zɪl	Brazil
i:	mi:t	meet
i:	hi:t	heat
ɪ	rɪtʃ	rich
i:	fi:l	feel

Exercício 3

Everyone	must	row	with	the	oars	he	has
'ɛv.ri.wʌn	mʌst	rou	wɪð	ði	ɔəz	hi:	hæz

Worry	often	gives	a	small	thing	a	big	shadow
'wʌr.ɪ	a:fn	gɪvz	ə	sma:l	θɪŋ	ə	bɪg	'ʃæḍ.ou

Look	before	you	leap
lʊk	bi.'fɔ:	ju:	li:p

Exercício 4

1. | In | for | a | penny, | in | for | a | pound |
   |---|---|---|---|---|---|---|---|
   | ɪn | fɔ:r | ə | 'pɛn.i | ɪn | fɔ:r | ə | paʊnd |

2. | Don't | count | your | chickens | before | they're | hatched |
   |---|---|---|---|---|---|---|
   | doʊnt | kaʊnt | jɔ:r | 'tʃɪk.ənz | bi.'fɔ:r | ðeɪ er | hætʃt |

3. | Caught | between | a | rock | and | a | hard | place |
   |---|---|---|---|---|---|---|---|
   | ka:t | bi.'twi:n | ə | ra:k | ænd | ə | ha:rd | pleɪs |

4. | Might | as | well | be | hanged | for | a | sheep | as | a | lamb |
   |---|---|---|---|---|---|---|---|---|---|---|
   | maɪt | əz | wɛl | bi: | hæŋd | fɔ:r | ə | ʃi:p | əz | ə | læm |

210

Pronúncia do Inglês

Exercício 5

s	Alice
z	pens
s	lease
s	It's
z	It is
s	use (n)
z	use (v)
z	whose

s	pence
z	bees
s	price
s	lice
s	use
z	whose
z	noise
s	piece

s	yes
s	advice
z	lies
z	rise
z	please
z	ease
z	prize

Exercício 6

Substantivo singular	Som final	Plural
price	s	ˈpraɪs.ɪz
cliff	f	klɪfs
knee	iː	niːz
niece	s	ˈniːs.ɪz
lady	i	ˈleid.iz
key	iː	kiːz

Substantivo singular	Som final	Plural
wave	v	weɪvz
proof	f	pruːfs
prize	z	ˈpraiz.ɪz
city	i	ˈsɪt̮.iz
grave	v	greɪvz
breeze	z	ˈbriːz.ɪz

Exercício 7

Verbo	Som final		3psp
believe	v	z	bi.ˈliːvz
stiff	f	s	stɪfs
free	iː	z	friːz
please	z	ɪz	ˈpliːz.ɪz
busy	i	z	ˈbɪz.i
cough	f	s	kɔfs

Verbo	Som final		3psp
prize	z	ɪz	praɪz.ɪz
advise	z	ɪz	əd.ˈvaɪz.ɪz
study	i	z	ˈstʌd.iz
price	s	ɪz	ˈpraɪs.ɪz
save	v	z	seɪvz
agree	iː	z	ə.ˈgriːz

Exercício 8

Br	far
Am	dark
Am	mark
Br	card

Am	car
Br	park
Br	lard
Am	bar

Br	smart
Br	clerk
Am	bark
Br	carp

Exercício 9

æ	map
aː	dark
aː	class
aː	card
æ	Marry
æ	fabric

aː	yard
aː	grass
æ	sack
æ	lack
aː	bar
aː	smart

æ	pack
æ	carry
aː	far
æ	gap
aː	laugh
aː	clerk

Exercício 10

1. Where is the (**pack**)? 2. Is it that (**bad**)? 3. What a (**heart**)! 4. That is a big (**cart**). 5. Whose (**cap**) is that? 6. Please do not (**pat**) it!

Respostas 211

Exercício 11

How	was	that	new	restaurant		you	ate	in?
haʊ	waːz	ðæt	njuː	'rɛs.traːnt		juː	eɪt̪	ɪn

It's	terrible.		It's	so	bad	that	they	can't	give	out	doggy.
ɪts	'tɛr.ɪbl		ɪts	soʊ	bæd	ðæt	ðeɪ	kænt	gɪv	aʊt	'daːg.i

bags	because		it	would	be	cruelty		to	animals
bægz	bi.'kaːz		ɪt	wʊd	biː	'kruːəl.t̪i		tuː	'æn.ɪm.əlz

Astronaut 1:	I	hate	it	when	we	travel	faster	than	sound.
	aɪ	heɪt	ɪt	wɛn	wiː	'træv.l̩	'faːst.ə	ðæn	saʊnd

Astronaut 2:	Oh! Why's	that?
	oʊ waɪz	ðæt

Astronaut 1:	Because	I	never	catch	what	you're	saying
	bi.'kɔz	aɪ	'nɛv.ə	kætʃ	wɔt	juːə	'seɪ.ɪŋ

Exercício 12

Br	far		Am	car		Am	smart
Am	dark		Am	park		Br	clerk
Br	mark		Br	lard		Br	bark
Br	card		Am	bar		Am	carp

Exercício 13

1. I said (**batty**)? 2. Is it to (**carry**)? 3. What a (**Betty**)!

Exercício 14

Exemplo	som final	Plural e 3psp	
(s/he) kisses	s	ɪz	'kɪsɪz
(s/he) pleases	z	ɪz	'pliːz.ɪz
(s/he) stars	aː	z	staːz
(s/he) starves	v	z	staːrvz
cars	r	z	kaːrz

Exemplo	som final	Plural e 3psp	
(s/he) laughs	f	s	læfs
bars	aː	z	baːz
babies	i	z	'beɪb.iz
(s/he) scars	r	z	skaːrz
(s/he) lives	v	z	lɪvz

Exercício 15

A	man	was	speeding	down	the	highway,
ə	mæn	wəz	'spiː.d̪ɪŋ	daʊn	ðə	'haɪ.weɪ

feeling	secure	in a	gaggle	of	cars
'fiːl.ɪŋ	si.'kjʊrɪn	ə	'gæg.əl	əv	kaːrz

all	travelling	at	the	same	speed.	However,
aːl	'træv.əl.ɪŋ	æt	ðə	seɪm	spiːd	haʊ.'ɛv.ər

as	they	passed	a	speed	trap,	he	got	nailed
æz	ðeɪ	pæst	ə	spiːd	træp	hiː	gaːt	neɪld

with	an	infrared	speed	detector	and	was	pulled	over.
wɪð	ən	ɪn.frə.'rɛd	spiːd	di.'tɛk.tər	ænd	wəz	pʊld	oʊ.vər

212

Pronúncia do Inglês

The officer handed him the citation, received his
ði 'aː.fɪ.sər 'hænd.ɪd hɪm ðə saɪ.'teɪ.ʃən ri.'siːvd hɪz

signature and was about to
'sɪg.nɪ.tʃər ænd wəz ə.'baut tuː

walk away when the man asked: "Officer, I know I
waːk ə.'weɪ wɛn ðə mæn æskt 'aː.fɪ.sər aɪ nou aɪ

was speeding but I don't think it's
wəz 'spiː.dɪŋ bʌt aɪ dount θɪŋk ɪts

fair! there were plenty of other cars around
fɛr ðɛr wɜːr 'plɛn.ţi əv 'ʌð.ər kaːrz ə.'raund

me who were going just as fast, so
miː huː wɜːr 'gou.ɪŋ dʒʌst əz fæst sou

why did *I* get the ticket?".
waɪ dɪd aɪ gɛt ðə 'tɪk.ɪt

"Ever go fishing?" the policeman suddenly asked the man.
ɛv.ər gou 'fɪʃ.ɪŋ ðə pə.'liːs.mən 'sʌd.ən.li æskt ðə mæn

"Ummm, yeah..." the startled man replied. The officer grinned and added:
ʌmm jɛə ðə 'staːr.ţld mæn ri.plaɪd ðiː 'aː.fɪ.sər grɪnd ænd 'æd.ɪd

"Ever catch all the fish?"
'ɛv.ər kætʃ aːl ðə fɪʃ

Exercício 16

h	have	r	reach	r	restaurant	r	right
r	right	h	hat	h	home	r	rat
h	height	h	house	r	rose	h	hill
r	room	h	hope	h	whose	r	rich

Exercício 17

1. Was that (**Ray**)? 2. What a big (**rose**)! 3. Is it a (**hope**)? 4. Please do not (**hide**) it. 5. Where is the (**rat**)?

Exercício 18

æ	mass	æ	marry	ɛ	guest
ɛ	mess	ɛ	bed	æ	pass
æ	gas	ɛ	many	æ	bag
ɛ	merry	ɛ	press	æ	bad

Exercício 19

1. Where is the (**mash**)? 2. Is is that (**net**)? 3. Please do not (**bet**). 4. What a big (**led**)! 5. Was that (**pet**) brown? 6. Whose (**bread**) is that?

Exercício 20

A man bought his first mobile phone an d decided to try it out.
ə mæn bɔːţ ɪz fɜːrst 'mou.bəl foun ənd di.'saɪd.ɪd tuː traɪ ɪţ aut

He hopped into his car and when
hiː haːpt ɪn.tu hɪz kaːr ənd wɛn

Respostas

he reached the motorway   He dialed   his   girlfriend:
hiː riːtʃt ðə 'mou.ʈər.weɪ   hiː 'daɪ.əld   hɪz   gɜːl.frɛnd

"Hello darling"   said   the   man   proudly
'hɛl.ou 'daːr.lɪŋ sɛd   ðə   mæn   'praud.li

"I'm on the motorway....."   "You'd better   be   careful"   his
aɪm aːn ðə 'mou.ʈər.weɪ   juːd   'bɛʈ.ər biː 'kɛr.fəl hɪz

girlfriend   cautioned   him: "I   just   heard   on   the   radio   that
'gɜːrl.frɛnd 'kaː.ʃənd hɪm   aɪ dʒʌst hɜːrd aːn ðə 'reɪ.ɖi.ou ðæt

there's a lunatic   driving   the wrong   way down the motorway!!!"
ðɛrz ə 'luː.nə.ʈɪk 'draɪv.ɪŋ ðə raːŋ weɪ daun ðə 'mou.ʈər.weɪ

"One lunatic!"   exclaimed   the man "You must
wʌn 'luː.nə.ʈɪk ɪk.'skleɪmd ðə mæn juː mʌst

be joking!   There are   hundreds   of   them!"
biː 'dʒouk.ɪŋ ðɛr aːr 'hʌn.drəds əv ðɛm

Exercício 21

	Som final	Plural e 3psp	
s/he jumps	p	s	dʒʌmps
legs	g	z	lɛgz
s/he stops	p	s	stops
clocks	k	s	klaːks
s/he drinks	k	s	dʒrɪŋks
drops	p	s	dʒrops
jobs	b	z	dʒɔbz
s/he helps	p	s	hɛlps

	Som final	Plural e 3psp	
bags	g	z	bægz
lakes	k	s	leɪks
flags	g	z	flægz
s/he sleeps	p	s	sliːps
dogs	g	z	dogz
s/he asks	k	s	æsks
s/he grabs	b	z	græbz
s/he begs	g	z	bɛgz

Exercício 22

A stumble   may   prevent   a   fall
ə 'stʌm.bl̩ meɪ pri.'vɛnt ə fɔːl

All good things come to those who wait
aːl gud θɪŋz kʌm tə ðouz huː weɪt

Everyone   must row with the oars he has
'ɛv.ri.wʌn mʌst rou wɪð ði ɔəz hiː hæz

Every path has its puddle
'ɛv.ri pæθ hæz ɪts 'pʌd.l

Worry often gives a small thing a big shadow
wʌr.i ɔfn gɪvz ə smɔːl θɪŋ ə bɪg 'ʃæɖ.ou

Six of one, half a dozen of the other
sɪks əv wʌn hæf ə dʌz.ən əv ðə ʌð.ər

Exercício 23

Revenge   is   a   dish best served cold
rɪ.'vɛndʒ ɪz ə dɪʃ bɛst 'sɜ.ːved kould

Caught	between	a	rock	and	a	hard	place
kɑːt	bɪ.ˈtwiːn	ə	rɑːk	ænd	ə	hɑːrd	pleɪs

You	can't	teach	an	old	dog	new	tricks
juː	kænt	tiːtʃ	ən	ould	dɑːg	nuː	trɪks

Great	starts	make	great	finishes
greɪt	stɑːts	meɪk	greɪt	ˈfɪn.ɪʃ.ɪz

Doubt	is	the	beginning	of	wisdom
daʊt	ɪz	ðə	bi.ˈgɪn.ɪŋ	əv	ˈwɪz.dəm

Out	of	the	frying	pan	and	into	the	fire
aʊt	ɔv	ðə	ˈfraɪ.ɪŋ	pæn	ænd	ˈɪn.tuː	ðə	ˈfaɪ.ə

Exercício 24

	Som final	Plural e 3psp
(s/he) tastes	t	ˈteɪsts
(s/he) decides	d	di.ˈsaɪdz
(s/he) gets	t	gɛts
(s/he) writes	t	raɪts
(s/he) ends	d	ɛndz
(s/he) reads	d	riːdz
(s/he) waits	t	weɪts
sides	d	saɪdz
(s/he) paints	t	peɪnts
(s/he) protects	t	prə.ˈtɛkts

	Som final	Plural e 3psp
(s/he) depends	d	di.ˈpɛndz
(s/he) quits	t	kwɪts
(s/he) eats	t	iːts
roads	d	roudz
markets	t	ˈmɑː.kɪts
flats	t	flæts
beds	d	bɛːdz
birds	d	bɛdz
friends	d	frɛndz
boats	t	bouts

Exercício 25

	Som final	Passado	
seated	t	ɪd	ˈsiː.ţɪd
freed	iː	d	friːd
sided	d	d	ˈsaɪ̯d.ɪd
arrived	v	d	ə.ˈraɪvd
crossed	s	t	krɑːst
sniffed	f	t	snɪft
helped	p	t	hɛlpt
shipped	p	t	ʃɪpt
paused	z	d	pɔːzd
ended	d	ɪd	ˈɛnd.ɪd
waited	t	ɪd	ˈweɪ̯t.ɪd
decided	d	ɪd	di.ˈsaɪd.ɪd
numbered	r	d	nʌmb.ˈɜrd
dragged	g	d	drægd

	Som final	Passado	
grabbed	b	d	græbd
pleased	z	d	pliːzd
practised	s	t	ˈpræk.tɪst
picked	k	t	pɪkt
lived	v	d	lɪvd
laughed	f	t	læft
robbed	b	d	robd
scared	r	d	skɛrd
caused	z	d	kɔːzd
liked	k	t	laɪkt
wanted	t	ɪd	ˈwɑːn.tɪd
tasted	t	ɪd	ˈteɪs.tɪd
pretended	d	ɪd	prɪ.ˈtɛnd.ɪd
repeated	t	ɪd	ri.ˈpiː.ţ.ɪd

Respostas   215

Exercício 26

1	He lives here.	hi: lɪvz hɪə
2	She practices it well.	ʃi: 'præk.tɪs.ɪz ɪt wɛl
3	He loves you.	hi: lʌvz ju:
4	She drinks a lot.	ʃi: drɪŋks ə la:t
5	He writes well.	hi: raɪts wɛl
6	She keeps it.	ʃi: ki:ps ɪt
7	He scores lots of goals.	hi: sko:z lɔts ɔv goulz
8	She reads well.	ʃi: ri:dz wɛl
9	It pleases her.	ɪt pli:zɪz h3:
10	It ends here.	ɪt ɛndz hɪr
11	I practiced it a lot.	aɪ 'præk.tɪst ɪt ə lɔt
12	You stopped him!	ju: sta:pt hɪm
13	She enjoyed it.	ʃi: ɪn.'dʒɔɪd ɪt
14	He walked his dog.	hi: wa:kt hɪz da:g
15	He arrived in London.	hi: ə.'raɪvd ɪn 'lʌnd.ən
16	I wanted you.	aɪ 'wa:n.ɪd ju:
17	I'm pleased.	aɪm pli:zd
18	She liked him.	ʃi: laɪkt hɪm
19	Who caused it?	hu: kɔ:zd ɪt
20	I helped them.	aɪ hɛlpt ðɛm

Exercício 27

ɔ	God	ɔ	what	ɔ:	more			
ɔ:	door	ɔ	off	ɔ:	ought			
ɔ	drop	ɔ	of	ɔ:	four, for			
ɔ:	call	ɔ	top	ɔ:	raw			
ɔ	rock	ɔ:	snore	ɔ	boss			
ɔ:	port	ɔ:	your	ɔ:	sort			
ɔ	copy	ɔ	models	ɔ	socks			
ɔ:	hall	ɔ:	draw	ɔ	box			
ɔ	job	ɔ:	short	ɔ:	all			

Exercício 28

1. What are those (**spots**)? 2. Have you seen the (**cod**)? 3. Is that the (**port**)? 4. Was she (**shot**)!

Exercício 29

ɔ	**Br**	socks	ɔ	**Br**	lost	
ɔ:	**Br**	board	æ	*Am*	class	
a:	*Am*	lock	a:	*Am*	God	
ɔ:	*Am*	store	ɔ:	**Br**	port	
ɔ:	**Br**	caught	ɔ:	**Br**	cork	
ɔ	**Br**	rock	a:	*Am*	cot	
ɔ:	**Br**	score	ɔ	**Br**	shock	
ɔ:	*Am*	sort	a:	*Am*	top	
a:	*Am*	odd	a:	*Am*	cot	
ɔ:	**Br**	call	ɔ	**Br**	bought	
ɔ:	**Br**	cord	ɔ:	**Br**	caller	
ɔ:	*Am*	court	ɔ:	**Br**	Paul	

Exercício 30

Good things come in small packages
gʊd θɪŋz kʌm ɪn smɔl ˈpæk.ɪdʒ.ɪz

The pen is mightier than he sword
ðə pɛn ɪz ˈmaɪ.ʈi.ər ðæn ðə sɔːrd

Birds of a feather flock together
bɜːdz ɔv ə ˈfɛð.ə flɒk tə.gɛð.ə

Time and tide wait for no man
taɪm ənd taɪd weɪt fɔːr noʊ mæn

Exercício 31

ʊ	took	uː	proof	ʊ	foot
uː	tool	ʊ	put	ʊ	wolf
ʊ	good	uː	bruise	ʊ	sugar
uː	smooth	uː	boot	uː	fool
ʊ	full	ʊ	woman	ʊ	bush
uː	tool	ʊ	cushion	uː	approve

Exercício 32

1. Is it (**full**)? 2. I said (**pool**). 3. Now you say (**could**). 4. He (**wooed**).

Exercício 33

Exemplo	Som final	Plural e 3psp
pieces	s	ɪz
(s/he) behaves	v	z
(s/he) frees	iː	z
(s/he) coughs	f	s
babies	i	z
shoes	uː	z
(s/he) briefs	f	s
cars	r	z
(s/he) laughs	f	s
bars	r	z
(s/he) divorces	s	ɪz

Exemplo	Som final	Plural e 3psp
bears	ɛə	z
(s/he) causes	z	ɪz
stars	aː	z
(s/he) looses	s	ɪz
(s/he) cures	ʊə	z
(s/he) ignores	r	z
(s/he) reserves	v	z
(s/he) agrees	iː	z
(s/he) sniffs	f	s
ladies	i	z
laws	ɔː	z

Exemplo	Som final	Passado/ Particípio
laughed	f	t
behaved	v	d
freed	iː	d
coughed	f	t
agreed	iː	d
divorced	s	t
behaved	v	d

Exemplo	Som final	Passado/ Particípio
reserved	v	d
caused	z	d
started	t	ɪd
booked	k	t
glued	uː	d
cured	ʊə	d
ignored	r	d

Respostas

217

Exercício 34

Never judge a book by its cover
'nɛv.ər dʒʌdʒ ə bʊk baɪ ɪts 'kʌv.ər

A miss is as good as a mile
ə mɪs ɪz æz gʊd æz ə maɪl

Look before you leap
lʊk bi.'fɔːr juː liːp

All good things come to those who wait
ɔːl gʊd θɪŋz kʌm tə ðoʊz huː weɪt

Exercício 35

θ	**both**	θ	*mouth*
ð	*those*	θ	**health**
θ	*through*	ð	*breathe*
θ	*thick*	θ	*think*
ð	**that**	ð	**leather**
θ	**thought**	ð	**with**
ð	*the*	ð	**father**
ð	*mother*	θ	**north**
θ	**something**	ð	*this*
ð	**clothe**	ð	*these*
θ	*wealth*	ð	**feather**
θ	*booth*	θ	**author**
θ	**thousand**	θ	*bath*
ð	**smooth**	ð	*bathe*

Exercício 36

1 There is that to think about
   ðɛər ɪz ðæt tuː θɪŋk ə.baʊt

2 Don't bother if the thing is not right
   doʊnt 'baː.ðər ɪf ðə θɪŋ ɪz naːt raɪt

3 I'll go together with them
   aɪl goʊ tə.'gɛð.ə wɪð ðɛm

4 That's more than they think it's worth
   ðæts mɔːr ðæn ðeɪ θɪŋk ɪts wɜːrθ

5 There isn't anything that pleases them
   ðɛər ɪznt 'ɛn.i.θɪŋ ðæt 'pliːz.ɪz ðɛm

Exercício 37

1. What a (**faith**)! 2. Why don't you (**close**) it? 3. I (**thought**) for the best. 4. Look at those (**thighs**).

Exercício 38

	Som final	Plural e 3psp
moths	θ	s
(s/he) misses	s	ɪz
deaths	θ	s
(s/he) raises	z	ɪz
ways	eɪ	z
photographs	f	s

	Som final	Plural e 3psp
(s/he) knows	oʊ	z
(s/he) forces	s	ɪz
(s/he) smooths	ð	z
keys	iː	z
(s/he) employs	ɔɪ	z
offices	s	ɪz

Exercício 39

ʒ	**explosion**
ʃ	*push*
ʃ	**shame**
ʒ	*revision*

ʒ	**usual**
ʃ	*shop*
ʃ	**fresh**
ʒ	*invasion*

Exercício 40

1 The collision was very bad
ðə kə.ˈlɪʒ.ən wɔz ˈvɛr.i bæd

2 I'll request my name's inclusion in the list
aɪl ri.ˈkwɛst maɪ neɪms ɪŋ.ˈkluː.ʒən ɪn ðə lɪst

3 Don't shout too loud
doʊnt ʃaʊt tuː laʊd

4 She measured it precisely
ʃiː ˈmɛʒ.əd ɪt prɪ.ˈsaɪ.sli

5 His shoes are very shiny
hɪz ʃuːz aː ˈvɛr.i ˈʃaɪ.ni

Exercício 41

	Som final	Plural e 3psp
pieces	s	ɪz
(s/he) passes	s	ɪz
ashes	ʃ	ɪz
(s/he) uses	z	ɪz
boys	ɔɪ	z
nieces	s	ɪz

	Som final	Plural e 3psp
(s/he) pushes	ʃ	ɪz
(s/he) knees	iː	z
(s/he) causes	z	ɪz
prices	s	ɪz
(s/he) crashes	ʃ	ɪz
baths	θ	s

Exercício 42

	Som final	Passado/ Particípio
kissed	s	t
pleased	z	d
crossed	s	t
breathed	ð	d
fished	ʃ	t
blessed	s	t

	Som final	Passado/ Particípio
laughed	f	t
passed	s	t
caused	z	d
priced	s	t
crashed	ʃ	t
bathed	ð	d

Respostas

Exercício 43

ʃ	shop	ʃ	**shoulder**
dʒ	edge	dʒ	judge
ʒ	**measure**	tʃ	chop
dʒ	pigeon	ʒ	**vision**
tʃ	children	tʃ	chin
dʒ	**major**	tʃ	cheap
tʃ	**March**	tʃ	kitchen
tʃ	choose	ʃ	**wish**
ʃ	**shoes**	tʃ	chicken

Exercício 44

1. I love (**chips**)! 2. Excuse me! This is my (**share**)! 3. This is a very cheap (**shop**). 4. Is she (**joking**)?

Exercício 45

	Som final	Plural e 3psp
wishes	ʃ	ɪz
(s/he) chooses	z	ɪz
watches	tʃ	ɪz
(s/he) cashes	ʃ	ɪz
bees	iː	z
edges	dʒ	ɪz

	Som final	Plural e 3psp
(s/he) catches	tʃ	ɪz
(s/he) stars	aː	z
(s/he) pays	eɪ	z
skies	aɪ	z
(s/he) knows	oʊ	z
(s/he) blesses	s	ɪz

Exercício 46

	Som final	Passado/ Particípio
wished	ʃ	t
bewitched	tʃ	t
melted	t	ɪd
cashed	ʃ	t
invented	t	ɪd
edged	dʒ	d

	Som final	Passado/ Particípio
brushed	ʃ	t
scared	r	d
skied	iː	d
impressed	s	t
watched	tʃ	t
blessed	s	t

Exercício 47

shoe-shop	ˈʃuː.ʃɒp	action	ˈæk.ʃən
teacher	ˈtiːtʃər	student	ˈstuːd.ənt
jacket	ˈdʒæk.ɪt	large	laːdʒ
garage	gə.ˈraːʒ	brushed	brʌʃt
huge	hjuːdʒ	virgin	ˈvɜː.dʒɪn
race	reɪs	washed	waːʃt
chase	tʃeɪs	age	eɪdʒ
gorgeous	ˈgɔːr.dʒəs	gingerbread	ˈdʒɪn.dʒər.brɛd

Exercício 48

aɪ	mile		aɪ	site		aɪ	light
oʊ	*grow*		eɪ	*sale*		oʊ	*toad*
ɔɪ	exploit		ɔɪ	enjoy		eɪ	whale
aɪ	*buys*		eɪ	*haste*		ɔɪ	*soil*
eɪ	safe		aɪ	ice		oʊ	load
aɪ	*crime*		aʊ	*cow*		aʊ	*proud*

Exercício 49

	Som final	Plural e 3psp
brushes	ʃ	ɪz
(s/he) colours	r	z
ties	aɪ	z
(s/he) enjoys	ɔɪ	z
toes	oʊ	z
cows	aʊ	z
(it) slows	oʊ	z
bras	aː	z
(s/he) rows	oʊ	z
(s/he) goes	oʊ	z
vases	z	ɪz
(s/he) leaves	v	z
stories	i	z
shoes	uː	z

	Som final	Plural e 3psp
bridges	dʒ	ɪz
(s/he) likes	k	s
(s/he) grows	oʊ	z
rainbows	oʊ	z
(s/he) envies	i	z
(s/he) greets	t	s
(s/he) pays	eɪ	z
keys	iː	z
(s/he) buys	aɪ	z
(s/he) knows	oʊ	z
races	s	ɪz
wars	r	z
prices	s	ɪz
faces	s	ɪz

Exercício 50

	som final	Plural e 3psp
brushed	ʃ	t
coloured	r	d
tied	aɪ	d
enjoyed	ɔɪ	d
crossed	s	t
employed	ɔɪ	d

	som final	Plural e 3psp
spied	aɪ	d
decided	d	ɪd
wanted	t	ɪd
watched	tʃ	t
bathed	ð	d
typed	p	t

Exercício 51

You must hear English. But just hearing it is not enough;
juː mʌst hɪr 'ɪŋ.glɪʃ bʌt dʒʌst 'hɪr.ɪŋ ɪt̬ ɪz naːt̬ ɪn. 'ʌf

You must listen to it and you must listen to it not for
juː mʌst lɪsn tuːɪt̬ ænd juː mʌst lɪsn tuː ɪt naːt foːr

the meaning but for the sound of it. Obviously, when you are
ðə 'miːn.ɪŋ bʌt foːr ðə saʊn̪d aːv ɪt 'aːb.vi.ə.sli wɛn juː aːr

Respostas

221

listening to a radio programme you will be trying to
'lɪsn.ɪŋ tu: ə 'reɪ.d̮iou 'prou.græm ju: wɪl bi: 'traɪ.ɪŋ tu:

understand it, trying to get the meaning from it;
ʌn.dər.'stænd ɪt 'traɪ.ɪŋ tu: gɛt ðə 'mi:n.ɪŋ fra:m ɪt

But you must try also for at least a short part
bʌt ju: mʌst traɪ 'a:l.sou fɔ:r æt li:st ə ʃɔ:rt pa:rt̮

of the time to forget about what the words
əv ðə taɪm tu: fər.'gɛt̮ ə.'baut wa:t ðə wɜ:rdz

mean and to listen to them simply as sounds.
mi:n ænd tu: lɪsn tu: ðɛm 'sɪm.pli.æz saundz

Exercício 52

1. **row**	4. **role**	7. *bowl*	10. *coat*
2. *told*	5. *cold*	8. *toad*	11. **gold**
3. **road**	6. *go*	9. **rolled**	12. **code**

Exercício 53

1. What a silly (**foal**). 2. This is a very old (**bolt**). 3. Is that a (**hoe**)? 4. I like this (**bow**) a lot!

Exercício 54

1. Is that (**nil**)? 2. Please do not (**chill**) it. 3. What does (**dew**) mean?

Exercício 55

	Som final	Plural e 3psp
(s/he) forces	s	ɪz
(s/he) grabs	b	z
nails	l	z
(s/he) begs	g	z
(s/he) passes	s	ɪz
(s/he) fears	ɪə	z
(s/he) brief	f	s
laughs	f	s
waves	v	z
(s/he) bathes	ð	z
(s/he) pushes	ʃ	ɪz
(s/he) fills	l	z
(s/he) lays	eɪ	z
cats	t	s
(s/he) bets	t	s

	Som final	Plural e 3psp
(s/he) sells	l	z
sieves	v	z
(s/he) likes	k	s
(s/he) calls	l	z
cliffs	f	s
(s/he) falls	l	z
miles	l	z
(s/he) pulls	l	z
bells	l	z
(s/he) proves	v	z
(s/he) snores	ɔ:	z
dogs	g	z
(s/he) flies	aɪ	z
(s/he) enjoys	ɔɪ	z
(s/he) yells	l	z

Exercício 56

	Som final	Plural e 3psp
owed	oʊ	d
forced	s	t
grabbed	b	d
nailed	l	d
begged	g	d
passed	s	t
feared	ɪə	d
packed	k	t
waved	v	d
bathed	ð	d
pushed	ʃ	t
filled	l	d
prayed	eɪ	d
robbed	b	d
fried	aɪ	d

	Som final	Plural e 3psp
suggested	t	ɪd
liked	k	t
typed	p	t
called	l	d
painted	t	ɪd
corrected	t	ɪd
talked	k	t
pulled	l	d
chilled	l	d
proved	v	d
snored	ɔː	d
forced	s	t
slowed	oʊ	d
enjoyed	ɔɪ	d
yelled	l	d

Exercício 57

Actions   speak   louder   than   words
ˈæk.ʃəns   spiːk   ˈlaʊd.ə   ðæn   wɜːdz

Silence   is   golden
ˈsaɪ. lənts   ɪz   ˈgoʊl.dən

Practice   makes   perfect
ˈpræk.tɪs   meɪks   ˈpɜː.fɛkt

Two   sides   of   the   same   coin
tuː   saɪdz   aːv   ðə   seɪm   kɔɪn

Good   things   come   in   small   packages
gʊd   θɪŋz   kʌm   ɪn   smɔːl   ˈpæk.ədʒ.ɪz

Exercício 58

Girl: I'll   have   to   give   you   your   engagement   ring   back.
         aɪl   hæv   tuː   gɪv   juː   jɔːr   ɪŋ.ˈgeɪdʒ.mənt   rɪŋ   bæk
         I   can't   marry   you.   I   love   someone   else.
         aɪ   kænt   ˈmær.i   juː   aɪ   lʌv   ˈsʌm.wʌn   ɛls
Boy: Who   is   he?
         huː   ɪz   hiː
Girl: Why?   Are   you   going   to   beat   him   up?
         waɪ   aː   juː   ˈgoʊ.ɪŋ   tuː   biːt   hɪm   ʌp
Boy: No,   I'm   going   to   sell   him   an   engagement   ring   very   cheaply.
         noʊ   aɪm   ˈgoʊ.ɪŋ   tuː   sɛl   hɪm   ən   ɪŋ.ˈgeɪdʒ.mənt   rɪŋ   ˈvɛr.i   ˈtʃiː.pli

Respostas   223

Exercício 59

A   twenty   two   year   old   Los   Angeles   man
ə   ˈtwɛn.ți tu: jɪər ould   ləs ˈæn.dʒɪl.ɪz mæn

advertised   in a magazine   as a lonely   Romeo
ˈæd.vər.taɪzd ɪn ə mæg.əˈzi:n   æz ə ˈloun.li ˈrou.mi.ou

looking   for   a   girl   with whom to   share
ˈluk.ɪŋ fo:r ə gɜ:rl wɪð hu:m tu: ʃɛr

a   holiday   tour   of   South   America.   The joyful
ə ˈha:l.i.deɪ tʊr a:v sauθ ə.ˈmɛr.ɪk.ə ðə ˈdʒɔɪ.fəl

Juliet   who answered his   plea turned   out
ˈdʒu:.li.ɛt hu: ˈæn.sərd hɪz pli: tɜ:rnd aut

to   be   his   widowed   mother.
tu: bi: hɪz ˈwɪḍ.oud ˈmʌð.ər

Exercício 60

ɜ:	**her**
ʌ	hut
ɜ:	**skirt**
ɜ:	**firm**
ʌ	*blood*
ɜ:	*worse*
ɜ:	*dirt*

ɜ:	**purse**
ɜ:	**heard**
ʌ	**club**
ɜ:	**person**
ʌ	*done*
ɜ:	*burn*
ɜ:	*work*

Exercício 61

1. I'll (**work**) now then!!!   2. I'll check this (**word**)!   3. I said (**purse**).   4. Is that a (**bud**)?

Exercício 62

No   two people   pronounce   exactly   alike.   The differences
nou tu: ˈpi:p.l prə.ˈnaunts ɪg.ˈzækt.li ə.ˈlaɪk ðə ˈdɪf.ər.ənts.ɪz

arise   from   a variety   of   causes,   such as locality,
ə.ˈraɪz from ə və.ˈraɪə.ti ɔv ˈko:z.ɪz sʌtʃ æz lə.ˈkæl.ə.ti

early   influences   and social   surroundings;   there
ˈɜ:.li ˈɪn.flu.ənts.ɪz ænd sou.ʃəl sə.ˈraund.ɪŋz ðɛər

are also   individual   peculiarities   for   which it   is
a:r ɔ:l.sou ɪn.dɪ.ˈvɪd.ju.əl pɪ.kju:.li.ˈær.ə.tiz fo: wɪtʃ ɪt ɪz

difficult   or   impossible   to   account.
ˈdɪf.ɪ.kəlt ɔ:r ɪm.ˈpɔs.ɪ.bl tu: w   ə.ˈkaunt

Exercício 63

promise	ɔ	common	ɔ
final	aɪ	*general*	ɛ
many	ɛ	comma	ɔ
tunnel	ʌ	*coma*	oʊ
fennel	ɛ	enough	ɪ
funny	ʌ	*manner*	æ
turn	ɜː	money	ʌ
newcomer	ʌ	*summer*	ʌ
mamma (seio)	æ	mamma (mãe)	æ

Exercício 64

1 pen	ɛ	5 pan	æ	9 ram	æ	13 then	ɛ
2 sum	ʌ	*6 pun*	ʌ	*10 ten*	ɛ	*14 den*	ɛ
3 rum	ʌ	7 ran	æ	11 Ben	ɛ	15 than	æ
4 ban	æ	*8 bun*	ʌ	*12 Sam*	æ	*16 tan*	æ

Exercício 65

1. Can I have my (**cone**) please? 2. I'll (*warm*) them. 3. I'll go to get my (**mummy**) now. 4. Can I have (*sun*) flowers please? 5. Where is my (**comb**)?

Exercício 66

	Som final	Plural e 3psp			Som final	Plural e 3psp
moths	θ	s		bags	g	z
(s/he) stops	p	s		*lakes*	k	s
(s/he) runs	n	z		(s/he) sleeps	p	s
clocks	k	s		*farms*	m	z
(s/he) knows	oʊ	z		flags	g	z
(s/he) smooths	ð	z		*dogs*	g	z
seems	m	z		learns	n	z
drops	p	s		*(s/he) misses*	s	ɪz
forms	m	z		joins	n	z
jobs	b	z		*(s/he) forces*	s	ɪz
(s/he helps)	p	s		(s/he) begs	g	z

Respostas

Exercício 67

	Som final	Passado/ Particípio	
learned	n	d	lɜ:nd
missed	s	t	mɪst
aimed	m	d	eɪmd
decided	d	ɪd	dɪsaɪdɪd
wanted	t	ɪd	wa:ntɪd
smoothed	ð	d	smu:ðd
seemed	m	d	si:md
dropped	p	t	dra:pt
formed	m	d	fɔ:md
tried	aɪ	d	traɪd
helped	p	t	hɛlpt

	Som final	Passado/ Particípio	
looked	k	t	lʊkt
liked	k	t	laɪkt
prayed	eɪ	d	preɪd
snowed	oʊ	d	snoʊd
flagged	g	d	flægd
stared	r	d	stɛrd
forced	s	t	fɔ:st
opened	n	d	oʊpnd
joined	n	d	dʒɔɪnd
closed	z	d	kloʊzd
begged	g	d	bɛgd

Exercício 68

Soon after his election, American President Calvin
su:n ˈæftər hɪz ɪ.ˈlɛk.ʃən ə.ˈmɛr.i.kən ˈprɛz.i.dənt ˈkæl.vɪn

Coolidge invited a party of country friends to
ˈku:l.ɪdʒ ɪn.ˈvaɪt̬.ɪd ə ˈpa:rt̬.i a:v ˈkʌn.tri frɛndz tu:

dine at the White House. Feeling rather self-conscious in
daɪn æt ðə waɪt haʊs ˈfi:l.ɪŋ ˈræð.ər sɛlf.ˈka:n.tʃəz ɪn

such opulent surroundings, they copied Coolidge's every
sʌtʃ ˈa:.pjʊ.lənt sə.ˈraʊnd.ɪŋz ðeɪ ka:p.id ˈku:l.ɪdʒ.ɪz ˈɛv.ri

move. As the President poured half his coffee into his
mu:v æz ðə ˈprɛz.ɪ.dənt pɔ:rd hæf hɪz ˈka:f.i ɪn.tu: hɪz

saucer, so did they. He added cream and sugar,
ˈsa:.sər soʊ dɪd ðeɪ hi: æd̬.ɪd kri:m ənd ˈʃʊg.ər

and they did likewise. The President then laid his
ənd ðeɪ dɪd laɪk.ˈwaɪz ðə ˈprɛz.ɪ.dənt ðɛn leɪd hɪz

saucer on the floor for his cat.
ˈsa:.sər a:n ðə flɔ:r fɔ:r hɪz kæt

Exercício 69

rang	æ
hung	ʌ

sprang	æ
drank	æ

bunk	ʌ
hang	æ

bang	æ
drunk	ʌ

Exercício 70

1. He is the best (**king**) for everyone. 2. I'll (**ban**) it. 3. Is that a (**tongue**)? 4. Where are the (**buns**)?

Exercício 71

(s/he) brings	z	*crowns*	z
windows	z	**strings**	z
(s/he) rings	z	*(it) stings*	z
(s/he) writes	s	**prices**	ɪz
(s/he) likes	s	*things*	z
songs	z	**tables**	z

Exercício 72

Remember last year when I was broke and you helped
ri.ˈmɛm.bə laːst ˈjɪə wɛn aɪ wɔz broʊk ænd juː hɛlpt

me and I said I'd never forget you?
miː ænd aɪ sɛd aɪd ˈnɛv.ə fə.ˈgɛt juː

Yes, I remember.
jɛs aɪ ri.ˈmɛm.bə

Well, I'm broke again.
wɛl aɪm broʊk ə.ˈgeɪn

You must be kidding...
juː mʌst biː ˈkɪd.ɪŋ

Exercício 73

salad	understand	answer	woman
command	*Brazil*	*photograph*	*tomorrow*
camera	**envelope**	**breakfast**	**caravan**
suppose	*hundred*	*cupboard*	*brazilian*
elephant	**ignorant**	**comfortable**	**hospital**
Barbara	*address*	*afternoon*	*covered*

Exercício 74

(s/he) borrows	z	*sofas*	z
(s/he) covers	z	**(s/he) arrives**	z
(s/he) brings	z	*pizzas*	z
(s/he) colours	z	**actors**	z
(s/he) cleans	z	*colours*	z
pictures	z	**writes**	s

Exercício 75

	som final	Passado/ particípio
improved	v	d
suggested	t	ɪd
compared	ɛə	d
switched	tʃ	t
breathed	ð	d
imported	t	ɪd
entered	ə	d
interested	t	ɪd
suffered	ə	d

	som final	Passado/ particípio
loved	v	d
walked	k	t
begged	g	d
watched	tʃ	t
coloured	ə	d
tried	aɪ	d
covered	ə	d
impressed	s	t
acted	t	ɪd

Respostas

Exercício 76

Lady Astor once told Sir Winston Churchill: "if I were your wife, I'd put poison in your coffee". Churchill replied: "and if I were your husband, I'd drink it".

In Georgian days a Member of Parliament indignantly broke off from his speech in the House of Commons and said: "The Prime Minister is asleep". Lord North opened one eye and said: 'I wish to God I was.'

Exercício 77

Lady Astor once told Sir Winston Churchill:
ˈleɪd.i ˈæs.tə wʌnts toʊld sɜːr ˈwɪn.stən ˈtʃɜːr.tʃɪl

"if I were your wife, I'd put poison
ɪf aɪ wɜːr jɔːr waɪf aɪd pʊt ˈpɔɪz.ən

in your coffee." Churchill replied:
ɪn jɔːr ˈka:f.i ˈtʃɜːrtʃ.ɪl ri.ˈplaɪd

"and if I were your husband, I'd drink it."
ænd ɪf aɪ wɜːr jɔːr ˈhʌz.bənd aɪd drɪŋk ɪt

In Georgian days a Member of Parliament
ɪn ˈdʒɔː.dʒ.ən deiz ə ˈmɛm.bər ɒv pa:.lɪ.mənt

indignantly broke off from his
ɪn.ˈdɪg.nənt.li broʊk ɒv frɔm hɪz

speech in the House of Commons
spi:tʃ ɪn ðə haʊs of ˈkɔm.ənz

and said: "The Prime Minister is asleep".
ænd sɛd ðə praɪm ˈmɪn.ə.stər ɪz ə.ˈsli:p

Lord North opened one eye and said: "I wish to God I was."
lɔːd nɔː.θ ˈoʊ.pand wʌn aɪ ænd sɛd aɪ wɪʃ tu: gɔd aɪ wɔz

Exercício 78

ɪə	**beer**	ɪə	**easier**
ʊr	*insurance*	ʊ	*furious*
ʊə	**curiosity**	ɛə	**compare**
ɪə	*year*	ɪə	*clear*
ɛ	**dare**	ɛə	**dare**
ɪə	*dear*	ɪə	*ear*
ɛə	**there**	ʊ	**sure**

Exercício 79

	Som final	Plural e 3psp
(s/he)pleases	z	ɪz
stars	r	z
(s/he) drives	v	z
flowers	r	z
prices	s	ɪz
ideas	ə	z
(s/he) bathes	ð	z
heros	oʊ	z
(s/he) cries	aɪ	z
it matures	r	z
(s/he) scares	ɛə	z
(s/he) spares	ɛ	z

	Som final	Plural e 3psp
pleased	z	d
stared	r	d
distracted	t	ɪd
flowered	r	d
priced	s	t
entered	r	d
bathed	ð	d
stormed	m	d
collected	t	ɪd
cried	aɪ	d
scared	ɛə	d
spared	r	d

Exercício 80

Letters are written, sounds are spoken. It is very useful
ˈlɛt.əz aː rɪtn saʊndz aː spoʊk.ən ɪt ɪz vɛr.i ˈjuːs.fəl
ˈlɛt̞.ərz aːr rɪtn saʊndz aːr spoʊk.ən ɪt̞ ɪz vɛr.i ˈjuːs.fəl

to have written letters to remind us of corresponding sounds,
tuː hæv rɪtn ˈlɛt.əz tuː ri.ˈmaɪnd ʌz ɔv kɔr.ɪ.ˈspɒnd.ɪŋ saʊndz
tuː hæv rɪtn ˈlɛt̞.ərz tuː ri.ˈmaɪnd ʌz aːv koːr.ɪ.ˈspɒnd.ɪŋ saʊndz

but this is all they do; they cannot make us pronounce
bʌt ðɪs ɪz ɔːl ðeɪ duː ðeɪ ˈkæn.ɒt meɪk ʌz prə.ˈnaʊnts
bʌt ðɪs ɪz aːl ðeɪ duː ðeɪ ˈkæn.aːt meɪk ʌz prə.ˈnaʊnts

sounds which we do not already know; they simply remind us. In ordinary
saʊndz wɪtʃ wiː duː nɒt ɔːl.ˈrɛdi noʊ ðeɪ ˈsɪm.pli ri.ˈmaɪnd ʌz ɪn ˈɔː.dɪ.nə.ri
saʊndz wɪtʃ wiː duː nɒt ɔːl.ˈrɛdi noʊ ðeɪ ˈsɪm.pli ri.ˈmaɪnd ʌz ɪn ˈɔːr.dɪn.ɛr.i

English spelling it is not always easy
ˈɪŋ.glɪʃ ˈspɛl.ɪŋ ɪt ɪz nɒt ˈɔːl.weɪz ˈiːz.i
ˈɪŋ.glɪʃ ˈspɛl.ɪŋ ɪt̞ ɪz naːt ˈaːl.weɪz ˈiːz.i

to know what sounds the letters stand for; for example, in the words
tuː noʊ wɒt saʊndz ðə ˈlɛt.əz stænd fɔː fɔːr ɪg.ˈzæm.pl ɪn ðə wɜːdz
tuː noʊ waːt saʊndz ðə ˈlɛt̞.əz stænd fɔːr fɔːr ɪg.ˈzæm.pl ɪn ðə wɜːrdz

city, *busy,* *women,* *pretty,* *village* the letters
ˈsɪt.i ˈbɪz.i ˈwɪm.ɪn ˈprɪt.i ˈvɪl.ɪdʒ ðə ˈlɛt.əz
ˈsɪt̞.i ˈbɪz.i ˈwɪm.ɪn ˈprɪt̞.i ˈvɪl.ɪdʒ ðə ˈlɛt̞.ərz

i, *y,* *u,* *o,* *e* and *a* all stand for the same vowel sound,
aɪ waɪ juː oʊ iː ænd eɪ ɔːl stænd fɔː ðə seɪm vaʊəl saʊnd
aɪ waɪ juː oʊ iː ænd eɪ aːl stænd fɔːr ðə seɪm vaʊəl saʊnd

the one which occurs in *sit.*
ðə wʌn wɪtʃ ə.ˈkɜːz ɪn sɪt
ðə wʌn wɪtʃ ə.ˈkɜːrz ɪn sɪt

Bibliografia

ABERCROMBIE, D. *Elements of General Phonetics.* Edinburgh: Edinburgh University Press, 1967.

_____. *English Phonetic Texts.* Oxford: Faber and Faber, 1964.

ALEXANDER, R. Lingua Franca English. *IATEFL Newsletter* 132: 35, August, 1996.

ALVES, M. *As vogais médias em posição tônica nos nomes do português brasileiro.* Belo Horizonte, 1999. Dissertação (Mestrado) – FALE-UFMG.

ANDERSON, S. *The organization of Phonology.* New York: Academic Press, 1974.

ANDERSON-HSIEH, J. Pronunciation Factor Affecting Intelligibility in Speakers of English as a Foreign Language. *Speak Out!* 16: 17-19, 1995.

ARNOLD, G. F.; GIMSON, A. C. *English Pronunciation Practice.* London: University of London Press, 1973.

AZEVEDO, M. *A Contrastive Phonology of Portuguese and English.* Washington, D.C.:, Georgetown University Press,1981.

AVERY, P.; EHRLICH, S. *Teaching American English Pronunciation.* Oxford: Oxford University Press, 1992.

BAILEY, R.; GÖRLACH, M. (eds.). *English as a World Language.* Ann Arbor: University of Michigan Press, 1982.

BAKER, A. *Tree or Three? An Elementary Pronunciation Course.* Cambridge: Cambridge University Press, 1982.

_____. *Ship or Sheep? An Intermediate Pronunciation Course.* Cambridge: Cambridge University Press, 1995.

BAPTISTA, B. O.; WATKINS, Michael Alan. *English with a Latin Beat*: Studies in Portuguese/Spanish - English Interphonology. Amsterdam: John Benjamins, 2006, v. 1. 214p.

BAPTISTA, B. O. *The Acquisition of English Vowels by Brazilian-Portuguese Speakers.* Florianópolis: Universidade Federal de Santa Catarina, 2000, v. 1. 227p.

BAUER, L. et al. *American English Pronunciation.*Copenhagen: Gylendal, 1980.

BELL, A.; BYBEE, J. *Syllables and Segments.* Amsterdam. North Holland, 1978.

BOLTON, F.; SNOWBALL, D. *Teaching Spelling:* A Practical Resource. Portsmouth. NH. Heinemann, 1993.

BOWEN, T.; MARKS, J. *The Pronunciation Book*: Student-Centred Activities for Pronunciation Work. Longman, 1992.

BLUNDELL, N.*The World's Greatest Mistakes.* London: Bounty Books, 1980.

BRAZIL, D.; COULTHARD, M.; JOHNS, C. *Discourse, Intonation and Language Teaching.* London: Longman, 1980.

_____. *Pronunciation for Advanced Learners of English* (Teacher's Book). Cambridge: Cambridge University Press, 1994.

BRONSTEIN, A. *The Pronunciation of American English*: An Introduction to Phonetics. Michigan: Appleton-Century-Crofts, 1960.

BROWN, A. *Pronunciation Models.* Singapore: Singapore University Press, 1991.

_____. *Teaching English Pronunciation: A book of Readings.* London: Routledge, 1991.

BROWN, G. *Listening to Spoken English.* London: Longman, 1990.

_____. Practical Phonetics and Phonology. In: ALLEN, J. P. B.; CORDER, S. P. (eds.) *The Edinburgh Course in Applied Linguistics.* Oxford: Oxford University Press, 1974.

CAGLIARI, L. C. *Elementos de fonética do português brasileiro.* Campinas, 1982.Tese (Livre-docência) – Unicamp.

CÂMARA JR., J. Mattoso. *Estrutura da língua portuguesa.* Petrópolis: Vozes, 1970.

CAMBRIDGE UNIVERSITY PRESS. *CIDE (Cambridge International Dictionary of English).* Cambridge: Cambridge University Press, 2000.

230

Pronúncia do Inglês

CARVER, C. *American Regional Dialects: A Word Geography*. Ann Arbor, MI: University of Michigan Press, 1989.

CASSIDY, F. G. *Dictionary of American Regional English*. Havard: Belknap Press, 1985.

CATFORD, J. C. *A Practical Introduction to Phonetics*. Oxford: Oxford University Press, 1988.

CELCE-MURCIA, M.; BRINTON, D.; GOODWIN, J. *Teaching Pronunciation*: A Reference for Teachers of English to Speakers of Other Languages. Cambridge University Press, 1996.

CHOMSKY, N.; HALLE, M. *The Sound Pattern of English*. New York: Haper & Row, 1968.

CLIFFORD, H. *Manual of American English Pronunciation*. San Diego: Harcourt Brace Jovanovich Publishers, 1985.

CRISTÓFARO-SILVA, T. *Fonética e fonologia do português*: roteiro de estudos e guia de exercícios. São Paulo: Contexto, 2001.

_____. O método das vogais cardeais e as vogais do português Brasileiro. *Revista de Estudos da Linguagem*, UFMG, v. 8, n. 2, jul.-dez. 1999. Disponível em: <ww.letras.ufmg.br/cristofaro>. Acesso em: 12 mar. 2012.

_____. O ensino de pronúncia de língua estrangeira. In: FONSECA-SILVA, Maria da Conceição; PACHECO, Vera; LESSA DE OLIVEIRA, Adriana Stella Cardoso (Orgs.). *Em torno da lingua(gem)*: questões e análises. Vitória da Conquista: Edições Uesb, 2007, p. 71-83. Disponível em: <http://www.projetoaspa.org/cristofaro/publicacao/pdf/originais/capitulos/ensino_pronuncia.pdf>. Acesso em: 12 mar. 2012.

CRUTTENDEN, A. *Gimson's Pronunciation of English*. 5th ed. London: Edward Arnold, 2001.

_____. *Intonantion*. Cambridge: CUP, 1986.

CRYSTAL, D. *Advanced Conversational English*. London: Longman.

_____. *A Dictionary of Lingusitics and Phonetics*. Oxford: Blackwell, 1985.

_____. *The Cambridge Encyclopedia of Language*. Cambridge: Cambridge University Press, 1997.

DALTON, C.; SEIDLHOFER, B. *Pronunciation*. Oxford: Oxford University Press, 1994.

DAVIES, A. Proficiency or the Native Speaker: What Are We Trying to Achieve in ELT?. In COOK, G.; SEIDLHOFER, B. (eds.). *Principle and Practice in Applied Linguistics. Studies in Honour of H.G. Widdowson*. Oxford: Oxford University Press, 1995.

DICKERSON, W. B. *Orthography as a pronunciation resource*. World Englishes. 6 (1). pp 11-20.1987.

FLEGE, J. E. The Production of "New" and "Similar" Phones in a Foreign Language: Evidence of the Effect of Equivalence of Classification. *Journal of Phonetics* 15: 47-65, 1987.

_____; HILLENBRAND, J. Limits on phonetic accuracy in foreign language speech production In: IOUP, G.; WEINBERGER, S. H. (eds.).

FRANCIS, N. *The Structure of American English*. New York: Ronald Press, 1958.

FROMKIN, V.; RODMAN, R. *An Introduction to language*. New York: Holt, Rinehart & Winston, 1997.

FUDGE, E. *English Word-Stress*. Londres: Allen & Unwin, 1984.

GIMSON, A. C. *An Introduction to the Pronunciation of English*. 5th edition. Revised by A. Cruttenden. London: Edward Arnold/ New York: St. Martins Press. 1994.

GILBERT, J. B. *Clear Speech*. 2nd ed. Cambridge: Cambridge University Press, 1993.

_____. *Clear Speech from the Start*. Cambridge: Cambridge University Press, 2000.

_____. *Clear Speech: Pronunciation and Listening Comprehension in North American English*. Student's Book. Cambridge: CUP, 1993.

GODOY, S. *English Pronunciation for Brazilians*. São Paulo: Disal Editora, 2006.

GOLDSMITH, J. *Autosegmental Phonology*. Oxford: Blackwell, 1990.

GUIERRE, L. *Drills in English Stress Patterns*. Paris: Armand Colin. Longman, 1970.

HALLIDAY, M. A. K. *A Course in Spoken English: Intonation*. London: OUP, 1970.

HARRIS, J. *English Sound Structure*. Oxford: Blackwell, 1994.

HARTMAN, J. Guide to Pronunciation. In: CASSIDY, F. (ed.). *Dictionary of American Regional English*. (Vol. I, Introduction and A-C pp. xli-lx). Cambridge, MA: Belknap Press. Havard, 1985.

HILL, L. A. *Drills and Tests in English Sounds*. Oxford: Longman, 1967.

HOOPER, J. The Syllable in Phonological Theory. *Language*: 48: 525-540, 1972.

Bibliografia

HYMAN, L. *Phonology*: Theory and Analysis. New York: Holt, Rinehart & Winston, 1975.

IOUP, G.; WEINBERGER, S. H. (eds.). *Interlanguage Phonology*: The Acquisition of a Second Language Sound System. New York: Newbury House, 1987.

HUBBELL, A. F. *The Pronunciation of English in New York City:* Consonants and Vowels. New York: Kings Crown Press, 1950.

HUGHES, A.; TRUDGILL, P. *English Accents and Dialects*. London: Edward Arnold, 1996.

JENKINS, J. *The Phonology of English as an International Language.* Oxford: Oxford University Press, 2000.

JONES, Daniel. *An Outline of English Phonetics.* Cambridge: Cambridge University Press, 1976.

_____. *English Pronuncing Dictionary.* Cambridge: Cambridge University Press, 1997 (1st ed 1917 by J. M. Dent &Sons Ltd.). 15th ed. Edited by Peter Roach and James Hartman, 1917.

JONES, D. *Phonetic Readings in English.* Heidelberg: Winter, 1956.

_____. *The Pronunciation of English.* Cambridge: Cambridge University Press, 1973.

KAHN, D. *Syllable-Based Generalizations in English Phonology.* Bloomington: Indiana University Linguistics Club, 1976.

KATAMBA, F. *An Introduction to Phonology*. Harlow: Longman, 1989.

KENYON, J. S.; KNOTT, T. *Pronouncing Dictionary of American English.* Springfield: G & C Merrian & Co, 1953.

KENSTOWICZ, M.; KISSEBERTH, C. *Generative Phonology:* Description and Theory. New York: Academic Press, 1979.

KENWORTHY, J. *Teaching English Pronunciation.* Longman: London, 1987.

_____. *The Pronunciation of English:* A Workbook. Arnold: London, 2000.

KREIDLER, C. *Teaching English Spelling and Pronunciation.* TESOL Quarterly 6 (1). pp 3-12. 1972.

_____. *The Pronunciation of English*: A Course Book in Phonology. Cambridge: Blackwell, 1989.

_____. *Describing Spoken English*: An Introduction. Routledge: Abingdou, 1997.

KNOWLES, G. *Patterns of Spoken English.* Londres: Longman, 1987.

KURATH, H.; McDAVID, R. F. *The Pronunciation of English in the Atlantic States.* Michigan: University of Michigan Press, 1961.

LABOV, W. *The Social Stratification of American English in New York City.* Washington: Center for Applied Linguistics,1966.

LADD, R. *Intonational Phonology.* Cambridge: CUP, 1996.

LADEFOGED, P. *A Course in Phonetics.* 3rd ed. Harcourt, Brace: Jovanovich, 1993.

LASS, R. *Phonology:* An Introduction to Basic Concepts. Cambridge: CUP, 1984.

LIBERMAN, M;. PRINCE, A. On Stress and Linguistic Rhythm. *Linguistic Inquiry.* 8:249-336. 1977.

MACKAY, I. *Phonetics:* The Science of Speech Production. 2nd ed. Boston: College Hill Press, 1987.

MALMBERG, B. The Phonetic Basis for Syllable Division. In: LEHISTE, Ilse (ed.). *Readings in Accoustic Phonetics.* Cambridge: MIT Press, 1955.

MAJOR, Roy C. Stress and Rhythm in Brazilian Portuguese. *Language*, v. 61, n. 2, Baltimore: USA,1985.

MAKKAI, V. *Phonological theory*: Evolution and Current Practice. New York: Holt, Rinehart & Winston, 1972.

MARUSSO, A. *Redução vocálica e ritmo*: estudo de caso no inglês britânico e no português brasileiro. Belo Horizonte, 2003. Tese (Doutorado) – FALE-UFMG.

MASSINI-CAGLIARI, G. Quantidade e duração silábicas em português do Brasil. *Delta*: São Paulo, 1998, v. 14.

MORTIMER, C. *Elements of Pronunciation*: Intensive Practice for Intermediate and More Advanced Students. Cambridge: Cambridge University Press, 1985.

_____. *Weak Forms.* Cambridge: Cambridge University Press, 1977.

MORLEY, J. (ed). *Current Perspectives on Pronunciation:* Practices Anchored in Theory. Alexandria. VA: TESOL, 1987.

_____ (ed). *Pronunciation Pedagogy and Theory:* New Views, New Dimensions. Alexandria, VA: TESOL, 1994.

MILROY, J. *Regional Accents of English.* Belfast: Blackstaff Press, 1981.

O'CONNOR, J. D. *Better English Pronunciation.* 2nd ed. Cambridge: Cambridge University Press, 1980.

232

Pronúncia do Inglês

_____.; ARNOLD, G. F. *Intonation of Colloquial English:* A practical Handbook. Londres: Longam. (with recordings), 1973.

_____. *Phonetic Drill Reader.* Cambridge: CUP, 1973.

_____. *Advanced Phonetic Reader.* Cambridge: CUP, 1971.

PIERREHUMBERT, J. *The Phonology and Phonetics of English intonation.* Bloomimgton: Indiana University Linguistics Club, 1987.

PIKE, K. *Phonetics:* A Critical Analysis of Phonetic Theory and a Technique for Transcribing. Ann Arbor: University of Michigan Press, 1943.

_____. *Phonemics*: A Technique for Reducing Languages to Writing. Ann Arbor: University of Michigan Press, 1947.

_____. *The intonation of American English.* Ann Arbor: University of Michigan Press, 1945.

PLATT, J.; WEBER, H.; Ho, M. *The New Englishes.* London: Routledge & Kegan Paul, 1984.

PRATOR, C. H. *Manual of American English Pronunciation for Adult Foreign Students.* New York: Holt, Rinehart & Winston, 1951.

_____; ROBINETT, B. J. A. *Manual of American English Pronunciation.* New York: Holt, Rinehart & Winston, 1985.

MICHAELIS, H.; D. JONES. *A Phonetic Dictionary of the English Language.* Hanover: Carl Meyer (Gustav Prior), 1913.

PRATOR, C.; ROBINETT, B.. *A Manual of American English Pronunciation.* Holt: Rinehart & Winston, 1985.

RAUBER, A. S. *Acoustic characteristics of Brazilian English Vowels:* Perception and Production Results. 1. ed. Saarbrücken: Lambert Academic Publishing, 2010, v. 1. 159 p.

_____; WATKINS, Michael Alan; BAPTISTA, B. O. (orgs.). *New Sounds 2007: Proceedings of the Fifth International Symposium on the Acquisition of Second Language Speech.* Florianópolis: Universidade Federal de Santa Catarina, 2008. v. 01. 498 p.

_____ et al. (orgs.) . *The Acquisition of Second Language Speech:* Studies in Honor of Professor Barbara O. Baptista. Florianópolis: Insular, 2010, v. 1. 324 p.

ROACH, P. *English Phonetics and Phonology:* A Practical Course. Cambridge: Cambridge University Press, 1991.

ROSEWARNE, D. *Review of Teaching Pronunciation:* A Reference for Teachers of English to Speakers of Other Languages. By M. Celce-Murcia, D. M. Brinton, and J. M. Goodwin'. *Speak Out!* 23: 45-56.

SHEN, Y. *English Phonetics.* Ann Arbor, Michigan: University of Michigan Press, 1962.

SHOPEN, T.; WILLIAMS, J. (ed.). *Standards and Dialects in English.* Cambridge, Massachussets: Winthrop, 1980.

SMALL, L. *Fundamentals of Phonetics:* A Practical Guide for Students. Needham Heights, MA: Allyn & Bacon Viacom Company, 1989.

STEINBERG, M. *Pronúncia do Inglês Norte-americano.* 3. ed. São Paulo: Ática, 1995. Série Princípios.

STAUN, J. *An Introduction to the Pronunciation of North American English.* København: University Press of Southern Denmark, 2010.

TAYLOR, D. Who Speaks English to Whom? The Question of Teaching English Pronunciation for Global Communication. *System* 19/4: 425-35, 1991.

_____. Intonation and Accent in English: What Teachers Need to Know. *International Review of Applied Linguistics.* 31/1: 1-21, 1993.

TAYLOR, L. *Pronunciation in Action.* Milton Keynes: Prentice Hall International English Language Teaching. Hemel Hempstead: 1993.

THOMAS, C. *The Phonetics of American English.* New York: Ronald Press, 1958.

TRASK, R. *Dicionário de Linguagem e Linguística.* Trad. R. Ilari. São Paulo: Contexto, 2004.

TRNKA, B. *A Phonological Analysis of present-Day Standard English.* Tuscaloosa: University of Alabama Press, 1966.

TRUDGILL, P. *The Dialects of England.* Oxford: Blackwell, 1990.

_____; HANNAH, J. *International English:* A Guide to Varieties of Standard English. London: Edward Arnold, 1994.

Bibliografia

233

TURNER, G. *The English Language in Australia and New Zeland*. London: Longman, 1966.

VAN RIPER, C.; SMITH, D. *An Introduction to General American Phonetics*. Waveland Press: Illinois, 1979.

VENEZKY, R. English Orthography: Its Graphical Structure and its Relation to Sound. *Reading Research Quarterly*. 2: 75-105. 1967.

_____. *The Structure of English Orthography*. The Hague: Mouton, 1970.

WALKER, J. *A Critical Pronoucing Dictionary*. London. Robinson. Facsmile reprint. (Menston: Scolar Press 1968). 1791.

WATKINS, M. A.; RAUBER, A. S.; BAPTISTA, B. O. (orgs.). *Recent Research in Second Language Phonetics/Phonology*: Perception and Production. Newcastle Upon Tyne: Cambridge Scholars, 2009, v. 1. 330 p.

WELLS, J. *Accents of English*. 3 volumes. Cambridge University Press. 1982.

_____. Whatever happened to Received Pronunciation?.In: MEDINA; SOTO (eds.). *II Jornadas de Estudios Ingleses*. Spain: Universidad de Jaénpp. 19-28. 1997. Disponível em: <http://www.phon.ucl.ac.uk/home/wells>. Acesso em: 12 mar. 2012.

_____. *Longman Pronunciation Dictionary*. London: Longman, 1990.

WILLIS, D. Accuracy, Fluency and Conformity. In: WILLIS, J.; WILLIS, D. (eds.) *Challenge and Change in Language Teaching*. London: Macmillan Heinemann, 1996.

WOLFRAM, W.; SCHILLING-ESTES, N. *American English*: Dialects And Variation. Oxford: Blackwell, 2006.

_____; JOHNSON, Robert. *Phonological Analysis*: Focus on American English. Washington: Center for Applied Linguistics, 1982.

_____. Interlanguage Variation: a Review Article. *Applied Linguistics*. 12/1: 102-6, 1991.

_____; FASOLD, R. W. *The Study of Social Dialects in American English*. Englewood Cliffs, NJ: Prentice Hall, 1974.

WONG, R. *Teaching pronunciation*: Focus on English Rhythm and Intonation. Englewood Cliffs: Prentice Hall Regents,1987.

YOUNG-SCHOLTEN, M. *The Acquisiton of prosodic Structure in a Second Language*. Tübingen: Max Niemeyer Verlag, 1993.

ZIMMER, M. C.; SILVEIRA, R. ; ALVES, U. K. *Pronunciation Instruction for Brazilians*: Bringing Theory and Practice Together. Newcastle upon Tyne: Cambridge Scholars Publishing, 2009, 239 p.

Bibliografia eletrônica

Agradeço à Profa. Heliana Ribeiro de Mello por compartilhar comigo várias das referências indicadas a seguir.

"Cambridge English Online". Disponível em: <http://cambridgeenglishonline.com> Acessado em: 3 abr. 2012

Pronunciation Tips: BBB Learning English. Disponível em: <http://www.bbc.co.uk/worldservice/learningenglish/grammar/pron/>. Acessado em: 13 abr. 2012. .

BBB Learning English. Disponível em: <http://www.bbc.co.uk/worldservice/learningenglish/>. Acessado em: 13 abr. 2012.

British Council & BBC – Teaching English. Disponível em:<http://www.teachingenglish.org.uk/brazil>. Acessado em: 13 abr. 2012.

English Club Pronunciation. Disponível em:<http://www.englishclub.com/pronunciation/>. Acessado em: 13 abr. 2012.

Phonetics: The Sounds of American English. Disponível em: <http://www.uiowa.edu/~acadtech/phonetics/english/frameset.html>. Acessado em: 13 abr. 2012.

American English Pronunciation Practice. Disponível em: <http://www.manythings.org/pp/>. Acessado em: 13 abr. 2012.

English Pronunciation. Disponível em: <http://www.soundsofenglish.org/pronunciation/index.htm>. Acessado em: 13 abr. 2012.

Speaking English: Pronunciation and Conversation Skills. Disponível em: <http://esl.about.com/od/speakingenglish/Speaking_English_Pronunciation_and_Conversation_Skills.htm>. Acessado em: 13 abr. 2012.

English Pronunciation/Listening. Disponível em:<http://international.ouc.bc.ca/pronunciation/>. Acessado em: 13 abr. 2012

Language Varieties. University of Hawaii System. Disponível em: <http://www.hawaii.edu/satocenter/langnet/index.html>. Acessado em: 13 abr. 2012.

English Phonetics and Phonology – English Language Teaching – Cambridge University Press. Disponível em: <http://www.cambridge.org/br/elt/catalogue/subject/project/item5629545/English-Phonetics-and-Phonology-Product-home/?site_locale=pt_BR>. Acessado em: 13 abr. 2012.

Professor John Wells. J. C. Wells. Disponível em:<http://www.phon.ucl.ac.uk/home/wells/index.html>. Acessado em: 13 abr. 2012.

Welcome to the Home Page of the Phonological Atlas of North America. Disponível em: <http://ling.upenn.edu/phono_atlas/home.html>. Acessado em: 13 Apr. 2012.

Varieties of English. Www.ic.arizona.edu. Disponível em: <http://www.ic.arizona.edu/~lsp/>. Acessado em: 13 abr. 2012.

Free Online Pronunciation Guides with Instant Sound: English 9 Languages. Disponível em: <http://www.fonetiks.org>. Acessado em: 13 abr. 2012.

English Phonemes, Spellings, and Meaningful Representations. Auburn University. Disponível em: <http://www.auburn.edu/~murraba/spellings.html>. Acessado em: 13 abr. 2012..

Efl Classroom 2.0. Disponível em: <http://community.eflclassroom.com/>. Acessado em: 13 abr. 2012.

American Dialect Society. Disponível em: <http://www.americandialect.org/>. Acessado em: 13 abr. 2012.

US-1 Introductory Outline, Basic US-GB Differences. Tampereen Yliopisto. Disponível em: <http://www.uta.fi/FAST/US1/REF/usgbintr.html>. Acessado em: 13 abr. 2012.

Links to History of the English Language Resources. Disponível em: <http://pages.towson.edu/duncan/hellinks.html>. Acessado em: 13 abr. 2012.

Take Our Word For It, the Weekly Word-origin Webzine. Disponível em: <http://www.takeourword.com/>. Acessado em: 13 abr. 2012.

236

Pronúncia do Inglês

The Very Best of British. The American's Guide to Speaking British. Effingpot.com. Disponível em: <http://www.effingpot.com/>. Acessado em: 13 abr. 2012.

The Great Vowel Shift – Brief Note on Language. Disponível em: <http://www.courses.fas.harvard.edu/~chaucer/vowels.html>. Acessado em: 13 abr. 2012.

The Great Vowel Shift. Welcome to Eweb.furman.edu. Disponível em: <http://eweb.furman.edu/~mmenzer/gvs/>. Acessado em: 13 abr. 2012.

Modern English to Old English Vocabulary. Memorial University. Disponível em: <http://www.mun.ca/Ansaxdat/vocab/wordlist.html>. Acessado em: 13 abr. 2012.

Old English at UVA. Faculty Web Sites at the University of Virginia. Disponível em: <http://faculty.virginia.edu/OldEnglish/>. Acessado em: 13 abr. 2012.

Shakespeare Resource Center. Disponível em: <http://www.bardweb.net/>. Acessado em: 13 abr. 2012.

Languages and Linguistics. Disponível em: <http://langs.eserver.org/shakespeare-glossary.txt>. Acessado em: 13 abr. 2012.

Corpus of Middle English Prose and Verse. Disponível em: <http://quod.lib.umich.edu/c/cme/>. Acessado em: 13 abr. 2012.

Anthology of Middle English Literature (1350-1485). Luminarium: Anthology of English Literature. Disponível em: <http://www.luminarium.org/medlit/>. Acessado em: 13 abr. 2012.

Battle of Brunanburh–Main Page. The Richard Stockton College of New Jersey. Disponível em: <http://loki.stockton.edu/~kinsellt/litresources/brun/brun2.html>. Acessado em: 13 abr. 2012.

Virginia Military Institute. Disponível em: <http://www.vmi.edu/fswebs.aspx?tid=34099>. Acessado em: 13 abr. 2012.

English Literature: Early 17th Century (1603-1660). Luminarium: Anthology of English Literature. Disponível em: <http://www.luminarium.org/sevenlit/>. Acessado em: 13 abr. 2012..

Luminarium: Anthology of English Literature. Disponível em. <http://www.luminarium.org/>. Acessado em: 13 abr. 2012.

General Editor: Ian Lancashire. Disponível em: <http://rpo.library.utoronto.ca/>. Acessado em: 13 abr. 2012.

Internet Shakespeare Editions. Disponível em: <http://internetshakespeare.uvic.ca/>. Acessado em: 13 abr. 2012.

Labyrinth Library: Middle English. Georgetown University: Web Hosting. Disponível em: <http://www8.georgetown.edu/departments/medieval/labyrinth/library/me/me.html>. Acessado em: 13 abr. 2012.

Labyrinth Library: Old English. Georgetown University: Web Hosting. Disponível em: <http://www8.georgetown.edu/departments/medieval/labyrinth/library/oe/oe.html>. Acessado em: 13 abr. 2012.

Lowlands-L An E-mail Discussion Group for People Who Share an Interest in Languages and Cultures of the Lowlands. Disponível em: <http://www.lowlands-l.net/>. Acessado em: 13 abr. 2012.

A autora

Thaïs Cristófaro Silva é professora titular em Estudos Linguísticos na Faculdade de Letras da UFMG – Universidade Federal de Minas Gerais. Fez mestrado em Linguística pela UFMG, doutorado em Linguística pela Universidade de Londres e pós-doutorado pela Universidade de Newcastle e Pontifícia Universidade Católica de Minas Gerais. É pesquisadora do CNPq e da Fapemig investigando aspectos fonéticos e fonológicos da variação e mudança sonora, aquisição de primeira e segunda línguas e tecnologia de fala. Pela Contexto, publicou *Fonética e fonologia do português*, *Exercícios de fonética e fonologia* e *Dicionário de fonética e fonologia*.

CADASTRE-SE
EM NOSSO SITE,
FIQUE POR DENTRO DAS NOVIDADES
E APROVEITE OS MELHORES DESCONTOS

LIVROS NAS ÁREAS DE:

História | Língua Portuguesa
Educação | Geografia | Comunicação
Relações Internacionais | Ciências Sociais
Formação de professor | Interesse geral

ou
editoracontexto.com.br/newscontexto

Siga a Contexto
nas Redes Sociais:
@editoracontexto